终身学习与发展译丛　◎肖菲　主编

（澳）史蒂芬·比利特　著

欧阳忠明
李梦瑶　黄慧
杨玉婷
译

基于实践经验整合的高等教育发展研究

JiyuShijianJingyanZhengheDe
GaodengJiaoyuFazhanYanjiu

江西人民出版社
Jiangxi People's Publishing House
全国百佳出版社

图书在版编目（ＣＩＰ）数据

　　基于实践经验整合的高等教育发展研究 /（澳）史蒂芬·比利特著；欧阳忠明等译 .— 南昌：江西人民出版社，2018.12
　　ISBN 978-7-210-11122-1

　　Ⅰ . ①基… Ⅱ . ①史… ②欧… Ⅲ . ①高等教育 – 发展 – 研究 Ⅳ . ① G64

中国版本图书馆 CIP 数据核字（2018）第 301712 号

著作权合同登记号：图字 14-2019-0115

Translation from the English language edition:
Integrating Practice-based Experiences into Higher Education
by Stephen Billett
Copyright © Springer Science+Business Media Dordrecht 2015
This Springer imprint is published by Springer Nature
The registered company Springer Science+Business Media B.V.
All Rights Reserved

基于实践经验整合的高等教育发展研究
（澳）史蒂芬·比利特 著
欧阳忠明 李梦瑶 黄慧 杨玉婷 译
责任编辑：饶 芬
出版：江西人民出版社
发行：各地新华书店
地址：江西省南昌市三经路 47 号附 1 号
编辑部电话：0791-88629871
发行部电话：0791-86898801　　邮编：330006
网址：www.jxpph.com
E-mail：gjzx999@126.com
2018 年 12 月第 1 版　2018 年 12 月第 1 次印刷
开本：787 毫米 ×1092 毫米　1/16
印张：17.75　字数：237 千字
ISBN 978-7-210-11122-1
赣版权登字—01—2018—1066　　版权所有 侵权必究
定价：48.00 元
承印厂：北京虎彩文化传播有限公司
赣人版图书凡属印刷、装订错误，请随时向承印厂调换

21 世纪，终身学习已经成为一种运动、一股潮流，席卷着全球的城市与乡村，推动着经济、政治、社会、文化的发展，并对人类生活质量的提升产生了重要的影响。与此相呼应，终身学习的理念也已经成为许多国家进行教育改革的重要指导思想，我国也不例外。《中华人民共和国国民经济和社会发展第十三个五年规划纲要》明确指出："大力发展继续教育，构建惠及全民的终身教育培训体系。推动各类学习资源开放共享，办好开放大学，发展在线教育和远程教育，整合各类数字教育资源向全社会提供服务。建立个人学习账号和学分累计制度，畅通继续教育、终身学习通道，制定国家资历框架，推进非学历教育学习成果、职业技能等级学分转换互认。发展老年教育。"《国家教育事业发展第十三个五年规划》指出：在全社会树立终身学习的理念，在终身学习框架内推动各级各类学校教育教学改革，加强对学习者学习兴趣和自主学习能力的培养。统筹学历、非学历的继续教育，大力发展面向社区、农村、中西部和民族地区的继续教育，加强经济社会发展重点领域紧缺专门人才的继续教育，形成"广覆盖、宽领域、多层次"的继续教育体系。可见，

2

终身学习作为一项国家战略，其实施对于中华民族的进步，必将起到不可估量的推动作用。

我国终身学习教育理论体系的构建，既需要从过去和现在的实践中加以总结、概括、提炼，以形成一批具有中国特色的终身学习教育理论的研究成果；同时，又需要了解、学习和借鉴国外终身学习教育理论的相关研究成果。在这方面，自20世纪80年代始，我国学者就翻译并出版了一些具有国际影响力的终身学习教育理论研究成果。但是，随着终身学习教育实践在我国的深入推进，在理论成果的引进、借鉴上有了更多的、更迫切的需求。"他山之石，可以攻玉。"在发展终身学习教育理论研究方面，我们仍须以开放的态度对待国外的经验，通过比较、鉴别和有选择地吸收，紧跟国际终身学习思想潮流、融入国际学术话语体系，以丰富我国终身学习教育的理论与实践。

基于上述考虑，2016年年初，由江西科技师范大学成人教育研究中心和江西人民出版社共同策划，组织编译并出版了这套《终身学习与发展·译丛》丛书。在丛书的选择和翻译过程中，我们多方听取并吸收了国内成人教育学领域专家、学者的意见和建议；吸纳了江西科技师范大学、南昌大学和上海师范大学等从事终身学习理论研究的青年学者、研究生参与了丛书的翻译工作。在此，一并向他们表示诚挚的感谢。

肖　菲

2017年1月18日

目 录

第一章　整合基于实践的经验与高等教育……………………… 1

　　第一节　在高等教育中提供并整合实践经验 ……………… 1

　　第二节　高等教育中整合基于实践的经验的必要性 ……… 3

　　第三节　满足毕业生就业需求 ……………………………… 6

第二章　高等教育目的：当前聚焦和未来重点……………… 31

　　第一节　当前高等教育的目的 ……………………………… 31

　　第二节　高等教育的职业重点与工作重点 ……………… 33

　　第三节　高等教育的背景、目的和实践 ………………… 36

　　第四节　国家背景与高等教育的目的 …………………… 40

　　第五节　塑造当代高等教育的价值 ……………………… 47

　　第六节　高等教育和基于实践的学习经验 ……………… 51

　　第七节　行业与职业、教育 ……………………………… 53

　　第八节　职业、行业与教育 ……………………………… 58

第三章　在实践和大学环境中整合经验的教育目的…………… 71

　　第一节　整合实践经验：教育目的　………………… 71

　　第二节　在实践和教育环境中整合经验的教育目标　……… 74

　　第三节　整合学生经验的具体目的　………………… 78

　　第四节　提供和整合实践经验的必要性　………………… 90

第四章　学生经验整合的理念…………………………………… 97

　　第一节　在高等教育和实践环境中整合经验　…………… 97

　　第二节　高等教育:对工作经验日益迫切的需求　………… 99

　　第三节　学生的经验和学习　……………………… 100

　　第四节　整合经验的理由　………………………… 105

　　第五节　对经验整合的思考　……………………… 116

第五章　学习与教学项目…………………………………… 126

　　第一节　学习与教学项目　………………………… 126

　　第二节　项目1：通过实践教学法培养专业人士　……… 129

　　第三节　项目2：在高等教育中有效地整合基于实践经验的课程

　　　　　　和教学　……………………………… 135

第六章　关于经验整合的重要发现…………………………… 149

　　第一节　在实践环境中推进经验的整合　………… 149

　　第二节　仅仅拥有工作经验是不够的：这些经验需要积累　150

　　第三节　在积累经验过程中提供支持和帮助学生做好准备　153

　　第四节　影响学生学习的关键因素　……………… 156

第五节　为"吝惜时间"的学生提供和管理经验的挑战 … 160

第六节　"体验课程"的显著性：学生如何理解和参与 … 164

第七节　逐步参与基于实践的经验 ………………… 166

第八节　实践经验中教育工作者价值和能力的多样化概念　169

第九节　协调各方理解WIL的目的及其过程的重要性 ……… 171

第十节　组织、实施和体验工作整合学习的关键命题 ……… 172

第七章　课程考量：经验的整合 …………………………… 178

第一节　整合课程的考量 ……………………… 178

第二节　意向课程 ………………………… 180

第三节　意向课程的关键考量 ………………… 185

第四节　制定课程 ………………………… 193

第五节　实习的需求不断增长 ………………… 197

第六节　监督实习的选择 ……………………… 199

第七节　超越监督工作实习 …………………… 202

第八节　学生的体验课程 ……………………… 205

第九节　课程考量 ………………………… 209

第八章　支持经验一体化的教学实践 …………………… 214

第一节　教学实践 ………………………… 214

第二节　教育目的和教育实践 ………………… 218

第三节　参与实习之前 ………………………… 222

第四节　参与实习期间 ………………………… 229

第五节　参与实习之后 ………………………… 233

第六节　协助整合工作经验的教学实践 ·················· 239

第九章　发展学生的个人认识论·························· 248

　　第一节　个人认识论：准备和学习 ·················· 248

　　第二节　个人认识论的阐释 ························· 254

　　第三节　吝惜时间的学生 ··························· 255

　　第四节　推动教育与职业生涯中具有代表性个人认识论的发展

　　　　　　······························ 256

　　第五节　学生兴趣：概念、程序和倾向的维度 ·········· 259

　　第六节　工作中的兴趣 ····························· 261

　　第七节　促进学生个人认识论的发展 ················· 263

　　第八节　与发展学生个人认识论相关的课程考量 ········· 264

　　第九节　与发展学生个人认识论相关的教学策略 ········· 267

　　第十节　在实习之前提升学生的个人认识论 ············ 267

　　第十一节　在实习期间提升学生的个人认识论 ·········· 270

　　第十二节　在实习之后提升学生的个人认识论 ·········· 271

　　第十三节　发展学生的个人认识论 ·················· 272

整合基于实践的经验与高等教育

第一节　在高等教育中提供并整合实践经验

在不同的教育部门（即基础教育、中等教育、高等教育）和各种教育类型中，教育项目的实质是为学生提供特定类型学习成果（即知识）的经验。这些成果可集中于具体的内容，也可集中于参与学生发生变化的过程，即一种为确保特定结果而提供经验的意向性过程。因此，做好经验、预期学习成果与学生参与学习的衔接是教育项目的核心。这个教育核心问题正是本书的重点，具体而言，它考虑如何最有效地提供和利用大学生在实践环境（如工作场所）中的经验，帮助学生实现课程的预期成果，旨在为学生毕业后找到特定职业做准备。也就是说，我们需要尽力将提供的经验与学生参与的经验相结合，以提高他们的能力，既可使他们胜任毕业后的目标职业，也能为长期的职业成功打下基础。现今，这个教育目标对于高等教育机构至关重要，因为教育过程和预期学习成果越来越与满足学生需求相一致：

1. 职业实践；

2. 毕业生如何在相关职业中找到工作；

3. 顺利从事这些职业。

政府、雇主、家长及专业和行业机构，尤其是学生个人的预期，都要求高等教育课程能为学生毕业后有效从事所选职业做准备（Billett，2009c）。与此同时，学生越来越希望通过获得教育经验帮助他们提高这些必备能力，以便毕业后能够顺利过渡到所选的职业（Ellström，2001）。

因此，在许多国家，尤其是发达工业国家的高等教育机构，更多通过高等教育供给促成学生实现这些成果。学生仅参与大学活动并不足以开发这些能力（高校和技能创新部门，2008；经合组织，2009；澳大利亚大学联盟，2008），虽然这不是一个新观点（Grubb & Badway，1998；Torraco，1999），但已获得越来越多人的认可，因此，需要确定将职业实践经验作为课程的要素。这一认识是明智的，它将推动着更多的高等教育项目为毕业生进入特定的职业做好准备，使基于实践的经验整合于他们的课程中（例如：Cooke et al，2010，Jolly & MacDonald，1989）。

这对医学、护理、教学类课程而言无疑是一种超越。长期以来，这些课程虽包含了一些实践经验，但如今的教育项目更为广泛，提供的工作经验也更为丰富。然而，项目中包含的经验虽有一定成效，但相比在实践环境中为学生提供的经验，我们更需要考虑学生的经验需求，且这些经验需要经过仔细考虑、排序、利用和整合才能有效（Billett，2009c；Cooper et al，2010；Leinhardt et al，1995）。如果大学认为仅仅提供这样的经验就足够了，那才是真正的危险。一方面，这些经验主要为学生在大学里学到的知识提供应用和实践的机会，其本身并不是学习经验的合理来源（Boud & Solomon，2001）；另一方面，这些经验虽为专业能力的发展做出特别贡献（Henderson et al，2006），但在大学环境中学生无法整合这些经验。我们需要注意，尽管这些经验已经被纳入职业准备，且它们所具有产生适用知识的潜力已获承认，但学生把实践中的经验有目的地融入学习计划似乎总是一种例外，更不用说主动去丰富它们并将其与具体的课程和教学实践相结合（Eames & Coll，2010；Ellström，2001）。因此，基于实践的经验虽然长期以来一直是职业准备初始期的重要组成部分，但有意识地利用和整合两种环境的经验在教育领域并没有得到充分的重视（Cooke et al，2010）。

我们需要将实践经验与具体的直接教学、大学经验和其他形式的学习经验相结合，才能有意识地促进学生在实践环境中最大化利用学习经验。尽管越来越多的人意识到高等教育有这种需要，但似乎还没有形成一种核心的、广泛的课程和教学实践（Cooper et al，2010）。

本书开始尝试解决这种问题，也就是说，我们会详细阐述在高等教育项目中提供和整合工作经验的原因和过程，旨在思考如何更好地组织与实施高等教育中的课程和教学实践，以确保学生在大学环境和实践环境中都能够更有效地利用与整合经验和学习。为学生整合、组织和丰富两种环境中的经验，除了要考虑大学、大学教师和教学督导者的做法外，我们还需要考虑学生如何通过教育供给最有效地参与学习，也就是说，还需考虑以何种方式开发学生的能动性，从而推动并支持学习经验在这些环境中得到有效的利用和整合（Billett，2014；Campbell & Zegward，2015）。

因此，我们除了需要考虑将课程与这些和经验相关的教学实践进行整合外，还需考虑如何最好地培养学生的能力，使他们成为具备学习能力的积极学习者，从而优化这些经验并实现它们之间的整合。这里存在着一个更广泛的教育目的：帮助学生通过初始的职业准备来开发他们的个体能动性，并为学生提供在工作生活中持续学习的方法（Billett，2009b）。简而言之，就是让学生在工作生活中成为积极的、有目的的学习者。因此，组织和实施有效的高等教育需要制定有效的课程、确定有目的的教学实践以及发展学生的个人认识论。

第二节 高等教育中整合基于实践的经验的必要性

本书旨在提高有效利用实践经验（即工作场所和工作实践），并将其与高等教育课程和项目相整合的理解与实践。因此，它直接解决了当前高等教育的一个关键挑战：通过将学生的实践经验整合，最大化提升教育成果。如上所述，这一挑战对高等教育及其机构而言越来越突出。现今，越来越多的大学课程专注于为学生毕业后的特定职业做就业准备

4

（经合组织，2010）。在现代化进程中，这一目标始终是高等教育及相关部门的主要目的（Bantock，1980；Sanderson，1993），即在工作场所中发展所需的能力，尤其是职业能力，因为高层次的职业（即有价值的工作）具有高工资以及稳定的就业和晋升的优势。尽管随着现代国家和工业化的形成，许多高等教育项目都集中于文科或许多重点学科（例如科学、技术、工程）领域，但这些项目仍然有明确的职业目的（Bantock，1980）。欧洲大学提出，大部分所谓的自由教育集中在中产阶级的儿童教育，实际上，欧洲大学提供的博雅教育，大多聚焦于培养中产阶级家庭的孩子，使其在政府、外交乃至神职人员中发挥作用。因此，他们非常专注于为选拔的学生提供就业机会，并使他们在劳动力市场上具有显著的教育优势。最重要的是，这些所谓的文科课程能够把毕业生送到环境较好且值得中产阶级公民去做的"白领"工作岗位上，其薪酬相对较高，并有安全保障（Elias, 1995）。此外，这些工作重点集中于科学和技术领域，目的是为工业化经济的一系列新兴职业和提高国家经济竞争力做准备工作，因此，这些课程成了诸多国家的高度优先事项（Elias, 1995）。事实上，在许多欧洲国家，现代大学建立于工业革命之后，目的是实现以上目标。事实上，它们的建立常常基于这样的假设，即古代大学并不是最适合这些应用型学科发展的机构（Sanderson, 1993）。因此，为了保持经济竞争力，发展工业化所需的技术，越来越多的人关注应用知识的价值。许多颇有声望的大学（如伦敦大学）的建立就是为了达到这些特殊目的（Roodhouse，2007），即与直接的、可识别的经济适用结果保持一致。之前，这些具体目标和经济要求完全是按照制度为基础的教学和教育供给去实现，而现在，越来越多的人把重点放在提供工作经验上，并将其作为教育的一部分。

然而，在大学课程中，基于实践的经验有着悠久的历史传统。这类教育供给至少可以追溯到希腊（Clarke，1971；Elias，1995），同时代也有诸多实践。例如，在北美的合作教育运动（Eames & Coll，2010），许多高等教育课程以及英国早期"三明治"课程的传统中，以工作为基础的经验几乎成了它们的标志。最近，英国高等教育的基础学位课程、澳大利亚的工学结合运动，以及其他一些国家倡议的"服务学习"都延续了该传统。从表面上看，这些举措共同关注为学生提供工作或实践经验，增加在大学环境中提供经验的机会（Billett & Henderson，2011）。值得注意的是，这种环境是一种与学生教育相关的工作活动环境，目的在于为学生提供经验。也就是说，学生不仅需要在大学之外的工作环境中获得经验，同时也需要参与到工作初始期的具体职业实践中。因此，相比从前重视具体职业道路，当代大学的教育供给更着重于提高毕业生的能力（Boud & Solomon，2001），课程不仅要能够帮助更有效地解决具体的职业需要，还要使学生毕业后能够顺利就业于选择的职业，通过维持职业能力推动自身职业发展（Ellström，2001）。

引起对这种教育使命关注的因素至少有四个：第一，政府对确保重要的社会目标和经济目标的高等教育具有战略地位，它们通过政府进行共享。第二，行业和专业机构也需要高等教育的就业成果。第三，企业雇佣毕业生，通过提供单独性或集体性的资助帮助高等教育供给实现目标。第四，随着高等教育日益增加的经济投入，越来越多的学生希望有一种课程能帮助他们做好充分准备，使其平稳过渡到工作之中，顺利就业。因此，政府投资高等教育，使学生在不同方面受教育，培养称职的毕业生，提高工作场所的适用性，这些举措具有持续性和先进性，既能够在经济和社会方面做出贡献，也可以避免个人失业或不能胜任工作的情况。

所有这些需求都导致了更高的预期，然而实现所有预期的困难更大。满足专业机构雇佣特定职业人员的要求（例如聘用教师的教育制度，聘用护士的医疗体系等）较为困难，即使在同一职业（例如管理特定类型的学生或执行特定类型的护理角色）中，也会产生工作场所的特定技能要求及其变化。因此，我们希望学生在教育中做出更多贡献（与投资），减少他们在教育中的时间成本和实际的经济成本，从而能参与到更多具有特定职业重点的课程之中。然而，现实情况是毕业生数量和就业数量并不完全匹配，因此，就符合特定工作场所的要求和毕业生人数而言，满足准备就业的毕业生的期望尚存在一系列挑战。

第三节　满足毕业生就业需求

那么，高等教育机构如何满足这些需求呢？从根本上说，高等教育机构需要满足一系列需求，使毕业生做好有效准备、顺利进入就业状态并在职业实践中高效地应用方案和经验，这些需求包括能力、资源、与工作场所的联系以及教育者的技能。鉴于医学、法律、会计、教师以及护士教育等职业能够长期提供实践经验，如今对这些经验的需求越来越多，甚至可以说是普遍的（Billett，2009c）。因此，我们需要提供这些经验，使其保持适度的、有价值的持续时间，从而帮助学生获得预期的学习成果。在某些情况下，这些经验正在学位课程中得以实施，实践者作为主办机构的雇员有时也会无偿参与其中（即实习），这样必然导致实践环境（例如三明治计划、实习、合作计划）中一部分关键的时期处于大学之外的环境（Molloy & Keating，2011）。在这些环境中，实践者将花费较短时间以经验作为特定项目或课程（例如教学实习或临床安排）的一个要素，嵌入教育经验（即在项目中实现的特定教育成果）中（Newton et al，2011）。在学位课程结束后，学生获得相关的经验，大学所学的知识得到拓展，他们的专业能力乃至职业能力也得到了提升。这些经验常见于以下两类教育目标：（1）学生能够顺利过渡到他们毕业所选择的职业；（2）学生有能力在工作中做到高效率（Billett & Henderson，2011）。

如上所述，除了直接的工具目的外，还存在着一个重要的教育目的，即培养毕业生的能力，使他们成为并且持续成为积极学习者，能够在工作中指导自己并得到持续的职业发展。事实上，作为学习者，这种相互依赖且相对独立的能力是学习者在实践经验中优化学习的要求之一，这一要求可以使他们在工作中表现得更高效，并将课程中学到的内容与工作环境中遇到的情况相协调。这些相互依存的素质对于有效的高等教育来说同样至关重要。求职者一经录用，这些能力将成为他们在工作需求变化中保持专业地位的核心，确保他们职业生涯的发展。这是因为，无论是在最初的准备阶段，还是在未来的发展阶段，他们都不能依靠教师的参与来获得维持与发展职业实践所必需的知识。综上所述，除了发展所选职业所需的技术知识和社会知识之外，高校学生还需开发各种能力和个人认识论，他们才能成为积极的、有意识的学习者（Billett，2009c）。总体来说，这类教育目的包括：

1. 帮助学生了解特定职业的工作环境；

2. 制定职业的规范性知识；

3. 了解知识在具体工作场所环境中的表现，毕业生能够就业，并且顺利过渡到有效实践；

4. 培养在职业生涯中能够有效管理学习需求的个人。

然而，尽管政府、行业、雇主和学生都有共同的期望，但实现这些教育成果，特别是所要求的"毕业生就业"，对于高等教育项目和机构而言可能是一个苛刻的、不合理的、不现实的目标。大量实践表明，这些预期代表了非常苛刻的（即艰难的）教育目标。例如，毕业生可能不知道毕业后在哪里（即在哪种工作场所）就业。因此，具备哪些能力才能适应职业实践的特殊变化，或他们就业的环境与所需的要求有哪些，这些都使得学生顺利过渡到职业实践的任务变得相当困难。更重要的是，毕业生在其所选职业的工作环境范围内，职业实践的要求并不统一，即使是同一职业，实践要求也可能是情境化的（Billett，2001a）。因此，理想情况下，平稳过渡到就业所需的能力包括规范（即所有从业人员都需要知道和能够利用的职业知识）的发展，以及特定工作场所的具体要求。

鉴于职业要求在不同工作场所环境中有所不同，一般性的职业要求

（即职业标准）或特定环境的一般性规定同样有效适用于其他实践的观点是不可取的（Billett, 2001a）。例如，大都市教学医院的护士或医生在专科病房执行任务可能与地区医院、外科门诊、专科诊所、老年护理机构、社区健康项目中工作的同行相差很大。大都市教学医院通常是具有临床经验的医生学生和护士学生的初级教育项目之一，然而，毕业后的就业情形可能与他们在学校的经历不同，因此，毕业后的就业情形可能超出他们经验或能力的表现要求，不仅存在工作技术上的不同（即他们所面临的职业任务种类不同），还存在工作方式和组织上的不同，他们必须在实践中面对不同的病人并实现特定的目标。类似地，例如教学、物理治疗（Molloy & Keating, 2011）、助产师（Sweet & Glover, 2011）和大部分职业都面临同样的问题。因此，高等教育需要一个更广泛的教育目标，就是让学生在实践环境中成为独立和有效的学习者。因此，帮助学生在毕业后顺利就业是一项艰巨的教育任务。然而，如上所述，这些预期要求满足的群体（例如专业团体、行业团体）可能对预期产生的教育需求并不了解或不感兴趣。政府、行业发言人、专业团体都可能成为影响这些预期的因素。事实上，这些任务需求需要相关人员的参与才能更好地实现目标。因此，开展这项任务的人员，例如大学教师、学生工作主管，可能需要理解课程、教学法、学生个人认识论、有效的实践模式以及实践准则的明确意图和原则。

只有以充分的证据为基础，才能推动这些教育项目取得最佳进展。我们需要在正确的工作环境中提供职业能力范围内的经验，而这些经验模型已经建立。例如，医院护士教育中的常见做法是让新手护士轮流体验医院病房（如一般性疾病、肿瘤、婴儿生产、紧急疾病、精神卫生病房等），使他们通过在医院体验不同护理了解护理方法的差异。这种职业准备模式有一个前提，新手护士能够在特定医疗保健重点的医院病房中学习大量的护理经验，他们可以利用经验的转换开发自己的能力，并在日后能够得到任何类型疾病医疗机构的雇佣。在职业准备中，这种模式与大多数学徒制方式之间的相似之处在于，学生花费大量时间在实践环境中进行职业（例如护士和行业人员）实践。然而，对于大多数学校的学生而言，他们往往在实践环境中花费的时间较少，导致职业能力开发的途径有所不同。当然，学生毕业后的就业通常无法通过大学环境中获得的经验来实现。因此，第一，学生要在整个课程期间进行职业实践获得经验，从而满足自身的职业预期，成为有能力的从业者。第二，学生可能需要利用经验帮助自己理解和体验职业实践的变化，同样地，这种理解与体验有助于他们更容易适应不同工作情境的要求。如上所述，工作要求可能与学生准备计划中的经验不同。第三，学生还需要提升素质，做好初始职业准备工作，毕业后能够顺利开始工作生涯。然而，在提供经验的基础上，大学教师在教学过程中应以什么为基础，以及这些教学方法的教育价值是什么，我们将在下一节进行探讨。

一、在教育供给中强调职业化的价值

教育价值的构成因素体现了社会文化规范和个人情感。将教育重点放在确保特定职业得到发展、有偿就业能力得到提升的观点具有争议性。也就是说，它不涉及主流职业（例如医学）或监督者重视的其他职业准备。例如，为成为哲学家、社会学家或人类学家的准备工作可能被人们看作是教育工作合理且有价值的结果，而成为理发师或企业家的职业准备则未必如此。在某些情况下，宗教职业相关的准备工作被视为比医生职业准备工作更为优越。因此，对于教育工作的价值、价值观和态度存在着许多不同观点。

在多数情况下，即便没有明确规定，教育工作的重点也都是直接针对职业结果，当代继续教育的工作更是如此（Dawson，2005；Wall，1967/1968）。也就是说，教育供给、学院和大学的供给长期以来都是为了确保就业结果。如上所述，即便是所谓的文科学位通常也被视为与职业教育供给背道而驰（Carr，1995；Oakeshott，1962）。但是，无论

是过去还是现在，它们既符合有价值的就业方式，也符合具备大学教育资格个体的需求和预期（Sanderson，1993）。显然，在医学和法律教育中，法律教育和提高特殊职业能力的教育一样，人文科学学位是为神职人员、公共服务和外交团队等职业而准备的，就像科学、工程等学科关注的职业领域一样（Roodhouse，2007）。长期以来，针对特定学生群体的学校教育一直强调直接从事有偿工作，因此学校为男孩提供手工艺班，为女孩提供文学研究。近期，教育部门增加了具体职业准备工作的供给，不同的国家以不同的方式体现对供给的处理。这包括专注于特定行业的美国磁铁学校（Stasz & Brewer，1998）。德国的技术学院和两种职业学校有着密切的关系：Berufsfachschule——全职中等职业学校；Berufsschulen——由学徒制和脱产组成的二元制兼职职业学校（Deissinger，2000）。在一些国家，技术高中有所普及，或是将职业教育作为学校课程的一部分，所有这类课程都强调具体的职业准备，其重要性在于超越教育本身而为生活做准备，即参与工作生活。

在教育供给中，直接的预期就是将课程重点放在有偿就业和确保学生的职业成果上，这为之后日益具体的持续性职业成果建立基础。因此，教育价值就在于获取这些成果，所以应当将以下内容作为教育重点：帮助青年人完成向成人角色转换的过渡，为社区、工作场所和自身发展做出贡献，以及支持国家实现经济目标，促进社会的发展。此外，这种教育价值也与特定的时代观念密切相关。例如，在 20 世纪 70 年代，青年失业问题不那么严重，教科文组织等全球化机构表示，继续教育的目标不应该是为个人做特定的职业准备（Faure et al，1972）。有人建议，由于青年人在离校后的生活会面临着不断变化，他们需要发展解决问题的一般能力，使他们能够应对在社会、社区、工作生活中遇到的挑战。在那个时代，单纯地强调具体职业准备被认为是不具备教育性的。然而，当前社会面临着青年失业率升高、社会就业失调以及高度竞争性工作和就业环境的威胁。正如上文所说，政府关心公民的就业能力及其直接为国家社会和经济目标做贡献的能力，其中包括直接的就业贡献和间接对国家的税收贡献。因为这是教育供给的长期目标，例如 1601 年英国的"济贫法"就明确规定了这一点，它强调为孤儿和非婚出生的孩子制定教育条款，使其不会成为社区的负担（Bennett，1938）。事实上，现代职业教育体系的形成背后很大一部分原因是让劳动力获得足够的技能基础，使其能够有偿就业，避免失业，不成为民族和国家的负担（Billett，2011b）。由于现代国家的形成以及工业化和后工业经济的要求，支持这类教育成果的高等教育供给也越来越多。如前文所述，在十九世纪中叶，伦敦大学等现代大学建立，目的是应对英国工业革命后不断增多的职业种类，但此次"革命"并没有得到传统大学的回应（Roodhouse，2007）。同样，欧洲其他地方也建立了矿山学院、工程学院和商业学院来满足这些国家工业化的需求（Deissinger，2000；Sanderson，1993；Troger，2002）。后来在英国，技术学校和学院发展为教师、护士、艺术家和设计师的专业学校（Deissinger，1994）。它们最终成为英国综合技术学校的基础，其中很多已成为英国大学制度的一部分。此外还需要注意，法国和德国都有学徒进入大学作为脱产教育的供给形式（Veillard，2012）。另外，资历转换也变得相当重要，越来越多的就业准备工作已与本科学位挂钩，例如那些旅游、媒体、种植、公共关系和犯罪学等方面的专业，大部分学生都接受过护理、新闻、社会工作、服务等职业的入门级学位课程，这些都具备特定的职业重点。

因为教育目的与具体职业所需知识的发展相一致，所以对于教育制度我们没有提出什么特别的新意或批判。然而，当前存在这种情况：大学课程与具体职业之间存在新的关系，这种关系在更多的国家和越来越多的职业中发生（Billett & Henderson，2011）。而且，如前文所述，特别是在当时许多国家的就业问题非常严重的情况下，人们普遍期待那些按照既定目标准备具体职业的方案，这些方案理应培养毕业生就业所需的各种能力。这一全球性举措似乎与在当今竞争日益激烈的全球经济环境中，要努力发展能够满足国家经济需求的劳动力的情况相一致（经合组织，2010）。这种一致的目的要通过专业机构、行业发言人和大学之外的其他渠道共同参与，从而共同解决一些问题，例如课程的重点应该是什么，课程应该达成的目标，以及毕业生素质由哪些方面构成。这是一种自上而下的高等教育方式。

随着这种自上而下的尝试与大学外部需求的一致性，统一的职业标准和与职业相关的大学课程安排都已制定（Hungerford & Kench，2015）。同样，专业协会（例如医学、法律和会计）一直要求他们的标准、内容甚至考核都成为有关职业课程的中心部分。其他课程供给，例如护理、教学以及卫生保健也都有国家要求，且需要得到专业协会的认可（Grealish，2015），而这些通常是根据实践所需时间或完成的程序来表述。例如，专业机构需要对认证工程师的特定工作时间进行认定，而助产师可能被要求在注册前要完成一系列的护理过程（Sweet & Glover，2011）。因此，在确保特定职业目标的过程中，教育成果的合法化日益符合预期和高等教育的课程要求，这些课程很可能是持久的，而不是周期性的。只要政府需要培养支持实现国家社会和经济的目标，且符合企业和职业要求的毕业生，这些课程就可能存在。

实现这些教育成果的核心在于学生必须能够在实践环境中获取经验，这将有助于发展他们所需的能力，从而有效地从事在毕业前所准备的职业。这可能不仅包括要获得这些经验，还要考虑如何组合这些经验，以及在整个教育项目中整合经验的时间和方式。简而言之，我们需要确定学生们需要特定的真实工作经验，并且这点要求应当作为高等教育供给的一部分。

二、真实经验的需求与整合

现今，上述要求使得大学生有机会获得真实的职业实践并将其作为大学课程的一部分。然而，除了在实践环境中提供经验，在高等教育项目中，整合经验并从真实的实践案例中学习必须有合理的前提，具体如下：

第一，人们持续关注将教育机构知识迁移到其他环境的充分性（Ellström，2001）。在知识迁移中出现的问题不一定归咎于教育供给，还有可能由教育机构的物理和社会环境与职业实践场所完全不同所导致（Brown et al，1989；Lave，1990）。也就是说，这两种环境具有完全不同的目的、活动和互动。然而，背景因素只是部分原因，还有各种类型的目的来指导他们的努力以及参与的活动和互动的类型（Rogoff & Lave，1984；Scribner，1984）。因此，在某个环境中经历和学习的东西可能无法迁移到另一个环境中。现今，由于学校学习的知识在校外的低适用性（Raizen，1989），人们开始意识到，学习者拥有的各种经验（Rogoff & Lave，1984）虽然不仅仅在实践环境中发生，但是作为从个人认知包括学习和特定经历中产生的一种结果，这些环境是由实践（Brown et al，1989）或实践共同体（Gherardi，2009）的特定文化塑造而成的。重要的是，这些环境提供了活动与互动。因此，知识的适应性或迁移性不仅仅在于学生对其他环境知识的控制和适应，也包括个人在参与的环境中强化所学到的东西，从而使一个环境中的知识、活动和互动适应于另一个环境（Lave，1988；Pea，1987）。简而言之，就是在特定环境中学到的知识、目标导向的活动、与他人互动的成果，以及学习如何使它们适用于其他环境（Billett，2007）。这里需要注意，适应性知识的发展并不是学校经验所带来的特权，尽管这些经验可能是有益的，但适应性知识是学习者参与的活动和互动生成的特定学习成果。

第二，实践证明，在许多方面，真正的实践会提供各种案例丰富学习经验（Billett，2001b；Gott，1989）。由于特定的经验（即教育机构或工作场所的特殊活动和互动）会产生特殊成果，我们需要确定哪些是学生需要学习的、能够生成特定知识的经验，从而让学生成为有效的实践者。这种情况下，我们需要特定的经验来帮助学生学习具体的实践知识。

因此，高等教育需要考虑在实践环境和教育环境中可能提供的经验，而这些经验最有可能生成高效的职业表现所需的特定知识（Billett & Choy，2014；Boud & Solomon，2001）。我们需要课程和教学实践来帮助学习者在实践环境和教育环境中发展这些知识形式，并将其作为桥梁，缩小在两种环境的活动和互动里可以学到的知识与可能学到的知识之间的差距。

第三，我们需要一种方法来帮助学生在两种环境中协调他们的经验，并使他们接触到多样性的职业经验（Eames & Coll 2010；Ellström，2001）。也就是说，要帮助学生比较经验，从而理解在其他相关职业环境中如何应用这些经验（Billett，2014），这一点非常重要，因为工作的表现要求在相关职业环境中会有所不同。在学生群体之间分享多样化经验的互惠过程很可能是一种有效的教育方式，既可以在两种环境下产生丰富的经验对话，也可以对职业实践变化的发生方式产生新的理解。因此，我们有必要通过真实案例来补充并增强学生在高等教育机构内习得的经验，可以在学生从实践环境中获得经验之前、之中和之后确定针对性的课程和教学方式，其中包括整合那些从真正的实践中所学到的知识（Torraco，1999）。或许有时这样的考虑会将实践和理论做出错误的区分，但是，学生可以通过教育机构的经验来学习理论，也可以通过实践环境的经验来学习实践（即程序能力）。学习者在各种环境下参与活动以及与他人的互动才更有可能获得职业实践所需的程序性、概念性和倾向性知识（Billett，1994b）。

因此，考虑到高等教育项目中旨在培养毕业生职业能力的课程和教学实践，我们需要考虑相关形式的知识以及它们的整合。尽管所有这些忧虑都不是最近才出现的，但是如今它们变得更加突出，并可能影响高等教育中教学工作者的实践，因此，要为学生提供真实的实践经验供给，从而最大限度地提高学生在经验中学习的能力，学生们在大学课程中利用和整合这些经验，他们的学习方式不限于最初的学习环境——大学环境与实践环境（Billett & Choy，2014）。所有这些目标都可能需要学生发展新的能力，对角色产生新的理解，还要补充在实践环境中对学生学习的监督能力。

三、整合学习经验：高等教育的挑战之一

通过以上所述，本书旨在应对日益增长的教育挑战：高等教育机构要帮助毕业生进行特定职业准备，使毕业生顺利过渡到教育项目计划者、教学者、学习参与者（即学生）都不可知的实践环境中。如前文所述，这种预期难以实现，因为包括在实践中的经验。专业实践的表现要求在具体职业情况下有很大不同，所以需要利用一系列的经验产生知识，帮助学生发展能力，使其在选定的职业中初有成效。高等教育供给已经对一些职业的实践经验（例如教学、护理）进行了高度有序的规范和安排，而其他职业遵循长期以来的实践安排（如药学、物理治疗、会计、法律）。大部分学科都由大学安排实践，并在学科内提供一系列包括不同实践经验的职业准备项目。大学通过整合这些经验开发每一类职业的规范知识（即职业实践所需的知识），并对这些知识的学习方式做出要求，使其适应学生在课程中针对毕业后特定实践环境的直接实践（Billett，2009c）。开发这些知识另一个重要的目标是让毕业生在工作生活中成为有效的学习者，这很大程度取决于他们在能动性和认识论上的素质，因为学生可能会通过实践学习经历直接接触到这一需求（Eames & Coll，2010），成为有效的学习者还可以帮助他们在缺乏直接教学和不依赖教师的情况下，将所学到的知识与准备学的知识整合起来。

正是由于这些原因，毕业生有必要在其学习计划中组织以实践为基础的经验，仔细考虑组织经验的时间和周期，达到他们具体的教育目标。重要的是，这些形成性和建设性的经验需要有效地整合到学习项目中，而不是仅仅作为一个附加部分（Henderson & Alexander，2011）。仅仅为学生提供真实的体验往往是不够的，相反，这些经验需要作为教育项目

的一部分，融入学生的整体经验之中。另外，实践环境不仅仅只是简单体验职业实践，还要将大学环境中学到的东西进行应用，实践环境本身也提供了基本的学习经验。因此，需要将以实践为基础的经验进行定位，使其在拓展教育机构中学到的经验方面做出贡献（Newton et al，2011）。但是，如果学生想要在大学和实践两种环境中有效地运用学习经验，他们就需要具备这种学习方法所需的职业能力和个人能力。此外，高效的从业人员以能动的学习能力为核心，换言之，他们需要独立评估实践的过程和结果，对实践的有效性与实践的改变做出判断（Richards et al，2013）。

因此，通过阐述和回应这些问题，本书旨在通过推进课程和教学实践来最大化提高学生的学习经验，使大学经验和实践环境相结合。

四、本书的研究报告

这本书的大部分内容来自于作者主持的两项全国性教学研究。第一项研究由当时的澳大利亚学习与教学委员会（ALTC）资助，重点是发展与实践经验相关的学生机构（Billett，2009a）。这项研究旨在确定教育机构的策略，包括与初步研究相关的短期成果，以及与专业实践相关的长期结果。它由澳大利亚3所大学的教育项目组成，其中包括护理、物理治疗、家政服务和助产学。第二项研究同样受ALTC资助，由澳大利亚6所大学的20个项目组成，它的相关学科有：医学、应用戏剧学、新闻学、教育学、旅游学、医疗保健学、公共关系学、管理学、脊骨神经医学、工程学、人类服务学、商业学、医疗辅助学、音乐学、法学和创造性艺术学（Billett，2011a）。这些教学研究和项目有四个关键前提：

第一，真实的实践经验（即工作场所经验）有力地推动了学生的学习（Billett，1994a; Henderson & Alexander，2011；Henderson et al，2006）。这些经验提供了从大学环境中无法获得的专业实践情况以及专业从业人员的真实情况。

第二，个体参与的活动形式，即"活动性认知"塑造了他们的学习（Rogoff & Lave，1984）。因此，在这一过程中，学习和实践活动提供的真实活动与互动成为有效的实践学习的必要条件。目前，大部分高等教育学生的学习都是由大学的供给和实践所决定，而这些实践与职业实践中发生的情况截然不同。虽然替代经验（例如模拟法庭、临床技能实验室和模拟医院病房）是有用的，它们可以提供良好的环境使学生发展初始能力，但是替代经验无法提供真实的专业实践所能提供的大量倾向性、程序性和概念性知识（Billett，2001b）。虽然在大学环境中可能学到"规范的"概念性、程序性和倾向性专业知识，但是学生更需要通过有关专业实践中真实案例的理解、程序和情感强化知识，即以实践为基础的经验。

第三，学生应了解专业实践的变化，增强这些知识在毕业生所遇到的各种实际情况和实践需求中的适用性。早期观点表明，适应能力的前提是发展普遍适用的能力（Bartlett，1958），然后才是拥有特定领域的知识并操纵它的能力（Ericsson & Smith，1991）。然而，近期研究发现，具体实施行为的情境基础开始受到重视（例如 Brown et al，1989；Engestrom & Middleton，1996；Lave & Wenger，1991）。因此，在大学环境中利用这些经验，可以培养适应能力和实践所需的能力。

第四，在职业生涯中，实践者需要成为有效的自我导向学习者。也就是说，学生需要通过基础实践环境有意地发展能力（Jolly & MacDonald，1989），有效的个体认识论能够支持他们专业实践所需的初始学习和持续学习（Billett，2009b）。因此，在高等教育中，教师需要参与到学生的实践环境中，从而确保专业实践的发展。为了实现这些结果，我们需要开发教学和学习的方法帮助学生有效地利用和整合基于实践的经验，同时需要改革大学课程和教学法。

五、本书的研究结果

如前文所述，从这些教学研究项目中（Billett，2009a，2011a），我们可以发现五个要点：

第一，虽然这些环境也存在学生积累并整合经验的个人过程，但整合学习经验需要超越学生所处的物质环境和社会环境。

第二，虽然课程和教学法通常被视为学习经验提供的核心组成部分，但学生的个人认识论也需要被考虑到。如果不考虑学生如何参与学习，从为他们提供的经验（即课程）和教学实践中学习，这些核心的解释性概念就不能充分说明经验的使用和优化如何取得进展。

第三，仅仅为学生提供以实践为基础（即工作场所）的经验，不足以帮助他们顺利过渡到职业实践所需的学习中，也不利于培养高效的、批判性的专业实践者。相反，我们需要通过准备、参与和机会来丰富、分享并整合经验，从而实现整体的教育计划和目标。

第四，从上述来看，这些发现强调了实施某一类教学实践的重要性，这类教学实践培养参与性、批判性的实践者，即代理学习者。这些教学实践可以单独开展也可以共同开展，它们包括：（1）对相关概念做出衔接性和批判性的评价，以及通过讨论来调适或转变理念；（2）有机会使用具体程序；（3）考虑其应用性和局限性；（4）了解如何组合这些程序以形成更多战略性知识来解决复杂问题；（5）对实际行动中形成的倾向进行评估。

第五，参与、准备和拓展学生作为积极的代理学习者的需要，是有效整合实践环境和高等教育环境经验的核心，这些需要包括他们从事专业实践的能力以及成为有效的批判性、反思性实践者的能力。

做出这些贡献的前提会在接下来的章节中进行详细阐述。其中包括高等教育目的的讨论（第二章和第三章）；学习经验整合的性质，以及如何使其概念化并得到最好的发展（第四章）；促进学生在学术和实践环境中整合经验的教学和课程实践（第七章和第八章)；具体的课程实践，即意向课程所需考虑的因素（即打算学习什么及如何学习）；制定针对性课程（即针对学生的经验制定课程）以及经验课程（即学生经历、理解和学习的内容）。其中第七章阐述了课程需要考虑的因素，第八章和第九章分别介绍了与教学法和个人认识论相关的内容。

六、本书的预期目标

为了推进教育课程、教学实践以及高等教育工作者的目标实现，本书旨在实现四个目的：第一，本书试图确定并描述学生参与实践经验的教育价值，并在高等教育项目中整合这些价值。第二，提出如何整合经验的理念，经验对于课程和教学实践在高等教育机构中取得发展至关重要。此外，本书借鉴多个项目、学术活动领域以及两个大型调查项目，旨在说明如何组织高等教育课程得以有效提供并利用学生在实践环境中的经验。在这里，我们要考虑如何设计课程目的，如何确定这些经验，以及学生如何理解并有效地参与到经验中。第三，在教学过程中，我们的教学实践能够有效地将学习经验最大化，并将其与课程整合联系起来。本书讨论了如何将其与课程相结合。如前文所述，这些教育实践可以考虑学生参与实践环境（即工作场所）所发生的事情。第四，论述学生个人认识论的重要性，以及如何在专业实践中让个人认识论支持学生进行有效学习。这一点很重要，因为在学生的实践经验中，学生最好能够采取积极和集中的方法来管理学习。培养这些能力对于提高学生在专业实践中的自我导向性、批判性和反思性能力非常重要。

总而言之，本书试图确定并阐述课程和教学实践，支持学生在实践环境和学校环境中有效整合经验，使他们在毕业后能够顺利地从事自己喜欢的职业，在职业中进行有效的实践。在这一过程中，本书旨在为许多国家当前的高等教育提供建议，因为这些国家正在努力通过职业特定项目培养高质量就业的毕业生。这些毕业生将会具备高质量的就业能力，在毕业时能顺利就业。本书的创新之处在于尝试提出强有力的概念性解释，巩固课程和教学方法的基础性地位，让学生使用具体的课程和教学实践，有效整合学生在学校环境与实践环境中的经验，确保他们的就业能力。如前文所述，拓展并丰富教学经验的概念性解释、原则和做法在澳大利亚两个国家级教学研究过程和结果的基础上进行。可以说，这些概念和实践建议都来自于经验工作和对经验工作的反思。

七、本书的结构和案例预览

第一章概述了在学校环境和实践环境下，整合学生经验成为日益增长的兴趣和教育目的。首先，这一章提出，随着高等教育项目日益重视职业准备，对毕业生顺利就业的预期越来越高，即越来越多毕业生希望做好工作准备。除了这些广泛的预期，作为高等教育项目的一部分，提供经验和实践环境的要求也需要考虑。然而，学生缺乏清晰的目的获取这些经验，此外，学生对于整合这些经验的思考仍然不成熟，而且没有得到广泛的实践。其次，基于澳大利亚最近完成的两项有关工作学习一体化的研究，这一章对其目的、方法和程序做出简要概述。最后，这一章简要总结了这些研究成果及其对课程、教学法和学生个人认识论的影响。

国际上有许多学者认为，大学生获得以实践为基础的经验作为学位课程的一部分，旨在培养大学生特定的职业能力，因此，我们有必要仔细思考这些经验的潜在教育价值，以及如何通过它们实现教育目的。因此，第二章"高等教育目的"重点讨论了这些行动的潜在教育价值，这一章认为有必要界定和阐述一系列与教育实践和学生学习相关的核心理念。为了促进对这些理念的思考，这一章讨论了我们如何看待在学校环境和实践环境中整合经验的教育价值，并阐述了作为高等教育过程的一部分，以工作为基础的经验目的及其他目的如何考虑学生和组织的需要。

第三章"在实践和大学环境中整合经验的教育目的"概述了高等教育项目提供并整合实践经验的一系列特定教育目的，同时建议这些目可以归类为与三个教育问题相关的内容。第一，个人需要确定他们的首选职业；第二，在这些职业中发展有效的能力；第三，个人需要在持续工作的过程中维持就业能力，取得发展。因此，基于对当代高等教育目的的讨论，本章探讨在高等教育中整合基于实践的经验，解决不同目标和意图中更为具体的问题。

学生整合经验的理念既不确定又尚未发展成熟，因此，在第四章"学生经验整合的理念"中，本书将提出三种不同的方式思考如何推进这种整合的概念化，其中包含以下观点：（1）它是一种情境观。其中，整合的理念与两种情境及其特殊贡献以及如何整合有关；（2）个体建构主义观点认为，概念是个体与现象接触的产物，包括他们所经历的事物以及个人如何调节；（3）"社会—个体"观点指出，个人和情境因素，以及它们之间的关系是理解在两种环境中整合经验的核心。其中，第三种观点是在本书的整合过程中提出的，考虑到它所包含的大量社会因素及组合过程，这种整合的概念化说明强调了两种环境中经历、组织、实践这些因素的重要性。因此，课程、教学论和学生个人认识论的重要思考都是从这些概念中产生的。

第五章是"学习和教学项目"。这一章概述了两个项目及其目标和程序，研究中的讨论和数据构成了本书内容的来源。第一个项目考察了学习机构在基于工作的学习经验中所扮演的角色，项目组在澳大利亚的3所大学的护理专业、医学、物理、社会工作方向专业进行了五个小项目的研究，旨在研究利用学生机构去解释并整合学校和实践环境中经验的可行方法。这些发现来源于学生在大学项目中实习经历的分析。第二个项目建立在第一个项目的研究过程和发现基础上，一方面是为了确定课程，另一方面是利用教师的实践确保将实践环境和学术环境进行有效整合。这个资助项目在澳大利亚的6所大学进行，其中包含20个小项目，涉及医学、新闻、医疗、旅游、公共事业关系、按摩、工程和教育等学科，目标是将实习经验与学生在大学中所学知识结合起来。研究历时18个月，包括在参与项目的大学间进行比较，让参与者与其他参与者分享二十个小项目中的经历，以及讨论了教师对于问题的描述和过程参与。这些项目的一个关键问题是确定课程和教学实践都可以通过学术人员来实施，不需要其他广泛的基础设施来支持。总而言之，一个重要的关注点是需要组织经验和有效参与教学解决特定类型的学习，而这些可以由学者制定。

这两个项目得出了一系列的研究结果，第六章"经验整合的重要发现"呈现了这些讨论和实例数据。从本质来看，这一章所讨论的关键发现被认为是一组在某种前提下学生学习的实践经验，这些前提是指整合工作和学习经验的目的，解决一些用经验可以解决的问题，以及在解决这些问题的过程中对经验的组织和制定的思考。此外，项目还考虑了教师与课程实践如何支持工作与学习的整合，从而促进学生成为主动的学习者，理解的重点在于对学生的参与基础和参与成果的看法。

第七章"课程考量：经验的整合"中对有效整合以实践为基础的课程进行讨论。这部分的框架以课程概念的三要素为基础：（1）课程是有意识地组织起来的，以详细规划（例如：预定课程）为基础；（2）在大学教师、专业从业者和其他人实施的大学和实践环境中延伸并提供给学生（例如：制定的课程）；（3）学生们对于自己经历并参与的一些实践表现出不同程度的关注点、兴趣和意向。这三个观点被称为"经验的课程"。毫无疑问，这一章的讨论和发现被呈现为三个标题，即"意向课程""制定课程"和"体验课程"。这些观点被用来建议如何规划和组织经验，以最大限度地发挥其教育价值；如何最好地实施这些经验，以确保其达到目的，以及学生可能通过何种方式来解释和建构知识（即学习），确定从经验中学习的方法。因此，这一章以这种方式呈现和讨论了重点课程的前提、实践和结果，这里的结果旨在告诉高等教育工作者如何最大化利用实践经验并将其整合到整个课程中。

第八章是"支持经验一体化的教学实践"。如标题所示，这一章着重关注可以用来丰富学生学习的教学实践，这些实践是通过学生基于实践的经验以及学生对这些经验的有效协调（即整合）来实现的。这里提出了一些独特的教学方法：（1）在学生参与练习之前；（2）在参与期间；（3）在经历之后。首先，一项教学实践最好在学生练习之前制定，因为实践目标在于引导，产生预期并发展学生具备有效的、有意义的实践经验的能力。第二，也有人建议，在实践经验中学生可以通过一系列的资源制造丰富的学习成果。学生应重视其中的一些资源以及使用它们的能力，也许我们需要提供一些帮助来充实学生的经验。第三，尤为重要的是，一旦学生回到大学，教师的教学实践可以帮助学生丰富在两种环境中学习的经验，这种实践具备整合经验的能力。的确，当学生从实践环境中回到学校，教师分享、讨论和阐述学生们在那些环境中的经历，实践证明这种干预措施在参与者的学习过程中十分有效，似乎老师的指导为他们提供了回顾和分享的机会，甚至在实践中那些不愉快的和看似毫无帮助的互动都可以变成有效且丰富的学习经历。因此，考虑到教师的实践易于实现，这种方法可用于小型或稍微较大型的学生小组，并成为一种促进学习和实践有效结合的教学方法。

　　工作学习一体化的核心是：在实践经验中学生并不是由学术人员直接监督的，在学校环境中学术人员无法确保在合适的时间访问这些学生。因此，第九章"发展学生的个人认识论"讨论了如何帮助高等教育学生成为积极的学习参与者，如何在实践和大学环境中促进他们的学习最大化，并与他们已知的知识相结合，以及如何利用这种整合来扩展知识。总而言之，我们有必要在学生身上发展一种高度活跃的认识论。当学生们处于实践环境中时，他们自己作为主动学习者，需要将其行为和学习组织起来。也就是说，他们自己在构建的意义上具有核心作用，然后才能去协调他们在这两种环境中学到的东西。在这里，中心要素包括代理学习者的概念、可能遇到的种种限制、解决这些限制的手段等因素。此外，作为专业实践者，做好专业化准备的毕业生有必要在学习中培养自我导向的能力，这样才能监督自己的表现，并反思自己和他人的实践。从这一点看，他们应该组织好正在进行的学习和发展。因此，有关学生个人认识论的探讨既与职业准备相关，也与在实践和大学环境中协调经验的短期目标相关，同时作为能力的关键属性之一，这种思考在专业实践的持续学习中有积极作用。

参考文献：

Bantock, G. H. (1980). Dilemmas of the curriculum. New York: John Wiley & Sons.

Bartlett, F. C. (1958). Thinking: An experimental and social study. New York: Basic Books.

Bennett, C. A. (1938). The ancestry of vocational education. In E. A. Lee (Ed.), Objectives and problems of vocational education (2nded., pp.1 – 19).NewYork:McGraw-Hill Book Company.

Billett, S. (1994a). Authenticity in workplace learning settings. In J. Stevenson (Ed.), Cognition at work: The development of vocational expertise (pp. 36 – 75). Adelaide: National Centre for Vocational Education Research.

Billett, S. (1994b). Situated learning – A workplace experience. Australian Journal of Adult and Community Education, 34 (2), 112 – 130.

Billett, S. (2001a). Knowing in practice: Re-conceptualising vocational expertise. Learning and Instruction, 11 (6), 431 – 452.

Billett, S. (2001b). Learning in the workplace: Strategies for effective practice. Sydney: Allen and Unwin.

Billett, S. (2007). Integrating contributions of workplace and college experiences in developing vocational knowledge. In R. McClean, D. N. Wilson, & C. Chinien (Eds.), International handbook for technical and vocational education and training. Dordrecht: Springer.

Billett, S. (2009a) . Developing agentic professionals through practice-based pedagogies. Sydney: Australian Learning and Teaching Council.

Billett, S. (2009b) . Personal epistemologies, work and learning. Educational Research Review, 4, 210 - 219.

Billett, S. (2009c) . Realising the educational worth of integrating work experiences in higher education. Studies in Higher Education, 34 (7), 827 - 843.

Billett, S. (2011a) . Curriculum and pedagogic bases for effectively integrating practice-based experiences. Sydney: Australian Learning and Teaching Council.

Billett, S. (2011b) . Vocational education: Purposes, traditions and prospects. Dordrecht: Springer.

Billett, S. (2014) . Integrating learning experiences across tertiary education and practice settings:A socio-personal account. Educational Research Review, 12 (C), 1 - 13.

Billett, S., & Choy, S. (2014) . Integrating professional learning experiences across university and settings. In S. Billet, C. Harteis, & H. Gruber (Eds.), International handbook of research in professional and practice-based learning(Vol. 1, pp. 485 - 512) . Dordrecht: Springer.

Billett, S., & Henderson, A. (2011) . Promoting professional learning: Integrating experiences in university and practice settings. In S. Billett & A. Henderson (Eds.), Developing learning professionals:Integrating experiences inuniversity and practice settings (pp.1 - 20) .Dordrecht: Springer.

Boud, D., & Solomon, N. (Eds.) . (2001) . Work-based learning: A new higher education?Buckingham: Open University Press.

Brown, J. S., Collins, A., & Duguid, P. (1989) . Situated cognition and the culture of learning. Educational Researcher, 18（1）, 32 – 34.

Campbell, M., & Zegward, K.（2015）. Developing critical moral agency through workplace engagement. In S. Kennedy, S. Billett, S. Gherardi, & L. Grealish（Eds.）, Practice-based learning in higher education: Jostling cultures （pp. 47 – 63）. Dordrecht: Springer.

Carr, D.（1995）. The dichotomy of liberal versus vocational education: Some basic conceptual geography. Philosophy of education yearbook.http://www. ed.uiuc.edu/EPS/PES-Yearbook/95_docs/carr.html

Clarke, M. L.（1971）. Higher education in the ancient world. London: Routledge & Kegan Paul.

Cooke, M., Irby, D., & O'Brien, B. C.（2010）. Educating physicians: A call for reform of medical school and residency. Washington, DC: The Carnegie Foundation for the Advancement of Teaching.

Cooper, L., Orrel, J., &Bowden, M.（2010）.Work integrated learning:A guide to effective practice.London: Routledge.

Dawson, J.（2005）. A history of vocation: Tracing a keyword of work, meaning, and moral purpose.Adult Education Quarterly, 55（3）, 220 – 231.

Deissinger, T.（1994）. The evolution of the modern vocational training systems in England and Germany: A comparative view. Compare: A Journal of Comparative Education, 24（1）, 17 – 36.

Deissinger, T.（2000）. The German 'philosophy' of linking academic and work-based learning in higher education: The case for vocational academies. Journal of Vocational Education and Training, 52（4）, 605 – 625.

Department of Innovation Universities and Skills.（2008）. Higher education at work: High skills: High value. Sheffield: Department of Innovation, Universities and Skills.

Eames, C., & Coll, R.（2010）. Cooperative education: Integrating classroom and workplace learning. In S. Billett（Ed.）, Learning through practice（pp. 180 - 196）. Dordrecht: Springer.

Elias, J. L.（1995）. Philosophy of education: Classical and contemporary. Malabar: Krieger Publishing.

Ellström, P. E.（2001）. Integrating learning and work: Problems and prospects. Human Resource Development Quarterly, 12（4）, 421 - 435.

Engestrom, Y., & Middleton, D.（1996）. Introduction: Studying work as mindful practice. In Y. Engestrom & D. Middleton（Eds.）, Cognition and communication at work（pp. 1 - 15）.Cambridge, UK: Cambridge University Press.

Ericsson, K. A., & Smith, J.（1991）. Towards a general theory of expertise. Cambridge, UK: Cambridge University Press.

Faure, E., Herrera, F., Kaddoura, A., Lopes, H., Petrovsky, A., Rahnema, M., & Ward, F.（1972）.Learning to be. Paris: UNESCO.

Gherardi, S.（2009）. Community of practice or practices of a community？ In S. Armstrong & C. Fukami（Eds.）, The Sage handbook of management learning, education, and development（pp. 514 - 530）. London: Sage.

Gott, S.（1989）. Apprenticeship instruction for real-world tasks: The co-ordination of procedures, mental models, and strategies. Review of Research in Education, 15, 97 - 169.

Grealish, L.（2015）. Professional standards in curriculum design. In S. Kennedy, S. Billett, S. Gherardi, & L. Grealish（Eds.）, Practice-based learning in higher education: Jostling cultures（pp. 85 - 97）. Dordrecht: Springer.

Grubb, W. N., & Badway, N.（1998）. Linking school-based and work-based learning: The impli-cations of LaGuardia's Co-op seminars for school-to-work programs（pp. 1 - 30）. Berkeley: National Center for Research in

28

Vocational Education.

Henderson, A., & Alexander, H. (2011) . Maximising the integration of medical and nursing stu–Dentsin clinical learning environments: An Australian perspective.InS.Billett&A.Henderson (Eds.), Developing learning professionals: Integrating experiences in university and practice settings (pp. 131 – 148) . Dordrecht: Springer.

Henderson, A., Twentyman, M., Heel, A., & Lloyd, B. (2006) . Students' perception of the psycho–social clinical learning environment: An evaluation of placement models. Nurse Education Today, 26 (7), 564 – 571.

Hungerford, C., & Kench, P. (2015) . Standards and standardisation. In S. Kennedy, S. Billett, S. Gherardi, & L. Grealish (Eds.), Practice-based learning in higher education: Jostling cultures (pp. 65 – 83) . Dordrecht: Springer.

Jolly, B., & MacDonald, M. M. (1989) . Education for practice: The role of practical experience in undergraduate and general clinical training. Medical Education, 23, 189 – 195.

Lave, J. (1988) . Cognition in practice: Mind, mathematics and culture in everyday life. Cambridge, UK: Cambridge University Press.

Lave, J. (1990) . The culture of acquisition and the practice of understanding. In J. W. Stigler, R. A. Shweder, & G. Herdt (Eds.), Cultural psychology (pp. 259 – 286) . Cambridge, UK: Cambridge University Press.

Lave, J., & Wenger, E. (1991) . Situated learning – Legitimate peripheral participation. Cambridge, UK: Cambridge University Press.

Leinhardt, G., McCarthy Young, K., & Merriman, J. (1995) . Integrating professional knowledge: The theory of practice and the practice of theory. Learning and Instruction, 5 (4), 401 – 408.

Lodge, R. C. (1947) . Plato's theory of education. London: Kegan Paul,

Trench, Trubner.

Molloy, L., & Keating, J.（2011）. Targeted preparation for clinical practice. In S. Billett & A. Henderson（Eds.）, Developing learning professionals: Integrating experiences in university and practice settings（pp. 59 – 82）. Dordrecht: Springer.

Newton, J., Billett, S., Jolly, B., & Ockerby, C.（2011）. Preparing nurses and engaging preceptors. In S.Billett&A.Henderson（Eds.）, Developing learning professionals:Integrating experiences in university and practice settings （pp. 43 – 58）. Dordrecht: Springer.

Oakeshott, M.（1962）. Rationalism in politics and other essays. London: Methuen.

Organisation for Economic Co-operation and Development.（2009）. Jobs for all: Initial report. Paris: OECD.

Organisation for Economic Co-operation and Development.（2010）. Learning for jobs. Paris: OECD.

Pea, R. D.（1987）. Socializing the knowledge transfer problem. International Journal of Educa-tional Research, 11（6）, 639 – 663.

Raizen, S. A.（1989）. Reforming education for work: A cognitive science perspective. Berkeley: National Centre for Research in Vocational Education.

Richards, J., Sweet, L., & Billett, S.（2013）. Preparing medical students as agentic learners through enhancing student engagement in clinical education. Asia-Pacific Journal of Cooperative Education, 14（4）, 251 – 263.

Rogoff, B., & Lave, J.（Eds.）.（1984）. Everyday cognition: Its development in social context. Cambridge, MA: Harvard University Press.

Roodhouse, S.（2007）. Special issue introduction. Education+Training, 49（3）, 161 – 169.

Sanderson, M.（1993）. Vocational and liberal education: A historian's view. European Journal of Education, 28（2）, 189 - 196.

Scribner, S.（1984）. Studying working intelligence. In B. Rogoff & J. Lave（Eds.）, Everyday cognition: Its development in social context（pp. 9 - 40）. Cambridge, MA: Harvard University Press.

Stasz, C., & Brewer, D. J.（1998）. Work-based learning: Student perspectives on quality and links to school. Education Evaluation and Policy Analysis, 20（1）, 31 - 46.

Sweet, L., & Glover, P.（2011）. Optimising the follow through for midwifery learning. In S. Billett & A. Henderson（Eds.）, Developing learning professionals: Integrating experiences in university and practice settings（pp. 83 - 100）. Dordrecht: Springer.

Torraco, R. J.（1999）. Integrating learning with working: A reconception of the role of workplace learning. Human Resource Development Quarterly, 10（3）, 249 - 270.

Troger, V.（2002）.Vocational training in French schools:The fragile state-employer alliance.Paper presented at the Towards a history of vocational education and training（VET）in Europe in a comparative perspective, Florence.

Universities Australia.（2008）. A National Internship Scheme: Enhancing the skills and work-readiness of Australian university graduates. Canberra: Universities Australia.

Veillard, L.（2012）. Transfer of learning as a specific case of transition between learning contexts in a French work-integrated learning program. Vocations and Learning, 5（3）, 251 - 276.

Wall, G. I.（1967/1968）. The concept of vocational education. Proceedings of the Philosophy of Education Society of Great Britain, 2, 51 - 65.

第二章 高等教育目的：当前聚焦和未来重点

第一节 当前高等教育的目的

本章论述了高等教育项目中提供和整合实践经验的教育价值。在试图判断高等教育的教育价值时，有必要考虑高等教育的目的以及如何评估这些目的。即使不是为了这本书，阐述高等教育目的也是非常有价值的，当然，这里尝试诠释的不仅有高等教育部门的长期目的，还诠释了如何应对当前挑战，例如庞大的学生人数、越来越多的与外部标准相悖的相关性和针对性要求。因此，本章阐述了高等教育供给的变化特征及其在当前的主要目的，提出高等教育要明确地聚焦开发与职业相关的特定技能。当前发达工业经济国家的高等教育项目正越来越多地把重点集中在培养毕业生从事特定职业上。如上所述，这些教育项目的价值越来越多地受到政府、学生和雇主评价的影响，并且这些评价大多针对与就业能力相关的成果以及特定就业环境（即职业和工作场所）的适用性方面。也就是说，高等教育过程要注重直接就业能力（即做好工作准备）的培养。然而，在许多方面，这种强调仅仅是一种质量上的改变，是绝大多数高等教育的一贯主张，因为初始的职业准备工作一直是高等教育项目的一部分，即使文科教育也是如此。事实上，关于高等教育是自由主义还是职业导向的讨论，在很大程度上似乎是错位的、错误的，并且对理解当前高等教育的各种目的没有帮助。相反，人们认为，自由教育的目的往往与在特定类型的工作中获得就业机会和提高少数社会弱势群体的教育优势有关（Bantock，1980）。也就是说，所谓的"自由高等教育"

提供的教育内容和目标其实也是为各种形式的职业做准备。

从性质上看，当前的教育重点更多集中于特定的职业准备以及受众多学生青睐的项目。专注于特定职业带来了更高预期，即预期学生在毕业后能够直接就业，并顺利过渡到专业实践（即做好了工作准备）。此外，越是与特定职业具有一致性，越容易判断和评论这些项目是否能有效确保毕业生就业，以及是否符合雇主满意度。然而，这是一个较为苛刻的教育目标。因为，实现这一教育目标，意味着毕业生要有能力满足特定工作场所或工作实践的要求，从而获得就业。因此，大学生越来越需要提高自己的能力，并理解毕业后实践情境的变化。因此，高等教育机构越来越多地为学生提供机会，让他们进入和参与真实工作场所情境，进而理解就业并得到实践。然而，除了为学生提供在大学和实践环境中的经验外，我们还需要确定什么样的学习最能提供经验，以及如何组织、利用这些经验，然后努力将经验的贡献融入两种环境。如今，所有这些场所都将基于实践的经验作为高等教育方案的必要组成要素。

鉴于这些质的变化，我们必须重新审视并考虑高等教育的目的和针对职业方案的实施过程，并决定如何利用和整合基于实践的经验。这种重新审视包括考虑如何确定这些目的，并通过向学生提供两种环境的经验加以实现，然后通过将这些贡献有效纳入其职业能力发展来协调学生的学习。在下一章中，我们将详细阐述这些具体的整合目的，并讨论这些教育目的的价值以及实现其有效整合的基础。

在此，本书提出的观点是，在高等教育供给方面，关于上述苛刻目标的教育项目存在一种转向：职业准备和工作准备，对高等教育的目的和过程提出了新要求、新考虑。我们需要考虑的是：（1）高等教育的目的是什么？（2）我们应该在哪些方面对以具体职业成果为核心的供给进行区分？（3）特定职业的教育项目如何适应这些目的和区分？

第二节　高等教育的职业重点与工作重点

近年来，发达工业国家的大学课程重点和目的已经发生了诸多变化。这种变化包括，越来越多的高等教育项目的目的与特定职业毕业生的培养直接相关（Lomas，1997；经合组织，2010）。因此，大学提供的课程种类已经发生了变化，变得更广泛地关注高等教育的重点和目的。例如，在许多大学里，人文学科课程的学生人数有所减少，更多的学生关注以职业作为重点的课程，因为，参与这些课程的毕业生能够更加直接地与学习成果保持一致，有效地实践选定的职业。这种变化不可避免地导致了人们对高等教育目的的质疑，为实现教育目的应该为大学生提供什么样的经验？例如，考虑到毕业生特别重视就业准备和职业成果，许多课程都具有工作场所或实践环境中的经验，为学生提供在大学里应用和实践所学知识的机会。此外，经验被认为对学生的高等教育具有特殊且重要的作用。也就是说，经验为学生提供了原本在大学环境中无法获取的学习。众所周知，任何想成为医生、护士或教师的人，都不可能在没有实践经验的情况下进入职场，因而，越来越多的大学课程也紧跟这一趋势。例如，新闻、应用戏剧、商业和健康行业的学生都要求具有工作场所实践经验。因此，有一些国家（例如：美国的合作社运动或英国的基础学位课程）就大规模地在教育项目中纳入工作安排或实践经验，而这些经验越来越成为学生评价和课程评估的重点。事实上，有些大学的宣传重点是强调让教育机构中的学生获得机构之外的经验，通过使用诸如"真实经验"的术语，来强调学生参与大学之外的环境和经验的重要性。

事实上，这就是高等教育项目变化的趋势，但是也有一些人讽刺道，大学如今主要从事的是"高等职业教育"。这种说法显然是错误的，虽然长期以来大部分高等教育一直都关注职业目的，但正如 Oakeshott（1962）提出的，"大学教育不同于职业教育，它是一种语言教育，而非文学教育，其关注的是解释性语言（或思维模式）的使用和管理，而不是说明性的语言"。在这里，语言教育被看作是理解和实现特定目标的机制（例如：程序和概念），而文学教育指的是以特定的方式使用语言的能力——意味着更高层次的参与。

可问题在于，不同的教育部门是否具备这种特质，或者说是否具备丰富的经验。值得深思的是，人们担心高等教育被工具性目的或者具体性目的所误导，但事实上，重视提高学生的就业技能一直都是高等教育的特点，而现在的转变使更多与职业相关的项目出现在新兴的社会和经济领域，包括那些与学生、政府、雇主、工业和专业机构（OECD，2010）预期相关的项目。然而对于高等教育来说，与职业相关的教育目的与预期并不完全陌生，因为这样的目的在大学教育历史上早已被实践和记载。例如，在希腊，大学供给主要是为少数由男性承担的自由职业所制定，包括医生、教授和军事领导人等（Lodge，1947），因此，这些大学准则具有职业特殊性。如今的职业重点在于，提供与职业相关的工作场所经验，并通过长期的安排（如实习）嵌入大学课程。卫生保健专业实践（如医学诊治、护理、物理治疗）、临床实习和工作，都长期存在职业特定课程，目的是确保高等教育能获得有效的学习成果（Boud & Solomon，2001）。然而，随着高等教育大众化和大学课程的增多，为满足特定职业需求而开设的各类课程都有所增加，但远未达到满足所有实践目标的程度。一个需要重点考虑的因素就是，高等教育的目的和过程如何为学生提供有价值的经验和成果。

除了要努力区分不同领域知识的相对价值之外（Gelman & Greeno，1989），学习职业领域相关的特定知识与学习任何其他领域的知识本质上并无不同。因此，哲学、历史学、地质学和地理学等学科的知识与医学、护理学、教育学、新闻学和应用戏剧学等领域的知识本质上是一致的。但延伸到工作中，它们就被区分为熟练、半熟练，甚至不熟练程度。也就是说，每一个领域都有特定的知识经验需要学习，它们的学习和制定通常需要更多的能力，包括组织能力、运用能力等（Alexander &

Judy，1988）。因此，任何有关职业领域的教育目的和教育预期有可能与众不同。这些领域的基本假设也具有差别（即某些领域或许比其他领域更有价值），在其建构的过程中可以是主观性的或文化性的，而在实践过程中可能是问题导向性的。有一些观点认为，某些形式的知识天生比其他形式更有适应性。然而，知识在不同领域中的有效程度也是不同的，通常情况下，领域内的能力往往基于该领域的特定知识，比如解决问题的能力。然而，语言和文化始终是巩固知识领域的重要基础。因此，对于特定领域的反对与排斥是高等教育中有价值的、合法的或理应享有的特权。

与之相反,（有观点认为）高等教育的重点在于提高教育供给的价值，这有助于培养学生有效从事职业实践的能力，这种能力的直接适用性更高,可以直接延伸到工作场所环境。在这一论点中,教育目的是中心环节,因为其影响着高等教育供给如何被计划、制定和评估。我们可以从上述内容中清楚地看到，这些教育目的和供给都需以学生为中心，因为寻求促进参与特定职业实践的相关知识的主体是学生。另外，这种职业准备需要超越规范职业知识的发展（即所有从业者预期拥有和有效应用的知识种类），包括毕业生在不同的职业选择环境中对不同知识的应用方式的理解，即职业能力的情境变化（Billett，2001a）。值得注意的是，这些规范性和情境性职业知识，存在概念性、程序性和倾向性的维度和层次。与这些领域发展相关联的教育目标，包括关键能力的发展以及相关的学习，也许这些学习并非在特定知识领域，但对于有效实践来说必不可少。当然，我们没有对职业能力提出限制性条件，因为特定职业都享有或多或少的社会地位。相反，我们假定从事职业的人需要具备特定领域的相关知识和能力，例如解决问题的能力、读写能力、计算能力以及倾向（如兴趣或者批判性）（Alexander & Judy，1988）。

第三节　高等教育的背景、目的和实践

以上探讨的内容大部分可能具有争议性，比如发展特定职业能力的主张，还有那些完全与高等教育目标相对立的、关于发展特定工作场所所需能力的主张。职业教育的自由主义和本质主义者认为，个人目标与通过职业、利用知识达到的社会和经济目的之间存在分歧（Oakeshott，1962）。从本质上讲，他们反对这样的观点，即民间社会需要并重视那些提供服务的人，如建造住房、生产食品、提供所需的相关商人，以及从事服务业、照顾病人、提供充足水资源和抵抗自然灾害等相关职业的人员。然而，尽管计算机程序员往往不被认为是受过教育的工作者（Bloom，1991），但很少有人会对医生提出类似的评价。但是，这种文化盲目性忽略了某些例外情况，例如，Elias（1995）指出，在西方社会，虽然文科教育的传统价值延续至今，但工作教育层面的意义也始终存在于这个传统价值之中。

……虽然中世纪大学中，古典文科教育占据着主导地位，但这些大学实际上是为牧师、教师、律师和医生等职业做准备的院校。这种教育具有一定的工具性功能，以职业为导向，学习材料更多用于医学、法律的实践。（168页）

然而，即使是这样的主张，也可能否定了古代传统大学教育以职业为基本关注点的本质。例如，在希腊，高等教育的重点是培养从事精英职业的人才。柏拉图语录中指出，关键的职业包括：（1）医学；（2）法律；（3）教育；（4）神学；（5）军事（Pangle，1980）。这些职业都与有偿就业相关，强调的是精英阶层，且在当今时代依然如此。在古希腊，军队显然非常重要，可军人这个职业在当时并没有被提及。随着工业化兴起，英国和美国的大学开始为工业化社会中的新兴职业做准备，对从事古典教育的教师、律师和医生等职业做出调整。基于现代化和工业化建立起来的大学，往往重视当时的某些关键性职业。因此，正如下文将讨论的，

英国和欧洲大陆建立的许多新大学，目的是提供一系列与传统大学不同的职业准备（Roodhouse，2007）。

此外，正如 Elias（1995）所提出的，自由主义观点往往理想化，倾向于否定其所重视的社会基础，在宣传时往往不切实际，尤其是以牺牲社会目标为代价的个人教育目标。Elias 提出，考虑到希腊的情况，我们决不能忘记，文科教育的起源是：基于劳动阶级的存在和努力使这种教育成为可能的社会，这种教育在那些统治者和被统治者之间存在巨大差异的国家十分盛行（Elias，1995）。或许，奴隶社会就是最好的例证，在古希腊社会，工匠的工作对其存在和发展至关重要，艺术家的工作对提高生活品质也至关重要，然而这两类工作都被柏拉图和苏格拉底等人认为地位卑微（Lodge，1947）。这样的争论可能会因为哲学家们提出的教育本质说、自由教育说和进步教育说而掩盖，因为这些学说声称知道什么对教育最有利、什么样的教育对人们最有益。因此，这些角度往往被贴上了狭隘、功利、具象和限制发展的标签。然而，基于现代化视角，我们发现技术性工作在本质上缺乏复制能力，且非常需要判断力、高阶能力和对特定职业领域及其应用的深刻理解力的共同配合（Billett，2006c）。

Sanderson（1993）针对非职业教育和文科教育对职业教育的长期影响，提出了五个原因：第一是因为三种主要的传统学科（古典文学、数学和哲学）已经在重点大学中建立了良好的基础。它们享有特权，不是因为内容的有效性，而是因为所谓的思维训练在任何特定任务或领域都具有适用性，这就是其实用性表现。在实用性知识和显性知识之间存在清晰的界限，而这本身就是其目的（189 页）。Sanderson 指出，经过培训的思维不需要通过显性成果来证明。从某种意义上说，这是一种针对自由人（free men）的教育，即对那些具有较高社会地位和独立人格的人进行的教育，他们在经济上独立，不需要用所学的知识来谋生。Sanderson（1993）认为，"工具性知识是低等的，它们将会在法庭、医院、银行家的客厅或土木工程师或遗产管理人的办公室里被研究运用"（189页），因此将来不仅要赋予特定种类知识以特权，而且要能够在最有利于学习这些知识的地方开展学习。第二是因为这种文科教育成本很低廉。它不需要昂贵的实验室和资源进行某些技术性和实践性学习。"因此，对廉价且无用的文科教育的辩护，其实质与保证大学研究人员的最大利益、维护财政自治权地位相关（190页）。"第三是因为文科教育彰显了一种神秘的尊严（a dignity of mystery），它将那些拥有它和没有它的人区别开来。第四是因为文科教育可以得到重要机构的支持。牛津大学和剑桥大学的许多毕业生成了神职人员，而其他学生也会获得公务员或内政部门的职位，这意味着英国主要机构中的许多人将会接受这种形式的教育以及享受它所提供的声望。第五是因为通过参与抽象的文科教育所训练出来的思维最能够灵活应用于其他学科领域（Sanderson，1993）。重点文科大学的毕业生能够在各个领域和学科上取得成功，从某种意义上说，这就是一大例证。然而，从有关"专家型行为"（expert performance）的研究中得知，知识的领域特性是这种表现的一个重要组成部分，而这种特性不能仅由一般的能力来确定（Chi et al，1982；Ericsson & Smith，1991）。

这种观点的结果就是产生了身心二元论、理论与实践二元论（知行二元论）、有德与无德、文科教育与职业教育等一系列观点，它们是许多西方国家基于古希腊的社会风尚在当代高等教育方面所取得的深入发展（Bantock，1980；Elias，1995；Higgins，2005）。这就好比是分类学，尽管它的目的在于将不同种类的人类认知进行描绘和区分，但无论如何，在分类过程中，精神、理论和道德都高于身体、实践和行为。

然而，上述观点和二元论都倾向于否定个人在认识和参与高等教育方面的双重性（即对知识特定领域的要求以及超越特定领域的要求），都倾向于否定概念性知识（即理论）和程序性知识（即实践）之间的内在联系和途径。此外，这些观点也没有考虑教育预期设计者（即预期过程和结果）与教育实际参与者之间的差异。最终，无论教育意图是基础的还是本质的，是文科的还是职业的，它所能提供的仅仅是那些流于表面的供给（Billett，2006b），以及制定与践行这些教育供给的人对此的一些看法而已。因此，很重要的一点在于，我们不能说二元论（即不能相互关联的概念）是由高等教育供给的二元性（即一组相关联的概念和实践）所塑造的，因为参与高等教育的人会有不同的观点、看法和基础，比如学生的视角、主观性、兴趣和意向。

　　然而，这种偏好即使不是一种文化情绪，也会是一种社会情绪。自由高等教育的特权远不是各民族国家普遍采用的。在法国，专业学校如高等理工学院（1794）和中央理工学院（1828）在社会上具有较高地位，1830 年至 1930 年的毕业生大多数都成为商业技术精英（Sanderson，1993）。在德国，Technische Hochschulen（即现在的 Universitaten）也享有很高的社会地位，包括工程学博士学位授予资格。其他国家也有许多极具声望的技术机构，这些机构与美国等国的大学（例如麻省理工学院，苏黎世的 ETH）不相上下。这些技术机构声望的来源与外在社会条件息息相关，例如工业化进程所需的军事目的和技术技能。事实上，Sanderson（1993）指出，与英国不同，法国和德国都遭受了军事失败。因此，Watson（2010）指出，德国（普鲁士）在第一次工业革命中无法与英国抗衡，进而需要改进科技和技术。在随后的工业革命和工业化阶段，德国诸多成功都是源于职业教育和高等教育中技术教育强有力的发展（Watson，2010）。当然，德国以传统的依靠手工或非手工能力的职业发展为前提，高等教育和其他机构之间的界限还远远不够清晰。德国于 19 世纪 20 年代和 30 年代发展起来的贸易学校，目的是维持高标准的手工艺。然而，同一所学校中，不仅要有工艺品技术，而且需要介入更先进的工程行业，例如法国的汽车工业（192 页）。此时，美国由于大量缺乏技能移民，导致熟练劳动力短缺。机械化、机床和大规模生产解决了这种技术短缺问题，这种生产形式所需的技术促使机械师和工程师职业地位的提高,相应地,技术教育的地位也在提高。与普鲁士(即德国)、法国或美国不同,英国没有碰到这些特殊挑战,通识教育与应用教育之间的差异更易于识别并实践。随着社会发展,当英国出现重大的经济和安全威胁时,一批新的大学才开始建立,目的是推动古代大学缺失的职业技能发展。为了达到相关目的,英国建立了一系列被现在许多学校认为是精英式大学的新大学(如伦敦大学)。19世纪的德国大学和法国的工业学校由商业或贸易部门管理。最初,位于英格兰北部的高等学府(即大学学院)由于提供技术课程,受到贸易和工业部门的管控,还经常被英格兰南部的文科大学所嘲讽(Sanderson,1993)。

因此,这里提出一个观点:高等教育的目的并不是统一的,并非一直具有支持非职业性教育或文科教育的传统。大学教育目的似乎与特定的国情相联系,包括国家发展的核心、当务之急和先前的历史经验。然而,我们认为,绝大多数高等教育供给会直接或间接地关注学生的职业成果,以及这一教育目的的表现程度。课程的具体重点(即目的和目标)往往由国家因素所塑造。从广义上说,高等教育目的由高等教育的社会角色和国家背景下的持久观念所决定。在这些目的中,与职业或工作有关的重点需与国情相联系。因此,通过对国情的了解,我们能够进一步理解何为教育目的。

第四节　国家背景与高等教育的目的

从上述角度看,高等教育的形式和目的并不是与生俱来的,也不是由于对自由教育的关注而合法化。相反,它们可能是受到全球、国家、区域背景因素的影响而形成。Pring(1995)指出了一系列对教育政策有影响的因素:(1)政治;(2)经济;(3)社会或文化;(4)个人。这些因素有助于我们理解在特定民族国家内如何界定这些目的。

一、政治因素

政治因素指的是"来自政府或政府以特定方式施加的压力"（Pring，1995）。这些压力很大程度上反映了那些显性的或是能够感知到的政治和经济因素。与政府利益的相关程度和感知程度可能会影响政府直接干预教育的程度，这种干预通常包括教育目的和结果，且范围较广，并且深入到：教育的重点是什么、有什么样的特权和资源以及教育机构管理问题。从第一章可以看到，在许多欧洲国家，高等教育机构的建立和发展，由现代民族国家的形成以及工业化和现代化的诉求所决定。如前所述，国家的历史背景使不同国家之间的高等教育具有不同的制度和重点。因此，英国虽是工业化先锋，但技术带来的影响较为有限，不久，英国便发现自己落后于在第一次工业革命中处于边缘地位的欧洲其他国家（Deissinger，2000；Troger，2002）。许多欧洲国家把高等教育的重点集中在工程技术开发上，因为这些学科是国家发展的关键。然而，英国高等教育则更注重技术应用，但这种趋势逐渐得到改变，因为在第二次工业革命中，其缺少技术创新和能力的劣势变得更加明显。

英国在高等教育改革方面颁布的规则与法国有很大的不同。在法国，基于社会革命而推翻古代政权的结果就是过于强调功绩，这在世界上都享有盛名（Remery & Merele，2014）。因此，法国在制度、实践和学生方面都与英国截然不同。例如，有人说，英国现代大学的许多活动都是为富裕的、中产阶级的孩子们准备的，目的是确保孩子们能够享受工业化滋生的新兴工作和新兴产业（Sanderson，1993）。当然，与工业化和现代化国家的形成一样，这种发展不是每个国家都会出现的。相反，国家运动和发展诉求使这些国家发生了变化，虽然其表现可能略有不同。

在当今时代背景下，许多国家都积极倡导高等教育供给的改革，这些改革有助于确保国家在日益全球化的经济中具有竞争力。这些供给能帮助国家发展以出口为导向的商品和服务来抵制进口，类似的关注点都正在基于不同的基础所实施。事实上，无论是寻求有效利用国家资源的公共服务（如医疗保健），还是发展对当代经济至关重要的职业，都是大多数先进工业国家采取的普遍做法。全球机构对这些国家提供的资金往往用于支持这些目标的实现。当然，国家资助教育的长期目标是确保公民既有就业能力又有工作机会，这就导致教育成果的关注点往往集中于就业方面（Gonon，2009a，b）。然而，近期的教育重点开始转向与具体就业成果更加直接相关的领域。这导致政府也会优先考虑与就业结果相一致的研究领域，例如，为了改善个体文化，英国政府取消了对非学历成人教育项目的资助。这个例子同时也昭示了1996年经合组织对于全球终身学习话语的转变。据称，作为当年宪章的一部分，其强调，教育需要与个人经济目标保持一致，而不是终身学习文化的改善。在丹麦，人们非常重视通过终身教育来实现创新和工作，而创新是体现所有教育水平的一个特征。

与教育有关的政治参与的主要特点之一是具有强制性框架，目的在于明确教育机构中不同类型的问责制、组织教学的人以及学生能力的评价者（即教师）。因此，高度的政治关注往往会导致对高等教育机构的特殊要求。这些要求可能包括课程的形式、教授的内容以及职业评估的建议和标准，甚至涉及其他领域，比如：对学生退学问题的关注。总之，在经济和社会萧条时期，高等教育经常受到外部供给和条例的约束。毫无疑问，当今这个时代的许多国家和教育体系正处于这种情境之中。

二、经济因素

这里的经济因素主要指教育供给与经济社会需要的联系程度（Pring，1995，10），与上文提到的许多政治要求相一致。也就是说，这些因素包括应对不断变化的就业模式，明确不同的技术种类和技术水平，以及对那些被认为违背国家经济利益的普遍价值观和态度的批评做出回应。例如，针对支持发展职业技能教育准则的批评，它们的共同点就是：认为供给需要多样性，进而确保学习者学到的东西对于用工单位是恰当且有意义的，还要克服类似"在特定场所缺乏技术工人"的结构性问题。这些担忧大部分来自雇主、行业或专业团体，他们希望教育供给有利于企业运作（Department of Education Science and Training，2002; Department of Innovation Universities and Skills，2008 ; Universities Australia，2008 ）。对此，这些机构经常提出的建议是：发展立即适用的、能为企业活动做出贡献的、能解决企业目前或未来需要的战略性知识。通过这些方式，高等教育中职业教育课程的重点就是培养学生的职业能力，并在毕业时做好准备，这样雇主就不需要再花费大量的资源去提高新员工的工作效率（Billett，2011）。除了发展职业能力以外，还有必要通过进入工业集团、企业或专业机构进行实习的特殊方式来培养这些能力，这些特殊方式与工作场所的定位或特殊要求有关。所有行业都对"就业准备"提出了越来越高的要求，例如，服务业希望员工能表现出超出管理者预期的特殊服务品质。现在许多行业都希望员工更加专业化，尽管高等教育自由主义的观点认为，生活的准备以及特殊能力的培养都发生在工作实践中，但在当代社会，雇主和公司都希望能在教育项目中培养出这些能力。

因此，高等教育的主要目的是提高个人的就业能力，以及对高技能经济的需求和特定类型高技能人才的需求做出回应。因此，高等教育和经济需求之间的联系更加密切——因为需要发展更高水平的技能经济。现今，大学教育经费的拨款已经明确地包括了高等教育中关于个人利益的政策。因此，在澳大利亚、英国等这些学生能够对教育做出财政贡献的国家，与高等教育相关的个人参与和要求与国家免费提供的情况不同，虽然在其他国家情况依然如此。此外，还有一些因素与国家中的年轻人通过在其他国家的大学教育来提高经济地位相关。在这里，教育越来越被看成是一种可以寻求特殊回报的投资。因此，许多因素都影响着高等教育项目的参与。

三、社会、文化因素

社会和文化因素是代表或致力于社会迫切需要的特定目标因素（Pring，1995），且这些因素往往由国家或超国家（supranational）所决定。例如，职业准备的标准在各国之间并不统一，虽然主要职业（如：法律、医学、会计）的准备通常都是依托高等教育机构进行，但其他职业的一致性则较差。比如英国、美国和澳大利亚都认为护理职业是一门值得进行高等教育的专业，而德国无论是在医院还是在较低层次的高等教育机构中，都认为护理职业是一门专业性较差的职业。其次，还有一类职业通常依附于国家，Lodge（1947）指出，这些职业中，往往有不同层次的参与者，"一种是对经验和事实密切关注的人，另一种是由于事实的解释而产生洞察力和推理的人"（41页），例如，医疗行业内有助理医生和主治医生两种。另外，有一些国家存在护士这个职业，但一些国家却没有。可见，不同国家职业之间的特殊类别存在差异。

国家中的文化习俗也有不同的要求。例如，一些国家的学生不得不为他们的高等教育支付学费，甚至产生相关的债务，因此对债务偿还非常重视。不可避免的是，这种做法能促进学生更加关注高等教育的直接就业成果。另外，也有一些国家通过制定社会政策来加强针对种族、性别或能力的特定群体的准入门槛。另外，考虑到部分个人或群体在社会和经济方面身处劣势，某些国家还可能会出台一些包容性政策，或者是一些改变固有条例的政策，例如，可能会要求特定种类的学生参加课程并克服障碍。这些都可以与提供高等教育的途径联系起来，提供各种支持的目的是为了强化减少退学的措施，或重组其他基础设施，例如允许特定种类的残疾学生参与。此外，各国还会进一步寻找更多的途径来开设一些不需要到校园就能参与的课程。

在高等教育政策和实践中，如何强调这些目的以及如何制定这些目标，因不同国家及其国情而异。这些教育供给可以拓展到教育安排中，例如，可以存在于正在组织的课程中，通过承认之前的学习，为那些没有通过一般教育的认证和认可，特别是教育经历中断的成人，获得地位和声誉。这就导致了对那些包容和参与群体的关注，特别是特定群体中的个人（例如：退伍军人、女人）（Dymock & Billett，2010；Gonon，2009b；Grubb，1996）。此外，并非所有国家都具有统一的高等教育体系，许多国家存在着不同种类和不同水平的高等教育机构，有些大学实行应用型大学和研究型大学兼具的两院制，例如在荷兰或新西兰的理工学院和大学。这些不同的机构有不同的目标，其课程和教育成果的重点也反映出这一点，因此，它们具有截然不同的教育目的和重点。Barnett（2004）也曾提出过类似的观点：高等教育只能在大学里发生，其他类型的高等教育机构是不合法的，不能认定为高等教育。

因此，一系列的文化和社会因素会影响高等教育的构成及其重要价值。与此相对应的是，那些在高等教育中学习的人如何看待其教育目的以及如何参与其中。

四、个人因素

个人因素主要包括学生对教育的需求（Pring，1995），这些需求正变得越发复杂，并且更加集中于发达工业国家。随着高等教育项目与高质量就业之间关系的密切化，人们对高等教育参与方式的预期也在不断变化，虽然有时候这些预期是不合理的。在学生既投入物质又投入时间的情况下，学生和大学以及教师之间可能会产生新形式。随着个人主义的兴起，个人对教育的投资以及社会和经济预期的改变，这些因素不可能保持不变。Quicke（1999）认为，在现代社会中，自我的构成发生了变化——人们不再依赖于社会习俗，而是更多地依赖于个人的主观性。这种自我意识的表达影响着个体从事的职业层次和职业种类。社会结构的变化阻碍了人们从事高薪和更受尊重的职业，但也许当代学生会更倾向于这种工作。然而，有些人认为，除非工作本身值得投入，否则在工作中投入自己的雄心壮志是不值得的。例如，Bauman（2000）就对职业是否应该成为整个生活和人生的主旋律表示质疑（34页），他声称，大多数工作都没有意义且有辱人格：

……工作，作为生活的意义，作为一切事物的核心轴线，是骄傲、自尊、荣誉、差异或恶名的源泉，简而言之，作为一种职业的工作已经成为少数人的特权和精英阶层的独特标志。（34页）

然而，将工作的价值与大学教授这类社会精英所认为的价值联系在一起，这可能是一种对工作价值的狭隘理解，它否认工作对个人的重要性，即职业意味着什么。例如，自由教育和文科课程似乎不再是那些想出人头地、保持领先地位的优越家庭的孩子的首要任务。因此，关于个性化的普遍观点可能是好的。比如，随着高等教育大众化以及年轻人就业量的提升，对于高薪和有价值工作的预期也会随之增加，而这些可能并不总是与劳动力市场中可用资源相匹配的。因此，大学课程设置会越来越多地受到学生需求的影响。那些有关具体职业成果的课程可能很难吸引一定数量的学生，而那些高薪特殊职业则可能是激烈竞争的对象，毕竟不是所有申请者的能力或利益都与这些职业相匹配。可见，个人抱负与这种高薪职业所需的能力要求可能并不匹配。为了选择能力最符合要求的学生，一些领域（如医药）已经制定了特别的甄选程序，不仅要对学生的学术成就进行简单分析，还包括一些其他的相关甄选措施。目前，越来越多的学生被要求进行分析评估，以确定他们是否适合参与特定类型的课程。

正如 Pring（1995）所提出的那样，影响高等教育政策制定的因素纷繁复杂。然而，一个错误观点是，职业教育或高等教育不如自由教育或者非职业教育重要。但是若考虑到高等教育学院在不同国家的受尊敬程度，考虑到高等教育作为一种非职业教育其所存在的矛盾性质，这种看法就另当别论了（Bantock，1980）。这里提出的是，有一系列因素会决定高等教育的具体目的和方向。虽然在某种程度上，有些因素是建立在特定的民族及国家内部的，但越来越多的超国家因素会对高等教育产生影响。无论是经济发展、社会文化，还是区域国家联盟（如欧盟）的统一实践，这些高等教育的目的和价值都是由同时代的部分因素所塑造的，而不仅仅是由一个国家、一个时代的文化平台所展现的。

因此，通过在国家层面上提出并讨论一系列影响高等教育价值的因素以及应该明确的教育目标，我们有必要重新认识以职业为中心的当代高等教育体系的目的。

第五节　塑造当代高等教育的价值

如前所述，不管职业具有怎样的特殊性，人们对高等教育课程及其可能带来的就业产出有了越来越高的期待。这种期待更多是一个量变而非质变，因为对大多数高等教育来说，就业一直都是其关注的焦点。这种变化导致了高等教育的一些内部调整。人们更加关注就业取向的特定课程，对那些被认为与就业结果无关的课程则选择漠视或放弃。例如，之前提到的，英国成人教育项目具有与就业产出不一致的长期传统，于是，在就业拨款准则的变化下，这些项目突然从高等教育条款中消失了，与此同时，以发展特定职业能力为导向的教育项目则逐渐增长，因为学习这些项目的毕业生在毕业后具备了快速高效投入工作的能力，因而能够顺利地实现从大学到就业的过渡（Department of Innovation Universities and Skills，2008）。事实上，这种预期很难实现，虽然职业表现中有许多共同的元素，但也有特定的情境要求，因此，有必要了解并尝试发展共同的元素（例如：对职业规范的认识），尽管如此，环境的特殊要求对于毕业生和教师有可能是未知且不可控的。因此，寄希望于通过完成所有课程要求进而使学生能够立即胜任那些他们或他们的老师都无法预知的具体工作情况，这种观点显然是不现实的。因此，在这种情况下，高等教育质量往往会被诟病。学生在毕业后的第一次就业过程中，可能会判断学习准备的有效性；雇主也会评价新员工是否在新工作领域准备充分，是否能够自如应对通常情况下的具体工作要求；同样地，社区成员（如：客户、病人或家庭成员）也可能会以相似的理由对教育成果做出价值评判。因此，如果这些不切实际的高预期成为高等教育的具体要求，教师和教育过程都会对其进行批判。

除了这些挑战之外，高等教育中还存在其他顾虑。许多人都看到了对职业领域特殊关注的变化，但是更为重要的是，由于教育方面的问题，对特定工作环境中特定能力的发展，是否会走向高等教育的对立面，这一点，是值得怀疑的（Oakeshott，1962）。大部分的担忧都与高度特殊化以及片面强调针对性的教育准备有关（比如：职业的适用性与工作环境的多变性）。因此，对于教育工作者来说，对一些特定的实践实例（例如：工作场所）的关注将比其他任何教育目的更为重要，特别是要将教育内容与更广泛的教育结果联系在一起，例如，批判性调查带来的行为变化等。这类关注是合理的，因为高等教育与社会再生产的联系正变得更加密切。联系上述论点以及实际情况，可以说，现存的阶级、偏见和特权正是通过教育特权，实现了它们的再生产。

此外，在职业实践要求方面，不同的工作环境催生出不同的职业要求及变化。一个关于发展的教育观点指出：应当注重发展毕业生对自身所学知识技能的运用能力，而不是简单学习某种特定工作环境的知识技能。教育者往往对特定职业的狭隘要求及短期成果感到忧虑，当特定职业产生了某种所谓的职业标准时，为了达到该职业的要求和得到承认，这种职业标准往往被认为是教育机构以及毕业生的发展准则，在此情况下，教育者的这种忧虑就会变得更加明显。当然，职业标准在教育领域中所扮演的角色在许多职业领域（如：医学、会计、法律）已经被长期确立。而如今，为了更直接地满足学生的需要，它们作为一种组织高等教育的手段，已经得到了政府和专业团体的广泛支持，从而实现对特定职业领域需求的回应。在此，政府往往要求针对需求提供更高的教育供给，而不是从供给方进行考虑（即从事高等教育的教师想教什么）。也就是说，这种教育形式及其目的在于确保就业，因此或多或少地会与其所服务的职业目标和要求相一致，既要满足那些职业提供方的需求，又要考虑那些求职者的需求。基于上述观点，所有这些职业要求都是合理的、值得的且公正的。然而，鉴于这些专业标准所处位置的重要性，它们的质量、全面性和有效性变得至关重要。然而，这些标准和措施通常具有狭隘性和指令性，并不能公正地对待职业实践的要求（Billett，2011）。也就是说，它们经常只关注于人类行为可衡量的方面，而那些不容易管理却最重要的方面往往会被搁置一边。的确，从本质上讲，许多高等教育部门可能会提出这样的建议：大学教育的长期目标应立足于适应性知识的广泛发展，而不仅仅是为了满足某些社会要求和经济目标。这些都是重要的保留观点，值得被认真对待，因为教育内容主要还是集中于直观性结果，且情境相关性对于学生和社会的长远发展来讲，其价值非常有限。这其中也包括一些迫切希望解决自身当前需求的职业及其雇主，因为他们在评论高等教育规划时，可能没有得到最确切的信息。

　　然而，这些不同的侧重点（即职业发展的特定知识、批判性能力和反思能力）可能已经不是第一次出现不一致性或不匹配性了。特别是在专业工作中的锻炼，它需要不断地适应知识并在实践中进行批判，因为它的要求是不同的，且处于变化中（Billett，2006c）。也就是说，为了满足这些特定职业目的，毕业生需要具备适应能力和批判性洞察力。因此，两种教育目的是互补的，而不是对立的。实际上，大学教育项目准备的大多数专业工作能力需要的不仅仅是技术方面的专业知识或已知的方法（例如：Aristotle的概念科学或应用科学）（Stevenson，1994），相反，程序能力（即技术能力）的前提是拥有与特定职业知识领域（如职业）相关的概念性知识和倾向性知识，并在特定情况下利用这种知识，处理特定种类的职业问题，以及进一步发展这一知识的能力。因此，这些能力需要有效的职业实践以及有利于实践发生的情境，它们依赖于特定职业，由更多执行元素或策略元素组成，包括概念性知识和倾向性知识。

　　然而，有一种持久的谬误经常在高等教育内部出现，并仍然在政府中流行，即某种程度上，通用的思维模式（例如：通用问题的解决方案）是存在的，且可以从某一知识领域中分离出来，是一种可以应用于任何工作情形的通用能力。然而，认知科学领域历时三十年的研究结果（Barsalou，2009；Greeno，1989；Sweller，1990）以及社会—文化知识观（Billett，1998，2001a；Brown et al，1989；Lave &Wenger，1991）表明，这些知识的有效应用能力，以及适用于知识领域的战略能力、对特定领域和情景的理解能力，都是必要的。从本质上讲，解决问题的一般能力除非有一个物质环境（域）能够让它们执行起来，否则有可能失效。相反，有一种观点是：一个人的能力表现，应超越特定的职业知识和工作场所，应包括应对新挑战的能力、解决问题的能力，这种观点具有进步意义。

　　因此，一个良好的个人知识体系（如职业知识体系）的构建，对实行那种被认为是有价值的、具有职业适应性和批判性的大学教育而言，是很有必要的。也就是说，要培养具有判断力和适应能力的毕业生，就需要有深刻的概念、获取程序、培养与职业相关的倾向，以及发展一系列支持其有效利用和进一步发展的设施。此外，具有一个特定领域的知识（例如：某个职业的知识），并不意味着每个人在该职业结构中要使用统一的知识或统一的方式。相反，个人可能会以自己的方式去建构知识体系，有目的性地参与工作情境，并在社会预期框架、规范和实践中，形成个人的从业特色。因此，尽管拥有权威职业知识和经验会使学习者了解某一特定职业工作环境的情境要求，但并不意味着个人会一味地按照教科书式的标准或特定的实践方式去建构知识。更多情况下，学生们建构、组织和实施知识的方式可能是这些规范要求中的个人修改版本。因此，尽管学习是由社会规范和工作实践所塑造的，但与此同时，学习也是基于个人的解释和建构过程。即使是"知识由社会所塑造"观点的强烈倡导者，也很少有人会认为学习者会以统一的方式实现对知识的塑造（Berger & Luckman，1967）。

　　然而，这并不意味着高度的特殊性和"任何事情都会"的个人建构主义。相反，学生们的知识来自他们的经验，然后从经验中去理解和建构。因此，随之而来的教育上的重要且紧迫的问题就是，如何理解、确立和利用构成高等教育目的的教育价值，以及如何在特定的实践情况中（即工作准备状态）加以应用，具体包括：发展职业规范的基本能力，提高应对工作中各种变数的适应能力，提升对职业的灵活风险评估能力，展现旨在发展和维持职业实践所需能力的奋发图强精神（Billett，2001a）。所有这些都超越了作为一个固定实体的非批判性职业知识的学习。相反，它们强调这些知识适应特定情况的重要性，这对于应对新出现的需求至关重要。支持与丰富学习知识有关的努力和意图，然后维持和进一步发展知识，对于巩固个人与知识的联系以及加强个人从始至终的学习能力来说非常重要。同样重要的是，要学习如何最有效地参与工作实践，以及如何将学习经验有效地整合到整个实践中（Cooper et al，2010）。

第六节　高等教育和基于实践的学习经验

　　根据上文，高等教育供给的一个关键问题在于，学生如何一方面确保掌握特定领域知识的发展，另一方面让知识适应其他情境和环境，包括第一次以及后续实践。简而言之，我们需要解决一个问题：当教育与相关经验相关联时，高等教育工作者应该如何应对？一个出发点是寻找合理的方式，承认在实践情境和学术情境下提供和整合经验的重要性。当然，正如上面强调的，要避免经验和供给将职业能力发展的道路变得狭窄。培养学生对于职业知识在概念、程序方面以及倾向性知识方面的理解很重要，这也是专业从业人员需要发展的在特定情况下监控、评估和实践的关键能力。尽管上面所表达的很多忧虑都是有关从高等教育到就业的转变，这些能力以培养从业者的适应能力和改善、加强专业生活中的实践能力为中心。与程序能力相关的偏见几乎没有什么好处：不是毕业生的利益，而是他们进行实践的工作场所的利益，与实践对象、职业或国家福利相关。因此，高等教育供给需要在具体职业实践中培养学生的理解能力和运用能力，从批判性角度和战略角度获得可用于生产实践以及在多种情景中进一步发展专业技能的能力。从本质上讲，毕业生需要在实践中具有批判性和适应能力，这些观点则有助于实现这一目标。

因此，高等教育工作者必须了解如何最好地组织和制定适当的课程和教学实践，使高等教育学生认识到这些结果。在这里，有一些前提和建议来引导接下来的讨论：

第一，学习是个体在理解、建构和亲身经历的基础上形成的。

第二，学习成型于：（1）个人早期的经验和能力；（2）参与的各种活动和相互作用；（3）通过这些过程获得的指导和支持；（4）在参与这些活动的过程中，个人与教师和其他可能支持他们学习的人进行的互动投入。

第三，为职业而学习的知识，会在学校之外的社会文化世界中出现，会随着时间的推移通过应用和实践的展开而出现，会作为一种新的理解和过程而出现，会通过特定情况下的表现而出现。因此，这些知识源于社会性、文化性和情境性因素。

第四，对于个人来说，参与是知识能够被学生获得和建构的来源。因此，那些在高等教育项目中进行教学和管理的人，需要考虑学生具有哪些经历，以及哪些经历会使他们获得需要的知识。

第五，个人学习是通过个人和社会对人类发展的贡献（即学习）之间的关系而产生的。与此同时，它也促进了社会对文化的重塑（即进一步发展文化方面的职业知识）（Donald，1991）。所有这些观点都强调课程需要通过实践来学习（Billett，2006a），并强调需要考虑将这些经验整合起来，去实现预期结果。

第六，早些时候，我便发现了这些建立在个人可负担能力基础上的、为个人提供的与知识的互动，因为，一方面他们需要知晓知识的准入门槛，另一方面他们需要知晓自身知识的可承受度（the degree of affordance）（Billett，2001c）。可承受度包括对他们来说各种可用的已有经验（例如：活动和互动）。因此，在大学和实践中的经验都是根据个人在职业选择时获得有效知识的方式进行的。然而，这些可承受度或多或少能够帮助人们进行学习。例如，通过讲座、教程和书面材料的获取，这些经历提供了学习特定知识的能力。然而，这些可承受度并不有助于理解职业实践的表现要求以及应对特定情况下的实践变化，包括毕业生最终的实践环境。因此，关于他们的知识、参与职业程序的机会、将能力发展到可以有效应用的程度，这些最好都能在实践经验中获取。最终，正如上文所建议的那样，个人参与为他们提供的实践情境的程度是学习的核心所在。如前所述，有必要重申的是，教育供给只不过是准入方式的一种改变。

值得思考的是，个人该如何选择学习情境。学生的经验和经历以及他们的学习，都是在经验和学习中解释和建构的个人过程。个人知识建构过程（即学习）能够给已有的知识结构带来改变，并重新开始新一轮的实践（即职业）（Donald，1991）。就像学习时需要不断地思考和行动，文化衍生的实践也通过这些过程不断被重塑。可见，可承受度与准入门槛的组合共同印证了工作实践和学校经验的重要性，尤其是因为它们各自都提供了特定的贡献。

在上述讨论中出现的情况是，这种学习和教育供给既有体制层面（即社会层面）的因素，也有个人层面的因素；其价值在于，既符合了学生的需求，又实现了一系列的教育目的。因此，在下一节中，可在这些目的中讨论教育价值的衡量方法。

第七节 行业与职业、教育

尽管高等教育正遭到越来越"职业化"的批评，但这里提出的观点是，所有教育都是广泛的职业教育。也就是说，教育的目的是帮助个人实现想要达到的目标（即他们的职业），因此教育是职业性的（Dewey，1916）。当教育目的与职业准备有关时，这些教育目的与针对特定职业的教育可被看作是一样的（Billett，2011）。首先，我们要考虑两种有着截然不同含义的职业概念：作为职业轨迹的职业和作为个人轨迹的职业。这里关注的是两个概念之间的关系对教育的影响。当提到有偿工作（即职业）时，除非个人同意这项工作，否则不太可能被认为是他们的职业。这种赞同和以个人自我意识为中心（包括他们的职业）的倾向性也决定了人们该如何参与工作活动以及如何通过活动了解工作。因此，教育的当务之急是为学习者在这两个概念之间找出有效的联系，在此建议，所有的教育都应该是职业的，教育目的是以具体或一般的方式，以有偿或无偿的形式帮助个人认识自己短期或长期的职业（Higgins，2005）。这并不意味着所有的教育都是关于具体职业的。然而，发展职业所需知识，对其表现的批判性和对新环境的适应性应成为教育过程的一个关键目标。这一要求包括开发特定领域的概念性知识、程序性知识和倾向性知识以及在特定实践中有效应用知识和策略的能力。这是因为对工作的要求通常由特定的情境因素决定，即使是同一职业（Billett，2001a）。因此，除了对职业规范的认识之外（即实践需要什么），还需要理解这些知识在学生经历的特殊环境中如何使用，以及通过实践学习最终在毕业后的职业实践中如何对这些知识进行应用。

与此同时，当考虑到学习这类知识时，有必要意识到丰富的概念性知识、程序性知识和倾向性知识的建构既不是教育机构的唯一领域，也不是教育机构最有效的支持。这些知识可以通过在实践环境中的体验、接触和参与学到。基于实践的经验可以对三种形式的知识提供机会，因为它们往往融合在一起，且通常存在于活动、互动和实际经验之中。正是因为这些活动需要一种互动，使学习者通过参与那些与职业相关的目标导向型活动来利用、监控和提炼知识。每一种环境都有自己的特定属性以及对学生学习的贡献，那么，综合起来后就能提供一套极具价值的丰富学习经验。然而，除了在这两个方面提供经验之外，个人参与学习也是个人作为积极的、有方向的意义制造者所扮演的重要角色。因此，发展学生的个人认识论需要被重视，因为它在两种情况下都能有效地参与并反映经验。综上所述，细分职业和工作概念对于理解社会和个人都很重要。

一、职业：两个概念

如前所述，"职业"的概念通常被认为有两种不同的含义。第一种含义是指一种有偿的工作形式，随着时间的推移而被赋予不同的社会目的。也就是说，它们组成了社会对特定商品和服务的需求，并随着时间的推移而进化。在该过程中，其中一些职业已经消失了，或被降级为一个不太正常，甚至有些古怪的工作，例如，枪管制造者、金匠等。未来这种情况还有可能进一步严重。这些职业被认为具有明确的目的和秩序，并且根据社会情绪或社区偏好来判定是否具有特殊价值（Billett，2011）。例如，手工操作特性的工作与那些被认为更基础的精神活动在工作价值之间通常存在区别，后者拥有长期的特权（Whalley & Barley，1997）。简言之，职业被认为具有不同的地位，而这种情感可以追溯到人类诞生之初，并且持久存在。职业的文化起源、形式和前提以及地位都是社会性的。如此看来，对职业的看法就是一种社会性建构。这是一个基于制度的事实，即职业是一种社会产品（Searle，1995）。

职业也可以作为个人轨迹而存在，包括"个人倾向偏好或社会媒体的就业承担形式"（Hansen，1994；Higgins，2005）。当然，纵观人类历史，曾经大多数人都因出身而被限制职业，而如今人们可以广泛地选择职业，通过教育项目，个人能够识别并参与更广泛的潜在职业。这一概念的核心在于个体对自身的认可，因为这是一种个人决定，对于个人来说，选择一个特定职业或活动作为他们的职业只能由自己决定，虽然这种选择通常会受社会事实和偏好影响。因此，第二个"职业"的概念可以被广泛地认为是个人教育目标的一种轨迹和设定。在杜威（1916）看来，"人类'占主导地位'的职业在任何时候都充满智慧和道德的成长"。这种职业观强调了个人的发展，也强调了同个人发展地位一样的社会目的的价值。事实上，杜威（1916）提出了这样的建议：

职业是生活活动的方向，对一个人来说具有不可忽视的重大意义，因为他们会在职业实践中有所收获，此外，这一过程对他们周边的人也会产生有利影响……职业是一种连续性的具体术语，它包含了任何类型的艺术能力、非凡的科学能力、有效的公民身份以及专业和商业职业的发展，而并非任何机械性的劳动或有偿的参与。

可见，杜威并没有对职业的社会价值进行评估或定位，而更倾向于思考职业对于个人的相关机制。他建议："我们不仅需要避免职业概念局限于立即生产有形商品的职业，而且还需要避免职业概念出现排他性，即每个人都有一种职业，也是唯一的一种职业（Dewey，1916）。"因此，杜威提出，个人可能会评估那些对自我意识和职业参与都很重要的一系列职业，而不只是根据收入来确定职业的价值。此外，职业的价值与目的是一致的，它具有社会维度、价值和地位，以及与个人相适应的需求。例如，虽然在整个社会中，一项职业可能有高或低的地位，但它在特定的社会中可能具有特别的价值，并因个人的喜好而使其具有特别的价值。这样一来，某一特定职业的价值就不是固定的客观事实，而是由情境和个人塑造的。事实上，杜威提出，在任何有目的且持续活动的职业中，比如服务业，一些人也会以一种促进增长的方式参与到个人权力中（杜威，1916）。考虑到这一点，我们的职业都是个人目的与社会目的的保持一致的实践。的确，社会目的和个人目的体现在职业中最明显的不是休闲或文化活动，而是一项反复无常的活动，依赖于他人，而不仅是个人经验的累积（Dewey，1916）。因此，职业的核心概念之一在于它给个人和社会带来的价值。然而，在所有这些中，个人作为实践者和学习者的定位是很重要的。有偿工作和职业的一个关键区别点在于，个人对该活动的认同程度，以及学习者如何参与其中。

事实上，Martin（2001）认为，职业是我们选择从事的工作，与我们不得不做的工作截然不同。与此类似，Hansen 认为（1994）：

> 作为一名教师、牧师、医生或家长，如果此人与他人的认同感保持一定的距离，将其视为实际上的职业，将其与难以区分的职业一样对待，那么他（她）所从事的就不是职业。在这种情况下，此人将仅仅是一个角色的扮演者。这并不是说此人的活动毫无意义。他（她）可能自认为这是一份严格意义上的工作，是一个人必须接受的必要工作，也许是为了获得时间或资源而做的事情。因此，除了具有社会价值外，一项活动本身必须产生一种个人成就感，才能成为一种职业。

这里采用的职业观所产生的教育目的是相当清楚的，主要包括协助个人：（1）确定他们适合的职业；（2）发展他们的生产能力以及该职业的参与能力；（3）在工作生涯中进一步发展他们的职业能力。这种社会目的和过程需要与个人的目的和兴趣相一致。考虑到复杂职业所需的知识以及过程中的要求，这种结合是必要的。超越个人现有的能力，丰富学习所需要的实践，最有可能以个人的利益为前提。这一点非常重要，因为个人对概念性知识的了解以及在实践过程中发展职业所需的能力和素质需要努力、认可和倾向的个体参与。除非个人有意识地处于正在学习和（或）实践的职业中，否则所有这些都不可能以富有成效的方式出现。也许最有益的是，这些能力的发展促进了个体的发展，确保他们的工作和职业，然后在这个基础上促进后续的职业学习。也就是说，这项工作对于个体来说值得实践和学习。

鉴于这种对实现个人目标的特别重视，我们可以得出这样的结论，任何通过教育获得的东西都必须是职业的，因为它涉及个人的问题、需求和轨迹（即帮助他们明确自己的职业）（Higgins，2005）。此外，学习者参与的重要性需要超越对课程、教学目的和方法的考虑，将重点放在满足学习者以及所选择的基本职业(essential occupation)的要求上。因此，考虑到工作、职业和教育的密切关系，下面有必要进一步阐述这些目的和关系。

第八节　职业、行业与教育

从早期的发展脉络看，大学主要是提供更高层次的职业教育，在上述的两种含义中都提到，教育重点要与学生的职业意图相一致，因此，教育的目的和价值可以在社会需求与个人需求的结合中找到（Quicke，1999）。更具体地说，杜威（1916）提出了两种职业教育的目的：(1)确定哪些职业适合个人；(2)培养他们实现职业的能力。这一章的关注点和主要内容是杜威的第二个关注点：帮助个人发展实现职业的能力（即让他们从事最喜欢职业的能力），这似乎是政府、雇主、专业团体和行业发言人都很需要的，更别提学生了。该关注点包括了解职业准备的目标以及如何通过高等教育得到最佳实现，包括组织学术研究和提供实践经验，并将两者的优势整合在一起，以确保毕业生能够在选择中有效地参与并发挥作用。该观点认为，教育目的应直接面向这些结果。他们应阐明有效的工作实践所需学习的知识种类。

一、有效职业实践所需的知识

有效的工作实践所需学习的知识种类（即专门知识），来源于历时三十年研究发现的认知心理学领域的专家型行为（expert performance）的描述（Chi et al，1981，1982；Ericsson，2006；Ericsson & Lehmann，1996；Glaser，1989；Larkin et al，1980）。这种长期的调查试图找出新手与专家在能力上的差距，以了解新手如何晋升为专家。相关研究发现，有效的职业实践依赖于三个方面的知识：

・特定领域的概念性知识——"知晓内容"（Ryle，1949）（即概念、事实、命题—由表及里）（例如：Glaser，1989）；

·特定领域的程序性知识——"知晓方法"（Ryle，1949）（即具体的战略程序）（例如：Anderson，1993；Sun et al，2001）；

·倾向性知识——"知晓目的"（即价值观与态度）与实践规范和实例相关（例如：Perkins et al，1993），包括临界值（例如：Kincheloe，1995；Mezirow，1981）。

有效行为表现所需的特定职业知识领域是以知识的每一个维度及其在工作活动时的有效整合为前提的。因此，有效的实践能力不是一般性能力与聪明才智，而是个人参与和实践的活动领域。每一个领域的特定知识都有自己的层次与特性（例如：具体性和战略性程序，复杂事实的概念性前提等）。因此，有些知识可以通过简单的接触获得（例如：事物的名称），而另一些知识则需要丰富的经验和重复的活动来开发概念结构，包括相互关系和因果关系。尤其是这些相互关系和因果关系很可能由个人的经验发展而来，这些经验使得行动者能够制定、监督知识的应用以及评估效果，从而影响因果效应。例如，护士和医生可以通过显示器监测治疗方案，来应对特定疾病和不同类型的患者。这个例子强调的是，需要寻找多样性、多种类和持续性的机会，使个体在自我意识中建构起特定领域的职业知识体系。

在这些种类的知识范围之外，至少还有三种类型的特定领域知识（Scribner，1984）。第一，规范的职业知识，包含所有从事这一职业的人都应该知道的知识；第二，特定实践情境所需的知识，即职业在实践中展现出情境化的表现要求；第三，个人建构的职业知识，即贯穿个人一生的历史轨迹。因此，作为一名实践者，需要发展一种职业实践中所需的特定领域的程序性和概念性（Glaser ,1984）以及倾向性能力（Perkins et al, 1993）。这些有关特定领域的程序、概念和价值，需要医生、理发师、水管工、房屋打扫人员或灯塔看守人等职业去实践（Billett，2001a）。这些形式的知识是寻求学习知识的个人需要获得和构建的知识。

概念性知识（陈述性知识）包括概念、事实、命题等层次结构，以及这些概念之间相互关联的丰富联系，其中包括更高或更深入的概念性知识。这是一种可以被谈论和记录的知识形式，大部分可以在书籍、文本和其他形式的媒体或艺术品中表现出来，也可以由个人陈述。因此，这种知识有时被称为"声明性知识"（declarative knowledge）（Anderson，1982；Glaser，1984）。概念发展的进程通常被认为是从基本的事实到命题知识，然后再到概念和命题之间因果联系的关联。事实上，深层的概念性知识通常与概念和命题之间的关系和联系有关，包括因果关系（Groen & Patel，1988）。例如，医生必须知道器官的名称和位置，但是其功能、弱点、对疾病的易感性，这些因素需要通过医学治疗的途径才能获得在特定情况下最有效的治疗。然而，除了这些能力之外，还要考虑一些不同的条件范围、潜在的治疗方法和患者的情况，评估过程以及最终提出特定的治疗方案。此外，在一般的实践中，正如在医学专业领域内，这种知识可能需要相当广泛、更加强烈以及更深入的应用。

另一方面，我们应用程序性知识来做一些事情并实现目标，要么通过实践过程实现，要么通过心理过程实现。然而，大部分程序性知识都无法轻易地被声明或表达，因为其中的大部分不容易被宣告（例如阅读文本的过程），而且往往是默会的、无意识的或容易被回忆的，因为它的建构方法处于过程的中段，不需要被吸引到有意识的记忆中（Anderson，1982；Shuell，1990）。这种知识形式需要参与和实践才能使其发展。通常是从具体的程序（例如采血、量温度、使用绷带和其他敷料）到战略性知识（例如组织一系列的医学治疗）。特定程序的开发通常与它们被练习的机会相关，直到它们被转换成单一的过程，这样就不需要在部署过程中制定有意识的记忆，从而允许有意识的记忆集中在更具战略性的问题上（Anderson，1982）。更高阶的过程，包括组织一系列活动的能力、评估以及监控进步和改变，都是以一系列的经验为前提，这些经验允许对特定的事情做出判断，判断哪些程序可能最有效，以及它们需要如何制定。在这些层面上，这种发展可能是由于有机会参加一系列与特定领域有关的活动。具体程序的练习允许他们在没有意识的情况下进行，然后，个人再通过经历和经验的丰富，影响预测和评估的能力。

倾向性知识包括兴趣和信念，它不仅能激励概念性知识和程序性知识的使用和发展（Perkins et al，1993），而且还能塑造其制定的方向、强度和程度（Billett，2008）。倾向很可能通过个人信念而发展，并通过特定的经验进行调和。它似乎有两种维度：一方面是个人的价值观、兴趣和意图；另一方面是与特定职业相关的规范、实践和伦理。此外，在特定职业中，个人偏好可能会受到正统观念的影响，这可能与性格有关。有一种通常被归为职业特质的是，站在实践者的道德上，关注客户或病人的利益，而非实践者自身的利益（Beckett & Gough，2004；Minnameier，2014）。最有可能的是，这些能力跨越个人的发展历史，以他们的经历来协调经验，以所知道的和已经达到的价值为前提。

在这些方面，知识的三个维度可以被归类，并被认为是组织经验的基础，这些经验可以通过与有效职业实践的制定相关联的方式来发展。然而，有必要强调一下，职业活动的制定通常以三种知识的相关方式运用为前提。当从业者考虑一个特定任务时，他们就运用程序性知识来识别概念、命题和因果关联，这个选择很可能是由他们的兴趣、偏好和价值观所决定的，而这些利益、偏好和价值观延伸到他们认为应该投入的特定活动中。当一个人开展一项特定活动时，这种行为不仅是程序上的，并且还由概念和倾向所决定，因此，他们的性情可能是如何处理这个任务的核心。此外，个人所具有的倾向性特质将以概念和过去的经验为前提，其中包括有效的程序和不太有效的程序。最终，有效的专业实践将这些知识结合在一起，从而使有效的实践得以进行。

以上所述主要考虑的是为个人的概念性、程序性和倾向性知识的发展寻找途径，使其在选定的职业上取得成效。除了单独开发这些知识之外，这三种知识形式是相互联系和相互依存的。然而，这种相互依赖的有效性经常通过机会来实践，即在实施工作活动时，将这些形式的知识整合在一起并共同发展（Billett，2001b）。这个过程提供了理解特定环境目标的机会以实现目标和程序。正是通过这些实践，保证了发展的确定性，它们的有效性可以被监控和修正，过程可以被编译和自动化以避免有意识的回忆，并在一系列实践经验中进行测试和评估。然而，重要的是，每个职业都是不同概念、命题、规范、程序和价值观的集合，经过组织而构成标准知识（即所有从事该职业的人都拥有的知识）。这种规范性知识常常被认为是职业标准，并作为表现以及课程内容和结果呈现。然而，虽然这种规范性职业知识非常重要且需要学习，也是教育努力的重点，但职业表现也会由构成实践要求的情境因素所决定。

二、情境化表现

重要的是，职业专家的专业知识不仅包括在实践领域内对有效能力的深刻认识，还包括在特定情况下以有效方式应用这些知识的能力。此外，专业知识的一个关键标志是能够在各种情况下有效地参与非常规活动。除了具有规范的职业知识外，还需要了解在实践中的具体情况和要求。因此，专业知识的前提是情境化的应用。只有在实践的情况下，才有可能对职业表现的效力、精确性或其他方面做出判断。专业知识不仅需要时间和广泛的经验来开发和磨炼（Anderson，1982），还需要通过特定的经验事件来形成，这些事件包括实践实例。然而，上面已经强调，职业知识领域不仅仅是"技术"，即技术能力，还包括更广泛的领域。即使在职业实践中被认为很狭隘，"我们也有必要在技术任务变得复杂，情况和过程发生变化的情况下，评估技能表现，解决技术性问题，做出战略、创新和适应（Stevenson，1994）"。此外，专业人员还需要关键的见解，作为工作变更的要求或者是特定情境的要求，反思他们该如何应用所知道的，这些需求决定了如何在一系列可能选项中取得进步。

因此，要想在高等教育项目中成为有效专业参与者并具有毕业后顺利过渡到实践的能力，就要考虑实践要求的要素和实例。标准的职业知识本身不足以让个人顺利过渡到专业实践。因此，很可能需要对特定学生或学生群体的经验进行组织，以便他们能够直接或间接地通过与同行的接触来了解专业实践实例的多样性。通过了解不同的方式来构建实践的目标、实现目标的手段以及对成果进行评估的基础，不仅有助于从高等教育到实践的初步转变，而且有助于在工作生活中进行有效实践。也就是说，专业知识的适应性不仅在于个人对知识的处理，而且还有对不同需求、选择、实践、障碍等构成个体从业者所需面对环境的意识。

总而言之，这里提到通过高等教育供给来发展有效职业能力的方法，包括学生实践经验的运用和整合。因此，我们有必要研究高等教育的目的是什么，既需要现代性又需要长久性，这样才能有效地设计、实施和评价这些供给。本章试图列出一些主要的前提以便考虑高等教育的目的。总体而言，它认为，与许多人可能提出的建议相比，重视职业准备是高等教育的一个长期目标，其目前的表现在很大程度上是达到这一目的的过程，特别地，鉴于这一目的强调提供以实践为基础的经验是为了对当代问题解决的长期关注与回应，即仅仅通过高等教育机构提供的经验无法实现各种知识的学习。实际上，与其寻求边缘化或减少高等教育供给的构成内容，不如将提供基于实践的经验作为这项任务的核心。然而，有人提出，需要清楚了解如何通过当代高等教育供给来确定并实现这些目的，我们也试图在这里阐明并详细说明整合这些经验的具体目的。

参考文献：

Alexander, P. A., & Judy, J. E. (1988). The interaction of domain specific and strategic knowledge in academic performance. Review of Educational Research, 58 (4), 375 - 404.

Anderson, J. R. (1982). Acquisition of cognitive skill. Psychological

64

Review, 89 (4), 369 – 406.

Anderson, J. R. (1993). Problem solving and learning. American Psychologist, 48 (1), 35 – 44.

Bantock, G. H. (1980). Dilemmas of the curriculum. New York: John Wiley & Sons.

Barnett, R. (2004). Purposes of higher education and changing face of academia. London Review of Education, 2 (1), 61 – 73.

Barsalou, L. W. (2009). Simulation, situated conceptualization, and prediction. Philosophical Transactions of the Royal Society B, 364, 1281 – 1289.

Bauman, Z. (2000). The individualized society. Cambridge: Polity Press.

Beckett, D., & Gough, J. (2004). Perceptions of professional identity: A story from paediatrics. Studies in Continuing Education, 26 (2), 195 – 208.

Berger, P. L., & Luckman, T. (1967). The social construction of reality. Harmondsworth: Penguin.

Billett, S. (1998). Situation, social systems and learning. Journal of Education and Work, 11 (3), 255 – 274.

Billett, S. (2001a). Knowing in practice: Re-conceptualizing vocational expertise. Learning and Instruction, 11 (6), 431 – 452.

Billett, S. (2001b). Learning in the workplace: Strategies for effective practice. Sydney: Allen and Unwin.

Billett, S. (2001c). Learning through work: Workplace affordances and individual engagement. Journal of Workplace Learning, 13 (5), 209 – 214.

Billett, S. (2006a). Constituting the workplace curriculum. Journal of Curriculum Studies, 38 (1), 31 – 48.

Billett, S. (2006b). Relational interdependence between social and individual agency in work and working life. Mind, Culture, and Activity, 13(1), 53 – 69.

Billett, S.(2006c). Work, change and workers. Dordrecht: Springer.

Billett, S.(2008). Subjectivity, learning and work: Sources and legacies. Vocations and Learning: Studies in Vocational and Professional Education, 1(2), 149 – 171.

Billett, S.(2009). Conceptualizing learning experiences: Contributions and mediations of the social, personal and brute. Mind, Culture, and Activity, 16(1), 32 – 47.

Billett, S.(2011). Vocational education: Purposes, traditions and prospects. Dordrecht: Springer.

Bloom, A.(1991). The republic of Plato(2nd ed.). New York: Basic Books.

Boud, D., & Solomon, N.(Eds.).(2001). Work-based learning: A new higher education？ Buckingham: Open University Press.

Brown, J. S., Collins, A., & Duguid, P.(1989). Situated cognition and the culture of learning. Educational Researcher, 18(1), 32 – 34.

Chi, M. T. H., Feltovich, P. J., & Glaser, R.(1981). Categorization and representation of physics problems by experts and novices. Cognitive Science, 5, 121 – 152.

Chi, M. T. H., Glaser, R., & Farr, M. J.(1982). The nature of expertise. Hillsdale: Erlbaum.

Cooper, L., Orrel, J., &Bowden, M.(2010).Work integrated learning: A guide to effective practice. London: Routledge.

Deissinger, T.(2000). The German 'philosophy' of linking academic and work-based learning in higher education: The case for vocational academies. Journal of Vocational Education and Training, 52(4), 605 – 625.

Department of Education Science and Training. (2002) . Employ ability skills for the future. Canberra: Commonwealth of Australia.

Department of Innovation Universities and Skills. (2008) . Higher education at work: High skills: High value. Sheffield: Department of Innovation, Universities and Skills.

Dewey, J. (1916) . Democracy and education. New York: The Free Press.

Donald, M. (1991) . Origins of the modern mind: Three stages in the evolution of culture and cognition. Cambridge: Harvard University Press.

Dymock, D., & Billett, S. (2010) . Skilling Australians: Lessons from World War II national workforce development programs. Australian Journal of Adult Learning, 50 (3), 468 – 496.

Elias, J. L. (1995) . Philosophy of education: Classical and contemporary. Malabar: Krieger Publishing.

Ericsson, K. A. (2006) . The influence of experience and deliberate practice on the development of superior expert performance. In K. A. Ericsson, N. Charness, P. J. Feltowich, & R. R. Hoffmann (Eds.) , The Cambridge handbook of expertise and expert performance (pp. 685 – 705) . Cambridge: Cambridge University Press.

Ericsson, K. A., & Lehmann, A. C. (1996) . Expert and exceptional performance: Evidence of maximal adaptation to task constraints. Annual Review of Psychology, 47, 273 – 305.

Ericsson, K. A., & Smith, J. (1991) . Towards a general theory of expertise. Cambridge: Cambridge University Press.

Gelman, R., & Greeno, J. G. (1989) . On the nature of competence: Principles for understanding in a domain. In L. B. Resnick (Ed.) , Knowing, learning and instruction: Essays in honor of Robert Glaser (pp. 125 – 186) .

Hillsdale: Lawrence Erlbaum Associates.

Glaser, R.（1984）. Education and thinking – The role of knowledge. American Psychologist, 39（2）, 93 – 104.

Glaser, R.（1989）. Expertise and learning: How do we think about instructional processes now that we have discovered knowledge structures？ In D.Klahr &K. Kotovsky（Eds.）, Complex information processing: The impact of Herbert A. Simon（pp. 289 – 317）. Hillsdale: Erlbaum & Associates.

Gonon, P.（2009a）. 'Efficiency' and 'vocationalism' as structuring principles of industrial education in the USA.Vocations and Learning: Studies in Vocational and Professional Education, 2（2）, 75 – 86.

Gonon, P.（2009b）. The quest for modern vocational education: Georg Kerschensteiner between Dewey, Weber and Simmel（Vol. 9）. New York: Peter Lang.

Greeno, J. G.（1989）. Situations, mental models, and generative knowledge. In D. Klahr & K. Kotovsky（Eds.）, Complex information processing: The impact of Herbert A. Simon. Hillsdale: Erlbaum & Associates.

Groen, G. J., & Patel, P.（1988）. The relationship between comprehension and reasoning in medical expertise. In M. T. H. Chi, R. Glaser, & R. Farr（Eds.）, The nature of expertise（pp. 287 – 310）. New York: Erlbaum.

Grubb, W. N.（1996）. The new vocationalism in the United States ; Returning to John Dewey. Educational Philosophy and Theory, 28（1）, 1 – 23.

Grubb, W. N., & Badway, N.（1998）. Linking school-based and work-based learning: The implications of LaGuardia's co-op seminars for school-to-work programs（pp.1 – 30）.Berkeley: National Center for Research in Vocational Education.

Hansen, D. T.（1994）. Teaching and the sense of vocation. Educational

Theory, 44（3）, 259 - 275.

Higgins, C.（2005）. Dewey's conception of vocation: Existential, aesthetic, and educational implications for teachers. Journal of Curriculum Studies, 37（4）, 441 - 464.

Kincheloe, J. L.（1995）. Toil and trouble: Good work, smart workers and the integration of academic and vocational education. New York: Peter Lang.

Larkin, J., McDermott, J., Simon, D. P., & Simon, H. A.（1980）. Expert and novice performance in solving physics problems. Science, 208（4450）, 1335 - 1342.

Lave, J., &Wenger, E.（1991）. Situated learning - Legitimate peripheral participation. Cambridge: Cambridge University Press.

Lodge, R. C.（1947）. Plato's theory of education. London: Kegan Paul, Trench, Trubner.

Lomas, L.（1997）. The decline of liberal education and the emergence of a new model of education and training. Education C Training, 39（3）, 111 - 115.

Martin, I.（2001）. a note of unfashionable dissent: Rediscovering the vocation of adult education in the morass of lifelong learning. Paper presented at the Proceedings of the Standing Committee on University Teaching and Research on the Education of Adults, London.

Mezirow, J.（1981）. A critical theory of adult learning and education. Adult Education, 32（1）, 3 - 24.

Minnameier, G.（2014）. Moral aspects of professions and professional practice. In S. Billett, C. Harteis, & H. Gruber（Eds.）, International handbook on research in professional and practice- based learning（Vol. 1, pp. 57 - 78）. Dordrecht: Springer.

Oakeshott, M.(1962). Rationalism in politics and other essays. London: Methuen.

Organisation for Economic Co-operation and Development. (2010). Learning for jobs. Paris: OECD.

Pangle, T. L.(1980). The laws of Plato. New York: Basic Books.

Perkins, D., Jay, E., & Tishman, S. (1993). Beyond abilities: A dispositional theory of thinking. Merrill-Palmer Quarterly, 39 (1), 1 - 21.

Pring, R. A.(1995). Closing the gap: Liberal education and vocational preparation. London: Hodder & Stroughton.

Quicke, J. (1999). A curriculum for life: Schools for a democratic learning society. Buckingham: Open University Press.

Remery, V., & Merele, V.(2014). French approaches to accreditation of prior learning: Practices and research. In T. Halttunen, M. Koivisto, & S. Billett (Eds.), Promoting, assessing, recognizing and certifying lifelong learning: International perspectives and practices (pp. 265 - 280). Dordrecht: Springer.

Roodhouse, S. (2007). Special issue introduction. Education Training, 49 (3), 161 - 169.

Ryle, G. (1949). The concept of mind. London: Hutchinson University Library.

Sanderson, M.(1993). Vocational and liberal education: A historian's view. European Journal of Education, 28 (2), 189 - 196.

Scribner, S. (1984). Studying working intelligence. In B. Rogoff & J. Lave (Eds.), Everyday cognition: Its development in social context (pp. 9 - 40). Cambridge: Harvard University Press.

Searle, J. R. (1995). The construction of social reality. London: Penguin.

Shuell, T. J. (1990). Phases of meaningful learning. Review of Educational Research, 60 (4), 531 - 547.

Stevenson, J. (1994). Vocational expertise. In J. Stevenson (Ed.), Cognition at work (pp. 7 - 34). Adelaide: National Centre for Vocational Education Research.

Sun, R., Merrill, E., & Peterson, T. (2001). From implicit skills to explicit knowledge: A bottom-up model of skill development. Cognitive Science, 25, 203 - 244.

Sweller, J. (1990). On the limited evidence for the effectiveness of teaching general problem- solving strategies. Journal of Research in Mathematics Education, 21 (5), 411 - 416.

Troger, V. (2002).Vocational training in French schools: The fragile state-employer alliance. Paper presented at the Towards a history of vocational education and training (VET) in Europe in a comparative perspective, Florence.

Universities Australia. (2008). A National Internship Scheme: Enhancing the skills and work readiness of Australian university graduates. Canberra: Universities Australia.

Watson, P. (2010). The German Genius: Europe's third renaissance, the second scientific revolution and the twentieth century. London: Simon & Schuster.

Whalley, P., & Barley, S. R. (1997). Technical work in the division of labor: Stalking the wily anomaly. In S. R. Barley & J. E. Orr (Eds.), Between craft and science: Technical work in U.S. settings (pp. 24 - 52). Ithaca: Cornell University Press.

在实践和大学环境中整合经验的教育目的

第一节　整合实践经验：教育目的

教育目标和教育过程应该是有计划的，因为它们为特定的教育目的服务（Brady & Kennedy，2003）。因此，考虑到需要在当代高等教育中提供以实践为基础的经验，应以明确的教育目的来指导学生参与这些经验，同时还需将经验与课程相整合。从这些目的出发，可以选择性地实施课程和教学实践，但我们需要注意，实现特定的教育成果需要明确的教育目标（Bellack，1969）。一个有效的出发点就是：实践和教学安排能够提供不同的经验，这些经验都能对高等教育学生的学习做出潜在的特殊贡献。很难说这两种环境孰优孰劣，它们之间也相互依赖。两者都可以提供丰富的学习经验，当然也可能提供一些无用或无方向性的东西。虽然，它们提供的一些附加的特定价值可能无法直接获取，但如果被有效地安排与实践，就能够为学生提供一套有效的学习经验（Cooper et al，2010）。这样的观点不仅要考虑各自的功能，而且要考虑它们被有目的地整合后能达到何种效果（Billett，2009c）。

高等教育环境提供的经验能够帮助学生获取一系列概念性知识，发展程序能力以及获取与特定职业相关的规范，其中一部分难以在工作场所中获得。此外，这类环境提供的部分经验可以通过内省、批判性反思来强化这些知识，并协调学生在实践环境中经历和学习的东西（Kincheloe，1995；Simon et al，1991）。此外，有意识的教学过程或教学实践可以引导学生在实践环境中思考和协调经验，以实现教育课程目标

（见第八章）。重要的是，对于从实践经验中回归的学生而言，分享、批评和了解同龄人在实践环境中经历的经验可能对其有较大的帮助（Grubb & Badway，1998）。在教育环境中有效活动（例如：讨论与批评，分享与比较）的支持下，这些经验可以被优化，通过教师的指导或组织使经验得到扩散。

另一方面，实践环境可以针对特定工作情境下的职业提供一系列真实经验。这些经验可以做出一系列贡献，如为概念性、程序性和倾向性的职业知识提供丰富的信息（Billett，2001b）。然而，如果缺乏相应的平台，学生很难理解、有效参与并监测和协调在实践环境中的经验。相反，除非这些事实和想法与实践的实例相关联，否则它们可能会缺乏相关性与针对性（Henderson & Alexander，2011）。在高等教育课程中纳入实践经验的关键因素是：两种经验之间具有相互依存的关系以及相互作用的协调性，这样彼此之间能够弥补缺陷（Cooper et al，2010；Orrell，2011）。

一方面，两种环境的经验都有重要贡献；另一方面，由于学生是经验获取的主体，强调学生作为积极的和有能力的学习者也很重要。学生而非导师是这些环境中协调学习的意义制造者。当然，导师在该过程中应该参与学习的协调，这些干预措施很重要。学生的学习是一个持续的过程，并由他们在两种环境中的经验和对两种环境所提供东西的解释和建构所塑造，在此之后努力协调两种环境中的经验（Billett，2009a）。当然，两种环境之外还有其他东西在发挥重要作用，例如同伴、同事和家庭成员，以及通过书籍和电子手段获得的文本和其他信息。一项研究发现，医学专业学生的住所会提供一种环境，在该环境中，同行们可以参与讨论并阐述各类医疗工作和知识（Cleland et al，2014）。此外，另一项关于医学学生的研究发现，他们会形成密切的关联群体，因为需要彼此分享信息、提供集体性的教育协助（Richards et al，2013）。虽然，高等教育课程也会涉及职业知识的内容，但是获取这些课程需要让学生在学习中得到引导并积极参与。本质上，我们不希望学生在不必要的和无益的认识论上冒险。他们需要学习不断变化的知识，而这种知识学习可以通过两种环境中的经验来获得，同时还需要指导参与来保障（Brown & Palinscar，1989；Rogoff，1995）。然而，这种参与和发展方式可能适用于许多职业实践形式，并不仅仅局限于高级专业人员（如法律和医学）。因此，丰富教育经验的重要前提就是组织、利用和整合两个主要环境中的经验：教育机构和职业环境（即工作场所）。

对于那些被称为"专业的"职业从业者而言，他们往往期望自我监控学习，并将学习贯穿职业生涯，目的是维持职业工作所需的技能。当然，这种自我监控学习能力也是高等教育有效学习者的必备素质。作为积极主动的学习者，他们需要在实践和学术环境中不断积累经验。自我监控学习能力有助于在实践中互相学习，协调两种环境的经验，从而保证他们具备在工作生活中所需的就业能力。相比其他形式的高等教育，虽然会远离导师的指导，但任何实践经验的参与也许都会促使学生成为积极和能动的学习者。长期以来，成为有效的专业从业人员必须具备这些素质。因此，在专业的工作生活中，学生要成为积极、有活力但又相互依靠的学习者，能在大学课程中吸收经验并协调经验，就需要具备以下这些要素：（1）发展构成职业能力的特定领域知识；（2）包含学生实践环境的情境；（3）培养学生学习者的素质。

除了为教育机构和工作场所的学生组织经验，还需要将"把学生培养为学习者"作为专业准备的一部分，以便他们能够协调两种经验。总之，为了优化高等教育供给中整合实践经验的教育价值，有必要：

· 确定并承认实践经验的教学潜力，考虑如何将这些实践经验纳入高等教育课程，以最大限度地提升学生的学习经验；

· 高等教育课程应考虑诸多要素，例如，如何最好地准备、定位、排序和确定最合适的实践时间，如何进行支持实践经验的学习；

· 确定可以最好地发展、维持和利用学生个人认识论的经验，其中包括批判性参与和反思。

总而言之，高等教育的经验需要通过课程、教学法和认识论来识别两种环境的贡献以及经验之间相互依存的前提。正是如此，教育行动才可以计划、制定并体验到基于实践经验的教育潜力。基于以上因素，我们可以将实践经验融入高等教育供给之中，从而形成强有力的批判性职业知识。但是，这些活动和学生的努力需要有明确的目的。本章的重点在于将这些目的以更浅显易懂、更具体的形式呈现出来。

第二节　在实践和教育环境中整合经验的教育目标

实践环境中的经验能够帮助高等教育学生实现两个教育目标：（1）了解自己选择的职业；（2）培养有效的实践能力和顺利过渡到实践的能力。杜威（1916）提出应当把这两个目标作为职业教育的重要目标。接下来，就对两个目标进行简要概述。

一、确定适合个人的职业

杜威（1916）提出，第一个教育目标——"确定个人适合的职业"至关重要。他提出告诫，从事那些几乎没有兴趣或没有基础的职业（即他们同意做的职业）会产生个人风险。确定适合个人的职业的确是职业准备的一个关键目标，因为个人从事他不适合或不符合他们利益的活动会导致个体或社会的浪费。事实上，杜威（1916）提出：

职业是平衡个人特殊能力和社会服务的唯一因素。要找到一个人适合做什么并保证他们有机会去做是幸福的关键。没有什么比在生活中发现不了自己真正的事业更悲惨，也没有什么比在环境中漂泊或被环境逼迫成不相宜的召唤式群体更悲惨。

杜威以被迫从事现有工作的帆船奴隶为例，说道：除了被强迫之外，那些不是个体自己选择的工作不太可能被他们完全接受。也许，更常见的风险是个人选择从事某种职业是因为其他人（例如父母、朋友）认为他们应该这样做，即使他们对这些职业不感兴趣。或者，他们可能在不了解某一职业的要求或是否适合从事该职业的情况下选择该职业。因此，这些因素或大学入学分数都不应该是个人应该从事何种职业的决定因素。相反，需要考虑的是个人对哪些职业感兴趣，可能追求什么职业，以及他们的特质与选择的职业是否相符。

以实践为基础的经验可以在早期提供机会让学生在课程中尝试和体验他们选定的职业。这些经验可以为学生提供机会，帮助他们了解是否适合正在考虑或选择的职业，或者他们的兴趣和能力最适合于哪类职业。学生通常希望准确了解未来将要投入大量时间、精力和财力资源的职业。早期研究项目显示（Billett & Ovens，2005），高中生更加担心这些问题，因为他们不知道是否会喜欢选择的职业，以及选择的职业是否适合自己。这是因为，只有在第三年的学位课程当中，他们才有机会实践。这些高中学生补充道，他们花费很多时间、投入精力到一些项目之中，结果不知道这些项目究竟是什么以及是否适合自己。

这就引出了一个问题：在大学生发展过程中，他们应该具备什么样的能力？他们希望从事什么样的工作？例如，许多人因为他们的形象或性别而被特定的职业所吸引。然而，这些选择可能是不知情的或不合理的。年轻女性把护理作为首选职业，是因为性别的因素作祟（Newton et al，2009）。然而，我们发现女护理人员流失率较高，是因为年轻女性发现这是一种不适合、不喜欢的工作形式。用杜威的术语来说，他们发现自己是一种"不相宜的召唤式群体"。因此，了解首选职业实践的实际构成，对于高等教育、社会和学生来说是一个需要特别考虑的因素，因为学生对自己的职业做出不恰当的选择，可能会增加个人、社区和工作场所的成本。本书认为，在高等教育学生课程的初期，以实践为基础的经验可以帮助他们更充分地理解职业在实践中的实际构成。在制定任务的环境下，通过从事职业任务，他们可以考虑自己是否适合于特定职业，或是否具有职业中的特定专长（Billett，2011）。例如，他们会发现，他们的能力以及特殊需求能够适合某些特殊类型的工作，比如护理、医学、工程或新闻工作，而且相比其他形式的工作，他们对选择的工作更能提起兴趣。例如，在某个关于新手医生的研究中，尽管医生在大学期间有很多临床经验，但是一旦他们在真正的医院病房里，他们对自己偏好的专业会发生重大改变（Cleland et al，2014）。

因此，在高等教育项目中尽早纳入实践经验可能有助于学生经验的发展，并有利于他们对偏好的职业做出判断，随后对其进行评估。这个结果可以通过他们的直接经验来实现，也可以通过向其他学生学习职业实践中的变化来实现。通过这些方式，学生可以尽早确认或尽早对选择的职业产生怀疑。或者，他们可以确定感兴趣职业中的特定因素或专业因素，并与能力保持一致。当然，这里也存在一定的风险：学生可能存在不理想的经历、不充分的经历或没有好处的经验，这可能会使他们以没有兴趣、不知情或没有好处的理由拒绝某个职业。这就是为什么学生在拥有经验之后还需要进行教育干预的原因，因为他们的经验可以得到适当调节。

正如后文所讨论的那样，我们需要考虑课程和教学，从而实施和丰富经验（见第七章和第八章）。这一实施过程涉及实践环境中经验的种类、顺序和持续时间；教学实践涉及学生评价和评估经验的方式。因此，除了提供经验，还需要注意选择适当的经验，组织其实施方式，这就意味着学生可以通过他们的经历来了解经验。

二、发展职业能力

杜威（1916）提出"职业教育准备"的第二个目的——帮助个人进行有效实践，从而更好地制定职业规划。因此，第二个目的是为学生提供实践环境的经验，以培养他们有效从事职业所需的各种能力。这些能力是个人参与实践的核心，能使他们顺利实现实践过程中的大部分预期。通常，提供这种经验的假设是学生在大学环境中学习所谓的"理论"，在实践环境中学习"实践"。当然，工作场所的经验可以提供真正的职业实践，包括首选职业所需的活动和互动。参与这些经验可以在特定职业实践中为开发有效的程序性、概念性和倾向性知识提供基础。因此，其中一个重要目标就是如何在实践环境中实现结构最优化，组织和精炼学习。基于一系列不同职业从业者工作的研究（Billett，2001b），发现通过工作经验进行学习的关键优势如下：

1. 参与真实的工作活动（即真实的、新奇的和常规的活动）；

2. 观察和倾听——提示和线索（间接指导）；

3. 接触到更有经验的同事（直接指导，启发法教学的发展）；

4. 实践——强化、改进和磨炼所学知识的机会。

这些对学习的贡献已在各种不同行业部门被普遍证实，这些工作者从事各种不同的工作，对知识的要求也不尽相同。最近，一项有关不同行业和职业的员工学习研究强调要把实践经验作为学习的首选形式（Billett et al，2014）。也就是说，在实践环境中参与真实的工作活动，可以提供一系列的贡献来帮助学生正在准备的个人职业学习。尽管如此，这一研究计划也发现了实践学习的局限性：

1. 学到坏习惯以及危险的或不适当的捷径；

2. 缺乏实践或拓展的机会；

3. 缺乏支持和指导；

4. 承担任务，但不理解（即不能理解）具体内容或原因；

5. 由于缺乏支持而限制个人学习的经验；

6. 个人或职业面临的困难阻碍了积极职业身份的发展（Billett，2001b）。

这些局限性表明，在实践环境中学生可以学到很多东西，不仅扩展了在大学里学到的东西，还可以培养与"实践"相关的能力，但工作场所的环境也会有很大的局限性。要解决这些局限性，就需要学生们从工作场所（包括积极的和消极的模式）以及参与的活动和互动中所积累的经验中获得支持。重要的是，在实践环境中，学习对学生首选职业的贡献和局限性将在不同的工作环境中以特定方式表现出来。例如，针对护理专业学生的一项研究得出了类似的结果，虽然学习以不同的方式呈现了上文列出的积极贡献，但同时也暴露出一些局限性（Newton et al，2009）。对于一部分人而言，指导医师（即导师）和更有经验的护士能帮助他们的工作和学习。然而，在一些情况下，这些指导医师会抑制学习经验的质量。在某些情况下，学生所进行的互动非常富有成效，而在另外一些情况下，这种互动可能会让人感到压抑和失望。然而，并非所有的因素都可以通过工作场所中有限的、有组织的学习经验进行控制。突发事件出现后，并发症也会表现出来，日常工作就突然变得比工作场所的例行工作更加复杂和苛刻，包括 Bailey 等人（2004）所称的"可教时刻"。这些是日常工作实践的特点，也是个人为什么需要为这些活动做好有效准备的原因，包括具备批评、监测个人反应和表现的能力（Lake，1994）。当学生经历这类事件后，这些能力可能有所发展，并且可以与其他人（例如教师）一起，将这些经验的意义和结果作为学习知识的前提，因为这些知识具有即时性和战略性（Bailey et al，2004）。

因此，应考虑到整合和协调学生在实践环境中的经验，同时利用这些经验的生产性贡献，或者试图避免产生那些可能导致无益的或不完整学习结果的因素。总之，高等教育的工作者需要努力认识实践环境的贡献，同时也要注意它们的局限性。

第三节　整合学生经验的具体目的

上文介绍了两个广泛的教育目标，它们可以通过为高等教育学生提供足够的实践经验，然后运用这些经验来实现其学位课程的预期目的。然而，在学习和教学项目中，基于探索 7 所大学"工作—学习"的整合，我们确定了一组不同的教育目的，这将在后文中进行详细的探讨。为了达到一个具有一致性的结果（即学习），教育过程需要有明确的目的和目标，所以提供教育项目十分重要。我们从 25 个项目中确定了 6 种具体项目，它们能够提供和整合高等教育中实践经验的教育目的（Billett，2009b，2011）。这里讨论的教育目的可以为高等教育学生提供并拓展更加有序、有组织的经验。在整个项目中，提供经验的原因如下：

1. 学习选择职业；

2. 学习职业实践的变化；

3. 培养成为一个有效的专业人员所需的能力；

4. 拓展在大学学习到的知识；

5. 为职业所处的环境提供方向，并满足他们的需求；

6. 符合职业许可的要求。

因此，在杜威（1916）所述的两种教育目的范畴内，需要考虑如何利用这两种教学研究的结果，在具体目标的指引下，通过整合经验更好地解决问题。

一、了解所选职业

尽管学生们经常参加课程学习如何实践某一职业，但他们对实际的职业和实践的理解相当有限，这些职业也有可能来自不现实的数据（Billett & Ovens，2007）。正如本书提到的，许多年轻人（尤其是女性）在完成护理课程的基础上，只是基于对护理的理想化就认定了护理工作（Newton et al，2009）。其中一些学生，特别是那些辍学的学生，她们想成为护士，有些人甚至从事与医疗保健相关的兼职工作。然而，在很大程度上，他们的择业决定并不是基于护理经验的实际指导。这些学生中的许多人都说想要成为护士是出于利他主义——为了帮助病人。之所以从事这项工作，是因为会被看作一个正派的人（即照顾病人的人）。然而，他们实际护理工作的第一次体验大多数发生在实习中。这些实例说明，护士工作往往需要面对现实，而不是理想的工作。例如，有时病人在受到照顾时似乎不并那么感谢他们的出色工作。因此，实习会为个人在职业选择时提供一些实际的情况。

新闻、公共关系、教育、旅游、社会工作等专业的学生更加需要理解所选的职业。只有通过这些机会，才能体验所选的职业，理解工作中包含的内容并明确从事该职业的要求。例如，许多社会工作专业的国际学生来自没有社会福利制度或属于初级福利制度的国家，这些国家的社会工作者很少，所以他们对所准备的工作没有任何的理解，更不用说是否适合这份工作。因此，这种理解必须通过教师组织特定的实践有意识地促进，他们意识到，如果没有教师的指导，实践的教育价值十分有限。在上述案例中，这些学生的实践经验最终会帮助他们理解所选择学习的专业类型，但是这些经验必须通过教师的创造力来强化，以便学生能够有效地了解所选择的职业。

因此，通过实践，学生可以体验并思考所选职业是否与他们的兴趣、能力和预期相一致。这样的经验将告诉他们是否适合这个职业。虽然有些职业能够被观察、参与，甚至在没有参与预备项目的情况下实践，但情况并非总是如此。一些人要求在有效参与实践之前，将准备工作作为高等教育的必备环节，这些准备工作包括特定技能的开发，例如通过临床技能实验室培养护士，为学生教育提供工作场所等。在这些方面，参与实践有助于帮助学生了解在现实中选择的职业，也有助于理解预期程度和理想程度，满足他们对工作生活的需要和准备。

总而言之，如果教育目的是帮助学生了解首选职业的性质，那么提前发展经验在学生的准备计划中就十分重要。虽然这些经验不一定持久，但都需要为学生提供观察和实习的机会。此外，正如本书所述，许多职业实践都是专业的（见下文），学习这些专业知识可能有助于学生对首选的学习及职业道路做出决策。当学生们工作经历不同或从事不同专业的职业时，为学生提供与其他学生讨论和分享职业经历的机会将非常重要且有益，这会对学生有明显的帮助。因为他们有机会通过实例去了解不同的职业，理解教育的优势、某种职业的偏好、知识变化的实践以及特定实践的价值。例如，如果新闻专业的学生在广播或印刷媒体方面有过实践经验，他们就可以与有其他经验的学生分享这些不同形式的新闻工作和职业需求。在这个例子（新闻学学科）里，学生可以在实习的过程中与其他同学分享他们的经验。但最重要的是，具有真实的经验可以帮助学生了解他们喜欢的职业，以及帮助他们判断做出的选择是否恰当。

二、了解职业实践的变化

正如上文提到的，参与工作中的活动不仅可以使学生了解喜欢的职业，还可以为他们提供一些机会去了解职业实践或专业的一些变化。通过体验所选择职业的各类实践情况，将产生一系列学习成果。学生了解职业实践的变化，会对如何在不同环境中运用不同的职业实践方式产生丰富的理解。通过这些经验，学生能够对该职业及其变化产生强有力的理解。职业表现要求通常由本土化因素决定，例如客户的类型、自我需求、预期、可用资源、其他从业人员的可用程度和工作安排等（Billett，2001a）。职业实践的实例在某些方面都是不同的。这些区别通常不仅仅是工作程序的表面变化，还是构成有效职业实践的核心。例如，在某个小城镇里，医生、护士、会计或律师的执业要求可能与大型区域中心或大城市有很大的不同。

某种程度上，这种对差异的理解聚焦于参与的各种活动，在另一个层面，这是一项任务，这些任务如果落实到实践者身上，就取决于可用专业知识及专业知识的范围。因此，对职业有效表现的要求可能很高（Billett，2001a）。了解职业的多样方式对学生顺利地从大学过渡到特定的职业有特别的帮助。例如，如果毕业生在不同的职业实践中积累经验，那么他们对如何以特定方式开展工作将更加开放。然而，如果只获得一套经验，这可能会限制他们在第一次面临从事特定工作时的开放性。

因此，学生直接或间接地了解所选职业实践的变化非常有价值。这些经验可以帮助他们理解这些环境下表现要求的差异。如果工作场所规定、实践和绩效要求与学生时代所遇到的情况大不相同，那么这些都有助于达到这一目标。正如前文所述，这种理解对于发展适应性职业知识也很重要，因为这些知识可以为从业者提供职业生涯服务。也就是说，这些知识不仅可以为毕业生面临的特定环境做准备，当他们在工作生活中面临新挑战时，这种理解可能也会对他们有帮助。这些经验能在不同的情况下，支持适应不同环境知识的发展，并在不同的环境和时间内进行有效实践（Stevenson，1991）。

因此，为实现使学生有效过渡到工作环境（即让他们做好工作准备）的教育目标，可以通过让学生接触多种多样的职业实践和需求，以及通过教师的干预来考虑实践中不断变化的职业性质，以上可以通过学生不同职业规划和实践中的经验得到支持。例如，当学生有机会与他人分享经验时，教师的干预可能有所帮助（Newton，2011）。职业实践的应用实例之间的共性和差异可以通过一个小组分享过程来确定。例如，当新闻系学生有机会参与焦点小组活动，并在实习后分享经验时，他们就能够了解许多新闻职业的不同之处，以及印刷媒体与广播媒体的不同之处。这种干预使学生了解到职业实践如何进行，以及在表现需求方面存在差异的原因。此外，这些经历还可能帮助学生对新闻或护理等职业做出明智选择，例如，他们如果想参与进来，就需要理解这些职业是如何实践的。因此，如果教育的目的是为了帮助学生理解职业实践的多样性，并对其形成强有力的理解，那么就可能需要特殊的课程和教学实践。这种做法可能包括将学生单独或集体派到他们可以观察或积极参与职业的地方。在一项研究项目中，教师教育的学生每三周内就会在不同的学校里学习半天（教师教育项目2）。通过这种方式，他们体验了一系列不同的学校环境，并观察到物质环境的布局，以及这些学校里的一些教学过程。这很可能会需要足够长的时间，才能让学生了解学校的特殊性质以及教学如何在那里进行。但是即使时间长短不一，在访问的那段持续的时间里，学生学习的东西也是足够的。

总而言之，学生对职业实践变化的认识非常重要。学生们并不清楚毕业后会在哪个场所找到工作。因此，学生们在适应实践的过程中可能并不熟悉特定的实践要求。但是上述过程中所产生的意识可能会帮助学生学到更多知识，并在毕业后有效地从事他们的实践活动。重要的是，学生了解并有能力适应特定工作场所的要求，也能够了解到那些可能在工作场所、工作期间遇到的新奇活动。通过这种方式，他们学习到了一些不同的职业实践，以及这些是如何由工作场所的特殊要求而产生的，这样的教育目标可以帮助学生顺利过渡到毕业后的实践，还可能使他们更加适应以后的工作生活。此外，这些经验还可以为学生们提供一些依据，决定他们学习哪类专业知识和从事何种职业。

三、培养合格从业者的必要能力

人们普遍认为，学生在工作环境中的经历对职业能力学习做出了特殊贡献，这种贡献是在其他地方无法实现，甚至那些替代学习也无法实现的（即大学的临床实验室）。一旦认识到社会和物质环境对学习内容有丰富的贡献，人们就会认可不同类型环境（即教育和实践环境）的潜力，且产生特定类型的学习。正如 Rogoff 和 Lave（1984）提出的活动结构认知。也就是说，参与特定活动会产生一种认知影响。同时，Rogoff 和 Lave 也暗示，特定的经历只会提供潜在的贡献，这是由个人来决定如何对待经历以及参与活动的过程。因此，除了提供活动之外，人们也会参与这些活动。然而，考虑到特定职业项目中需要学习的知识种类与实践环境中发生的情况直接相关，这些经验会成为发展有效实践能力的基本要素。因此，在实践环境中参与活动和互动的机会是发展职业能力的核心。

此外，在这里提出的纠正措施很重要。通常情况下，教育背景下的经验提供了获取理论知识的机会，而工作场所提供了"实践"的机会。然而，概念（即理论）和程序（即实践）在两种情况下都可以习得，尽管不同的概念和程序可能会在不同的环境中产生，这些环境提供了不同种类的经验（即活动和互动）。概念的发展并不局限于课堂经验。事实上，丰富概念知识的发展是建立在确保概念之间关联的基础上的。这些关联产生于经验之中，它不仅提供了链接，而且还包括了可识别概念之间的因果关系（Groen & Patel，1988）。然而，特定概念和实践的发展可能在其中一个或另一个环境中享有特权。比如，那些可能需要观察或隐藏于其他种类活动中的概念（例如计算机操作、潜伏的病毒），这些也许需要在教室环境中让学生们接触到，比如学生通过视觉方式来知晓这些概念。然而，其他概念，比如学生行为对教师工作的影响等，最有可能通过实践经验来丰富和扩大。此外，虽然许多程序可以在工作环境中学习和磨炼，但也有可能在这些环境中需要学习一些程序。例如，在不给病人带来潜在伤害的情况下（比如在临床实验室），使用敷料、给病人注射的能力最好在初始阶段进行。此外，程序性知识还包括在战略上使用时间和资源的能力，而且可能来自于对两种环境的经验的考虑（例如：实践的原则、特定环境的要求）。

很明显，在实践中可以体验到特定活动，而这些活动对于学生在实践中形成的概念、程序和外在的职业能力至关重要。从事真正的工作任务需要应用概念性能力和程序性能力，同时需要发展对任务执行情况的监测能力，通过监测和评价来实现行为的调整和改变，之后便有了实践的机会。也就是说，要进行多次活动才能通过演练来发展有效的程序性能力（Anderson，1982）。这些经验使学习者能够完成复杂的任务，并了解其他活动、贡献、问题甚至是对程序限制的各种考虑（Fitts，1964；Stevenson，1991）。在实践环境中使用这种方式进行真实的体验能够做出一些贡献，比如参与真实活动的程度，以及在大学环境中很少发现的活动机会，经常参与这些任务的机会，以及为确保有效的行动而开发的战略和具体程序（Anderson，1982；Ericsson & Lehmann，1996）。然而，重要的是，不要把实践环境看作是学生们在大学环境以外学习和磨炼所学知识的地方。相反，实践环境是合法的、重要的和必要的学习环境，对于那些寻求发展能力的人来说，他们可以在这里有效地实践所选择的职业（Billett，2001b）。

一种培养适应能力的方法是为学习者提供不同环境中相同的职业经验。医院护士准备工作项目可以作为一个长期佐证案例。在这些项目中，受训护士轮流在医院病房工作。这些轮岗使实习护士接触不同科室的护理实践，并在护理实践中通过不同的接触获得护理经验。他们开始了解不同的病人、治疗方式和专业领域的护理工作是如何进行的，在医学教育中也存在类似的轮岗。

然而，除了在不同的工作环境中提供经验之外，环境需要要求学生分享他们的经历，这样可以拓宽学生群体对所能接触到的实践变化的理解。例如，在教师教育项目中，从不同学校返回的学生可以与其他学生分享经验，从而了解不同学校的不同背景、学生基础和教学目标。同样，在上文提到的医院护士培训模式中，在完成每轮轮换的时候，实习护士可能会参与一些活动，从而帮助他们确定哪些是护理实践的规范，哪些是他们所经历过的特定病房，以及这些差异的基础，这可能会使轮换活动更加有效。

总而言之，这里的教育目的是提供对职业经验强有力的理解，因此，在职业背景下，运用这些理解和实践来进行下一步研究十分必要。此外，了解这些经验的多样性可能有利于缓和教育供给到实践的转变。

四、在大学环境中拓展所学知识

此外，实践经验对充实和丰富学生在教育背景下的学习经历具有明显作用。它们能够提供机会拓展学生在大学课程中所学到的知识，充满兴趣的学生也会努力辨别和调节，将课堂中学到的知识与实践经验相结合。他们会尝试理解和调和这些经验，并将其描述为寻求平衡（Piaget，1971）、可行性（Van Lehn，1989）、类型化（Schutz，1970）或本土性（Giddens，

1991）。因此，基于实践的经验为学生提供了一种手段，使他们能够利用、评估并潜在地发展（即扩展）大学课程中学到的东西。这正是维果茨基提出的在学生最近发展区工作，并扩充他们的潜在发展空间。如果像以前一样仅仅依靠课堂经验，就不可能发展出职业实践所需的知识与内容。因此，确定知识和实践环境的经验能够对学生的学习做出特殊贡献。尽管很大程度上人们认为是学习如何实践的机会（例如：发展"知道怎么做"），但它不仅仅是通过实践经验在过程中获得能力。通过参与教学课程所学到的概念可以在实践中形成具体的、有根据的含义和形式（Raizen，1991）。凡是在大学活动（即讲座或研讨会）中概述、介绍、体验过的课程，都可以通过学生在基于实践经验中制定出的任务，变得具有个性化和情境化。因此，实践经验在这一方面做出了特殊贡献，它增强并扩展了学生在大学环境经验里学到的知识。所有这一切表明，在高等教育项目中，学生必须具备实践经验，但并不是所有学生都能获得广泛的实践经验。

然而，为了实现现有实践经验全面的教育效益，有必要让学生通过这些经验参与学习并且有效率地学习，在拥有了实践经验之后，与学校的理论经验进行协调。上述两种方法都可以看作是将大学经历中所学到的经验与其他环境联系起来（同第七章——"课程考量：经验的整合"所阐述的一样）。通过这些衔接过程，可以更好地拓展学生的知识。其目标有以下几点：（1）程序发展——如何确定大学环境中最初发展的理解和程序；（2）概念发展——如何充实并且将实践中学习的经验同随后经历的概念之间的因果关系联系起来；（3）倾向发展——拓宽视野、塑造价值观并且树立人生态度，以提高他们职业实践时的表现。当然，如果教育目的明确，并采取了适当的、有针对性的课程和教师实践来支持目的，那么这样的安排将会最有效。

学生参加实践前的充分准备有助于将所学的知识应用到特定学习中去。因此，如果教育目的是培养程序能力（即承担任务和实现目标的能力），可以考虑让学生提前做好一些准备，参与一些工作场所实践，例如，记者写一篇文章,医生为病人做检查,或帮助护士和医生进行治疗。因此,学生可以在实践之前做一些准备工作,包括发展执行某些工作任务的能力。如果重点在于概念发展,那么就要考虑学生与特定实践相关的概念如何在特定工作环境中运用。这种准备还包括确认工作活动中具有潜在影响的相关因素和概念。例如,让新闻专业的学生了解特定类型的写作、读者以及写作方式。同样的,对于医学和护理的学生来说,在医疗的特定环境下可能需要了解有关医疗、病人和一系列决定病人治疗方案的相关概念。为了促进价值观、兴趣的发展,可能会侧重于观察和评估他们如何进行工作,以及这些方式如何符合或阻碍学生对这些职业形式经验的价值观和信念。因此,学生进入实践环境之前,要做好各种准备,可能有助于学生学到在大学课堂上学不到的东西。

再次,要利用和分享学生的实践经验来扩展他们在实习过程中所学到的知识。大学教育工作者有必要帮助学生解释、理解在工作实践中学到的知识,并与大学学到的知识建立起关联(这一部分在第八章有提及)。值得注意的是,重视学生实习经验与 20 世纪 20 年代的北美合作教育运动引入的教育干预相似(Grubb & Badway,1998)。那些被称为合作研讨会的活动最初是为那些从工作场所实习归来的工程学学生组织的,这些活动不仅为学生提供了与他人分享经验的机会,同时将工作场所内所经历的与课程中学习的内容联系起来。因此,在实践之后组织学生参加研讨会是在特定目标教育情境下,将实践经验与课堂经验建立联系并加以巩固的有效方式。因此,高等教育教学需要将两套经验纳入学生的学习中,扩充学生的知识经验储备,提升他们的学习能力。通过这些方法可以实现如下教育目标:(1)帮助学生了解学习的实践经验;(2)帮助他们将课程所学到的知识与实践经验相联系,因为这对学生来说有些困难;(3)提供分享经验的机会并让学生同他人一同分享学习成果。

这种分享可以使学生接触到更广泛的问题、环境和实践,这些问题、环境和实践包括他们所选择职业的实例及其对表现的要求,而不是仅仅依靠自己的经验。这对于学生毕业后的工作非常有帮助，因为他们会更深入地了解到作为初出茅庐的新人最终要面临的工作环境，并做出更好的表现。学生也可以在更短的时间里分享经历，用同龄人所遇到的情况来理解自身经历。那些有过消极经验或无效经验的人也可以向他人学习，或许自己还可以接受曾经的负面经历，就像新闻项目中的情况一样。更详细的讨论参见第八章——教学法考虑：原则与实践。

五、职业实践和任务要求的环境定位

另一个重要的教育目的是让学生了解他们所从事的职业和社会环境，以及在这些环境中所能完成的任务。也就是说，针对实习的社会环境以及将要执行的任务，帮助他们毕业之后做好参与实践的准备并确保顺利就业。很多学生实际上并不了解这些环境和工作任务。因此，他们可能并不熟悉和理解工作表现的必要方面，例如：职业实践是如何进行的，在这些实践中如何同他人协作互动，工作重叠的部分又该如何划分，具体的环境又有什么特殊要求。提供参与实践的机会可以弥补大学课程设置的不足。因此，了解职业范围内的实践是重点也是具体的表现要求，可以帮助学生更有效地参与实践。这些经验可以解决很多重要问题，例如学生可以通过实践了解自己的兴趣和擅长的领域，除此之外还可以帮助他们开发潜能。这些能力正是实践的核心，但是可能被忽略成一般工作能力，因为大学课堂中并没有明确教师教授这些能力。例如，这些经验可以开发学生的交流能力、提高同他人合作的工作效率、勇于承担责任的能力，理解特殊工作环境中特殊要求的能力，以及了解工作实践中真正需求的能力。

之所以需要定位，有一个非常实际的原因，通常学生的实习期很短，尤其是一些监督成本很高的地方。因此，考虑到在实践环境中监督参与的重要性，有必要提供一种方向，使学生做好参与实践的准备。学生能够通过这样的定位更好地把经验用来丰富知识并进行有效学习。某个项

目采用了一种策略来帮助学生熟悉他们即将进行的特殊临床实践,因为他们的临床实践时间相对较短(仅持续两周)。因此,这种策略有助于学生了解这些病房的实际布局、治疗方式以及可能开出的药物种类等。在教育科学中,个人所熟知的概念:高级组织者,就是让学生做好准备,使他们能够有效地参与新的体验(Ausubel & Novak,1978)。从本质上讲,基于一些基础来理解工作场所中遇到的事情,意味着他们可以为接下来的经历做好准备,并以有效的方式进行接触和学习。

总而言之,把学生定位到所学习知识的应用环境中的教育目标,强调了充足准备对于学生理解并最大化发挥经验学习的潜在重要性。在进入这样的环境之前,了解他们要做什么、与谁进行交流以及可能采取什么样的工作方式,对他们来说可能有所帮助。教师在给出建议之前,应鼓励学生自己去寻找这些问题的答案。这样对学生在实践中优化体验具有潜在帮助。例如,短期实践要求学生调查参加实践的背景、了解实践的侧重点甚至包括实践的参与者。所有这些准备工作都能帮助学生拥有一些基础来理解在实践中遇到的情况。此外,我们还可以帮助学生深入理解他们的职业实践,这对毕业后从事相关工作有很大的帮助,即使是处理生活中的一些事情。他们应该深入了解经验在其他实践活动中如何发生,而不仅仅局限于所从事的工作中。

六、满足职业或专业许可的需求

最后,学生通过实践环境指定的活动来满足职业或专业许可的需求正在增加。许多专业机构要求新的从业人员必须有实践经验,有的机构还会指定天数或小时数。例如,在对助产士学生(Sweet & Glover,2011)的研究中,助产士必须要有从事超过 30 次的后续护理或连续性护理的经验,才能获得助产士的资格认证。"连续性护理"是指助产士学生要跟随怀孕的母亲经历妊娠以及产下孩子的整个过程。这些活动让学生通过一系列的医疗活动、社会福利的分配和评估以及她们面对的问题来观察和监督分娩的妇女，在分娩过程中协助母亲完成分娩过程中的每一个阶段，包括婴儿出生后的任务。

学生必须满足职业要求参加实践的次数才可以获得从业许可。同样的，工科学生也需要有大量的工作经验才能获得专业工程师的许可。事实上，一些项目旨在确定那些在距离大学很远的地方工作的学生，如何通过与导师和其他学生的交流来获得实践经验（工程项目2）。另一个项目关注如何最有效地为学生组织实践，使他们满足工作经验的要求，特别是那些尚未从事相关工作的人（工程项目1）。不论就业情况如何，所有学生都需要履行职业认可和认证要求。在其他情况下，学生也有必要获得广泛的经验，以便完成课程和许可要求（Sweet & Glover，2011）。

因此，为了让学生参与实践，这里提出了一系列非常具体和独特的，且能够理解所选职业、与准备工作相关联的教育目标。这些目标包括工作实践需要学习的一些能力，同时也包括从个人环境或间接环境中参与经验的能力，在职业中确定并参与经验的有效能力。最后，这份教育目的列表也指出，需要具有能够满足管理机构许可和专业机构要求的工作经验。

第四节　提供和整合实践经验的必要性

在本章中提出的一系列重要的教育目的都是为了吸引学生参与实践，为他们提供实践机会以促进学生的职业准备，并确保学生顺利过渡到专业工作中。当学生的头脑中有明确的目的时，这些经验可以获得最大化的效用。这些教育目的可以扩展学生对职业知识的理解，比如实践中包括哪些知识、实践在不同情况下的差异，同时还能为学生提供实践环境中所需的过程性能力。此外，这些能力可能会在高等教育课程与实践经验的整合中产生，为了提供这些经验并实现它所带来的潜在好处，学习者与实践者之间的关系，以及学术机构与实践环境之间的关系可能是互利的。考虑到教育和实践环境的不同要求，以及不同目标和优先事项之间可能存在的紧密联系，这些关系可能难以产生并维持转型过程。高等教育工作者面临的主要挑战是：转变实践学习不是合理有效的现有正统观念，支持并承认它的贡献，理解实践环境中的有效课程以及教学法与教育环境中教学法的差异，尽管它们由一致性概念塑造而成，但仍然存在差异。

因此，考虑到在教育目的和实践中意识的重要性，在进行决策时，我们需要考虑一个重要原则：什么构成了实践经验与课堂经验，以及如何在高等教育项目和活动中有效地整合这些经验。上述原则需要明确一点，是什么促使两种经验相整合。在下一章中，我们应该考虑如何将经验整合概念化。

参考文献：

Anderson, J. R. (1982). Acquisition of cognitive skill. Psychological Review, 89 (4), 369 - 406.

Ausubel, D. P., & Novak, J. D. (1978). Meaningful reception learning and retention. In D. P. Ausubel, J. D. Novak, & H. Hanesian (Eds.), Educational psychology: A cognitive review (pp.114 - 160). New York: Holt Reinhardt and Winston.

Bailey, T. R., Hughes, K. L., & Moore, D. T. (2004). Working knowledge: Work-based learning and educational reform. New York: Routledge Falmer.

Bellack, A. A. (1969). History of curriculum thought and practice. Review of Educational Research, 39 (3), 283 - 292.

Billett, S. (2001a). Knowing in practice: Re-conceptualizing vocational expertise. Learning and Instruction, 11 (6), 431 - 452.

Billett, S. (2001b). Learning in the workplace: Strategies for effective practice. Sydney: Allen and Unwin.

Billett, S. (2009a). Conceptualizing learning experiences: Contributions and mediations of the social, personal and brute. Mind, Culture, and Activity, 16 (1), 32 - 47.

Billett, S. (2009b). Developing agentic professionals through practice-based pedagogies. Sydney: Australian Learning and Teaching Council.

Billett, S. (2009c). Realizing the educational worth of integrating work experiences in higher education. Studies in Higher Education, 34 (7), 827 - 843.

Billett, S. (2011). Curriculum and pedagogic bases for effectively integrating practice-based experiences. Sydney: Australian Learning and Teaching Council.

Billett, S., & Ovens, C. (2005, December 4 - 7). Co-opting school students' experience of paid part- time work. Paper presented at the 13th annual international conference on post-compulsory education and training, Gold Coast, Queensland.

Billett, S., &Ovens, C. (2007).Learning about work, working life and post school options: Guiding students' reflecting on paid part-time work. Journal of Education and Work, 20 (2), 75 - 90.

Billett, S., Choy, S., Dymock, D., Smith, R., Henderson, A., Tyler, M., & Kelly, A. (2014). Towards more effective continuing education and training for Australian workers. Adelaide: National Centre for Research in Vocational Education.

Brady, L., & Kennedy, K. (2003). Curriculum construction. Frenchs Forest: Pearson Education.

Brown, A. L., & Palinscar, A. M. (1989). Guided, cooperative learning and individual knowledge acquisition. In L. B. Resnick (Ed.), Knowing, learning and instruction, Essays in honor of Robert Glaser (pp. 393 - 451) . Hillsdale: Erlbaum & Associates.

Cleland, J., Leaman, J., & Billett, S. (2014). Developing medical capacities and dispositions through practice-based experiences. In C. Harteis, A. Rausch, & J. Seifried (Eds.), Discourses on professional learning: On the boundary between learning and working. Dordrecht: Springer.

Cooper, L., Orrel, J., &Bowden, M. (2010) .Work integrated learning: A guide to effective practice. London: Rutledge.

Dewey, J. (1916) . Democracy and education. New York: The Free Press.

Eames, C., & Coll, R. (2010) . Cooperative education: Integrating classroom and workplace learning. In S. Billett (Ed.), Learning through practice (pp. 180 - 196) . Dordrecht: Springer.

Ericsson, K. A., & Lehmann, A. C. (1996) . Expert and exceptional performance: Evidence of maximal adaptation to task constraints. Annual Review of Psychology, 47, 273 - 305.

Fitts, P. M. (1964) . Perceptual-motor skill learning. In A. W. Melton (Ed.), Categories of human learning. New York: Academic.

Giddens, A. (1991) . Modernity and self-identity: Self and society in the late modern age. Stanford: Stanford University Press.

Groen, G. J., & Patel, P. (1988) . The relationship between comprehension and reasoning in medical expertise. In M. T. H. Chi, R. Glaser, & R. Farr (Eds.), The nature of expertise (pp. 287 - 310) . New York: Erlbaum.

Grubb, W. N., & Badway, N. (1998) .Linking school-based and work-based learning: The implications of LaGuardia's co-op seminars for school-to-work programs（pp.1 - 30）.Berkeley: National Center for Research in Vocational Education.

Henderson, A., & Alexander, H.（2011）. Maximizing the integration of medical and nursing students in clinical learning environments: An Australian perspective. In S. Billett & a Henderson（Eds.）, Developing learning professionals: Integrating experiences in university and practice settings（pp. 131 - 148）. Dordrecht: Springer.

Kincheloe, J. L.（1995）. Toil and trouble: Good work, smart workers and the integration of academic and vocational education. New York: Peter Lang.

Lakes, R. D.（1994）. Critical education for work. In R. D. Lakes（Ed.）, Critical education for work: Multidisciplinary approaches（pp. 1 - 16）. Norwood: Alex.

Newton, J.（2011）. Reflective learning groups for student nurses. In S. Billett & A. Henderson（Eds.）, developing learning professionals: Integrating experiences in university and practice settings（pp. 119 - 130）. Dordrecht: Springer.

Newton, J., Kelly, C., Kremser, K., Jolly, B., & Billett, S.（2009）. The motivations to nurse: An exploration of factors amongst undergraduate students, registered nurses and nurse managers. Journal of Nursing Management, 17（3）, 392 - 400.

Orrell, J.（2011）. Good practice report: Work integrated learning. Sydney: Australian Learning and Teaching Council.

Piaget, J.（1971）. Structuralism（C. Maschler, trans. and Ed.）. London: Rutledge & Kegan Paul.

Raizen, S. A.（1991）. Learning and work: The research base. Vocational education and training for youth: Towards coherent policy and practice. Paris:

OECD.

Richards, J., Sweet, L., & Billett, S. (2013) . Preparing medical students as agentic learners through enhancing student engagement in clinical education. Asia–Pacific Journal of Cooperative Education, 14 (4), 251 – 263.

Ricks, F. (1996) . Principles for Structuring Cooperative Education Programs. Journal of Cooperative Education, 31 (2 – 3), 8 – 22.

Rogoff, B. (1995) . Observing sociocultural activity on three planes: Participatory appropriation, guided participation, apprenticeship. In J. W. Wertsch, A. Alvarez, & P. del Rio (Eds.), Sociocultural studies of mind (pp. 139 – 164) . Cambridge, UK: Cambridge University Press.

Rogoff, B., & Lave, J. (Eds.) . (1984) . Everyday cognition: Its development in social context. Cambridge, MA: Harvard University Press.

Schutz, A. (1970) . In H. Wagner (Ed.), on phenomenology and social relations. Chicago: University of Chicago Press.

Simon, R. I., Dippo, D., & Schenke, A. (1991) . Learning work: A critical pedagogic of work education. Toronto: The Ontario Institute for Studies in Education.

Stevenson, J. C. (1991) . Cognitive structures for the teaching of adaptability in vocational education. In G. Evans (Ed.), Learning and teaching cognitive skills (pp. 144 – 163) . Hawthorn: ACER.

Sun, R., Merrill, E., & Peterson, T. (2001) . from implicit skills to explicit knowledge: A bottom–up model of skill development. Cognitive Science, 25, 203 – 244.

Sweet, L., & Glover, P. (2011) . Optimizing the follow through for midwifery learning. In S. Billett & A. Henderson (Eds.), developing learning professionals: Integrating experiences in university and practice settings (pp. 83 – 100) . Dordrecht: Springer.

96

Valsiner, J. (2000) . Culture and human development. London: Sage Publications.

Van Lehn, V. (1989). Towards a theory of impasse-driven learning. In H. Mandl & A. Lesgold (Eds.), Learning issues for intelligent tutoring systems (pp. 19 - 41) . New York: Springer.

学生经验整合的理念

第一节 在高等教育和实践环境中整合经验

在教育和实践环境（即工作场所）中为高校学生提供学习经验，更好地满足了社会和个人对职业技能发展的需求。这些供给在医学和法律教育中持续得最久（Elias，1995）。近年来，越来越多的高等教育项目，特别是那些有着特定职业目标的高等教育项目（例如北美的合作教育运动），为高校学生提供了基于工作场所的学习经验，良好地满足了社会和个人对经验的需求（Ricks，1996）。如今，教学和护理教育项目对这些经验进行了明确的规定，在其他职业中趋势亦越来越明显，尤其在医疗保健行业的岗前培训工作中。虽然现在高等教育项目已经广泛采用了工作场所经验，但两种有着特殊教育目的的经验似乎没有得到有效整合。正如前面指出的，在北美合作教育运动中，将现代高等教育与工作经验整合起来的尝试前所未有。它们基于合作教育研讨会，实施具体的课程和教学实践来实现目标（Grubb & Badway，1998）。这主要是因为高等教育项目虽包含了工作经验，但未充分制定规划以确保学生经验的整合。

这里包含着许多整合原因，以及对它们如何在教育过程中实现整合进行诠释（Eames & Coll，2010；Tynjala，2008）。由于情境的差异性，我们很难找出最合适的课程和教学实践来确保达到特定教育目的所需的整合（Grollman & Tutschner，2006；Stenstrom et al，2006）。因此，本章试图从两个不同的角度来确定和描述经验与学习整合的过程，并对这些观点进行整合。现有的观点和学习理论为如何在教育和实践环境中整合经验提供了有益的见解，对学习产生了促进作用。从一种情境中获取知识并将其应用于另一种情境，"迁移"和"顺应"等概念为整合过程的解释提供了一些认知基础。然而，这种"迁移"往往指非常新奇的经历，由于其需求和问题方面的特质，基本很少发生（Stevenson，1991）。的确，在教育项目中提供基于实践的学习经验之所以兴趣高涨，是因为教育机构学习经验的缺失（经济合作与发展组织，2010；Raizen，1989）。更重要的是，作为一个迁移过程，从物质环境和社会环境中产生的教育经验在整合过程可能不是最好的概念转换过程，就像Lave（1991）所批判的那样。因为这是一个迁移过程，需要考虑到从一个场所迁移到另一个场所的意义。相反，通过整合与协调学生经历的物质环境和社会环境，能够与学习更加紧密地联系（Billett，2013）。这些整合过程需要对两种环境中不同活动和交流所产生的学习做出说明。一方面，学生能够参与其中；另一方面，整合这些过程能够为学生的学习打下基础。

然而，很少有研究者对"整合由什么构成"进行解释。因此，怎样才能把基于实践的经验有效地作为课程的一部分并实施，且与学习者（例如学生、工人或学徒）进行互动是一个很重要的问题。这两种经验整合可以用多种方式来解释：一是考虑物质环境和社会环境的性质与特征，并把它们作为客观实体，确定它们对学生学习的潜在贡献，从而整合这些经验。二是把个体视作意义制造者，让他们对遇到的事物进行整合，并按他们的经验进一步发展。三是二元论视角，它把经验整合作为一个过程，每一个环境都能为学习者提供特殊经验，然后让他们参与、解释并整合这些由兴趣、能力和认知所指导的经验，即社会—个人原因。这些解释是超前的、详细的且具有探讨性的，既是对经验整合过程的理解，也是如何在高等教育中推广的过程。然而，本书必须先重申：当前强调的是高等教育中与工作相关的经验以及这些经验与学生学习之间的联系。

第二节　高等教育：对工作经验日益迫切的需求

如第二章（即高等教育目的：当前聚焦和未来重点）所述，对于高校学生来说，重要的是从教育和工作环境的经验中学习适用的职业知识。这一要求存在前提，即每一个环境都能为学生的学习做出不同的贡献（Tynjälä et al，2003）。据经合组织（OECD）的报告显示，对学校毕业生能否通过学校教育获取就业技能的担忧，推动了经合组织（OECD）发布《为工作而学习》的就业报告。该报告建议，我们应该广泛地为年轻人提供工作场所学习经验以培养这些能力，从而支持他们从学校学习到拓展性学习或工作的转变。无法获得这些经验的学生将处于不利地位，因为他们无法提高工作能力。例如，Symonds、Schwartz 和 Ferguson（2011）声称，尽管这些观点已经被美国高等职业教育广泛接受，但实际上职教学生基本无法获得诸如此类的经验。因此，人们通过高等教育（如大学、职业技术教育）来实现毕业生就业目标的兴趣高涨。随着高等教育中职业性、专业性课程的不断增加，人们期望参加这些课程的毕业生能够按照所选职业顺利、有效地实习（Department of Innovation，2008；Universities Australia，2008）。这样的期望使得越来越多的大学项目要求学生从事工作或拥有以实践为基础的经验，把它们作为获取学位的一部分。澳大利亚大学的工作整合学习（WIL）和服务学习条例，新西兰、加拿大和美国的社区学院、理工学院和大学等不同类型的合作教育项目，英国的基础学位倡议，都明显地体现了该趋势（Coll & Zegwaard，2011）。这种工作场所的学习经验被称为教学实习、临床实习、行业实习、学员实习、普通实习等。这些工作经验在形式、目的、持续时间和环境上有很大不同，并得到教育机构和工作场所环境的支持。

高等教育中医学、护理、教育和法律等学科已经持续性地进行经验整合。不同学科的高校学生都希望拥有这样的经验，期望能够成为该学习项目的重要组成部分，并有效融入该项目中。因此，作为一项高等教育项目的基本准则，高等教育机构和学生通过相应的努力和资源来利用工作经验（Tynjälä et al，2003）。

当然，除了为学生提供以实践为基础的经验，还需要学生从这些经验中学习，并有效利用学习计划。除了提供工作场所经验外，既定目标的实现可能需要有计划地把学生的经验及特定的教师实践联系起来，并用两种环境之间的学习和学生之间的学习联系来实现过程目标（Billett，2009c）。毕业生如果要顺利过渡到实践和"工作准备"阶段，就要积极而又具有建设性地投入使用，并将经验协调起来，使两种环境中所经历的事件产生联系。因此，双方的共同反应（即经验的组织和能力的提高）及学生的自我提升，能促使学生在两种环境中有效学习。当然，这样的成果需要清晰的概念指导，以便对教育资源和学生的努力进行有效指导。从根本上讲，实现该目标有一个要求：一方面要考虑经验的提供，另一方面要考虑学生接触它们的频率。

第三节　学生的经验和学习

概念化利用和学习经验整合是个人经验学习的前提（Gardner，2004；Valsiner，2000）。学习能够改变已知世界，可以通过经验过程进行研究和评估。我们不断地通过日常的个体、社会和物质世界之间持续互动的经验来学习，这种情况被称为"微型基因"（即瞬间学习）。这些经验由局内人所提出的建议构成（Wertsch & Tulviste，1992），一方面在于整合这些经验的过程；另一方面在于经验的结果因积累而改变（Billett，2008）。个人（即学习）的改变可以包括验证、强化、改进或进一步磨炼已知的自我，即他们可以了解、研究和评估自我。当他们通过"微型基因"（即瞬间学习）与世界的有意识接触、日常活动和互动来持续学习时，这是例行的事件（Lee & Roth，2005），这些"微型基因"变化通过个体接触的经验而产生新理解、信念和方法，尤其是这些新奇的经验能够以特定的方式来拓展它们的知识。如果他们缺乏这些经验并以特定的方式参与其中，就不会产生这种经验（Billett，2003）。

因此，个体的经验和学习是同时发生的，毕竟它们有着相同的认知过程。这一概念在经验学习中通常被称为迁移或顺应，它们都产生于累积的经验，这些经验包括近距离的迁移，即把已有的经验应用于相似的东西上，并使二者尽可能地相互适应且得以调整（Voss，1987）。尽管这些过程都被贴上了"学习""迁移""顺应"或"整合"的标签，但它们都有一些共同特征。人们调整并协调之前所经历的事情（也就是他们已知的经验），并改变着自己的知识和认知方式（Billett，2013）。这些概念通常与感知、行为和自省的个体认知过程一致（Barsalou，2008）。重要的是，这种经历和学习（即经验）是由个人所拥有的特殊经验而产生的（Billett，2009a），他们依赖于个人经验和学习基础，就像先前经验或间接经验一样（Valsiner，2000）。对于个体来说，一种新的经验要么是常见的，要么是与以前经历过和学习过的东西有所差别的。因此，对于前者来说，现有经验可以是新见解或能力的产生，而后者则是对他们已知的东西进行强化或改进。

从物质环境和社会环境中获取的经验以及对经验的调整都是由个人的认知和认知经验所塑造的，尽管它们是以个人和对话方式进行的（Akkerman & Bakker，2011）。因此，在教育和实践环境中，经验的联系很可能在某个学生群体中相当明显。例如，有经验的注册护士获得了一个本科护理学历，他们通常会以与实习生大相径庭的经验来解释和建构关于护理的知识（即他们的个人经验）。这些都来源于大学的学习经验，而不是在没有临床经验的情况下，仅仅获得一个学士学位而已（Newton et al，2009b）。除此之外，每一组学生如何在每个环境中联结和调整所获得的经验，都与个体有关，因为他们在获得本科护理学历之前有过一段特殊经验（Newton et al，2009c）。例如，有些人在不同的临床环境中工作过，从事过一系列与健康有关的工作。一名学生因行为不端被学校开除，他的父母强迫他在一家老年护理机构做志愿者，这段经历使他想成为一名护士。另一个完全不同的动机即他的女朋友是一名护士，他意识到她的工作有保障且报酬丰厚，而且比自己的工作有更高的报酬和保障。因此，他的动机与获得高薪和有保障的工作有关，而不是护理方面的原因，这也是许多其他学生想要当护士的主要原因。因此，虽然教育者可能在教育项目中有着特定的目的，并采取行动为学生提供特殊的经验来达到这些目的，但这些都将会如他们所预期的那样，受到个人经验建构的影响。社会学家 Schutz（1970 年）曾提出：

在共同的环境中，任何主体都有其独特的主观环境，且最初都是独一无二的。他和他的伙伴感知到同样的物体，但这一切都取决于他的独特与非凡。

这种将学习与经验联系起来的过程能够说明教育和实践（即工作场所）经验之间的联系。在一定程度上，个人可能会试图且成功地将已知的、可以做的和有价值的东西与他们的经验、需要进行调整的东西联系在一起，这种方法在文学中被很好地运用起来。例如，基因认识论专家 Piaget（1968）曾指出，寻求克服不均衡（即他们无法轻易地适应已知的、可以做的和有价值的东西）的个人希望通过调节他们已知的、可以做的和有价值的东西来获得平衡。最近，一些建构主义者如 Van Lehn（1989）和 Von Glasersfeld（1987 年）提出，这指的是一个类似现象——生存能力（个人使用的过程），即把他们已知的、可以做的和有价值的经验呈现出来。另外，作为一名社会学家，Schutz（1970）也指出，这是一种典型过程，即根据个人的经验来确定新经验的类型。这也类似于维果茨基的主观化，即个人对社会经验的主观转化（Papadopoulos，2008）。与此类似的是，社会学家 Giddens（1991）指出，这是指那些寻求通过协调与社会世界所蕴含的冲突来获得本体论安全的个人。以社会为导向的学习理论家 Gergen（1994）指出，个人利用他们的经验和观点来理解当下所经历的事情。他提出：

当人们在搬家时，关系网通常会不断扩展，任何现有的关系背景通常都会发生变化。实际上，我们不断地对事物产生好奇——新环境和新挑战。然而，我们在每一个转瞬即逝的时刻所做的动作，必然代表着过去的幻影；我们借鉴、规划、拼凑出之前的各种关系，从而实现局部的整合。从熟悉的语境中摘取词语，并将它们不定期地引用到现实生活中，这一时刻的意义通常是对过去进行重构。

尽管存在着不同的理论传统，但这些说法还是相当一致的。他们的观点是，人类是积极的意义创造者和知识的创造者，通过个人的经验（即微观遗传学）而产生知识，虽然是基于之前的经验和学习。然而，个人被迫要达到的平衡、生存能力、典型化或本体论的安全及努力程度，最终要以他们的兴趣、欲望和能力为前提，即个人认识论。

在教育和实践环境中整合经验所需的联系和调整的过程，似乎与这些概念性学习的描述相同（例如：平衡、生存能力、典型化、主观化），还包括个人的认知经验（Valsiner，2000）和经历。我们通过各种各样的建议、规范和形式来预测经验。因此，解释教育和实践环境中的经验整合需要考虑学生之间的积极过程，以及在已知的东西和经验之间进行调整的过程。因此，在不同的环境中衔接和整合经验的过程被称为整合（integration），这似乎涵盖了人类普遍意义上的过程。例如，通过对边界交叉（boundary crossing）的考量，Akkerman 和 Bakker（2011）得出一个结论：这样的整合在各种社会实践中普遍存在。因此，从自己的角度看，不同背景下的经验整合过程中，认知过程并没有什么特别之处。然而，为了有效地实现特定的教育结果，这样的整合可能需要得到他人的支持和指导，并由学习者（学生）努力地进行。这些物质环境和社会环境并不局限于教育和临床环境，也不局限于那些环境中的专家。在护理学（Newton et al，2009a）、医学院学生（Richards et al，2013）和新医生（Cleland et al，2014）的研究中发现，学生通过组建支持小组来协助他们的研究以及解决在医疗环境中遇到的困难和面临的经验。类似地，医学院学生和新医生通过参与论坛的机会，可以讨论、阐述和调节医疗环境的经验和结果（Cleland et al，2014），但对一些人来说，拥有这些经验还不如与国际学生接触。国际学生经常有特殊的问题（即英语能力）并以个人特有的方式处理这些问题（即英语能力水平、文化差异）。因此，这些交互作用在实践和教育背景中对经验的调整起支持作用。

因此，由于这些联系和一致的过程依赖于个人，并不具有统一性、可预测性或一致参与性，因此，确定那些使其不变的因素是重要的。以上所提到的各种各样的原因通常强调个人意义的形成是由个人的能动性所调整的，从而使个人的意向和努力得以保障（Salomon，1997；Valsiner，1998）。举个例子，学生的意义构建可能不是针对预期的教育成果，也不是教育工作者引导的方向。显然，个人需要对他们所从事的工作进行一定的筛选，因为社会世界的需求和建议如此之多，以至于有必要对他们所提出的许多建议加以驳斥（Valsiner，1998），从而维持人们所谓的平衡、生存能力、典型化和主观化。正如鲍德温（1894）指出的那样，个人因自我的需要对世界进行有选择性接触。最近，Glenberg、Schroeder 和 Robertson（1998）注意到，当人们积极寻求排除不受欢迎的社会建议时，例如当他们在完成认知要求任务，并希望继续专注于那些不受其他建议干扰的任务时，他们是如何通过避免凝视（即转过头去）来进行控制的。因此，当人们联系并整合他们所经历的或体验过的事情时，他们可能会引导自己的努力和意图，并且有选择性地接触世界。总而言之，经验整合是一种建立联系的过程，即将人们所知道的、所经历的经验与残酷的现实联系起来的过程，然后以个人方式调整它们。这样的描述并不代表对社会和个人之间进行划分，也不代表对社会经验和认知过程之间进行划分。相反地，个体整合前的经验、微基因和个体成长（即贯穿其一生）是通过社会经验产生的。的确，为了避免这些因素沦为个人和社会因素的简单二元关系，因此，必须提醒人们，个人是社会的化身，而不是社会的对立面。也就是说，我们的个人经历塑造了我们是谁，我们知道什么,能做什么,以及我们的价值,因为这些都来自于早期的经历。

第四节　整合经验的理由

为了使经验的整合更加深入,并能详细阐述整合过程,以下章节将对该过程进行三个解释性描述。首先,在整合不同的物质环境和社会环境(即教育和实践环境)的基础上,提出了一体化的解释,并优先考虑基于社会环境的综合解释。其次,从个人或现象学的角度提出了整合经验的思考,这种解释有利于个人意义的形成。第三,提出了一种解释,建议将一体化进程视为一种二元性,包括将两种解释调和与整合到社会—个人解释中。这里的目的是向大家展示如何在当前的解释中进行整合,并通过第三种选择获得更多全面的解释,以及如何在高等教育项目中得到支持。

一、整合的情境因素

在不同社会背景下,科学而独特的论述会对经验学习产生不同的效果。维果茨基认为,科学和日常的理解来自于特定的经验,如学校经验和生活经验(Smagorinsky,2011)。事实上,基于教育背景、个体参与和学习其他没有指导的社会活动的影响,这种情况得到解释和区分。有时,后一种情况被赋予特殊的品质。最常见的说法是"正式的"或"非正式的学习环境"(Marsick & Watkins,1990)。除了环境与进入环境后所产生结果之间的区别外,还与它们产生特定结果相关的环境有关,即学校环境中产生的理论知识和工作场所环境中产生的实践或程序性知识。许多政府政策和教育方针似乎都以提供基于工作的经验为前提。也就是说,不同种类的学习过程和结果来自于物质环境和社会环境中的各种经验。因此,这一基本原则在教育领域的意蕴体现在:学生需要在两种环境(即学校和工作场所)中获得经验,以获得特殊贡献(即理论和实践），而这些不同类型的学习需要以某种方式结合在一起。

当然，个人参与物质和社会环境的特殊经验，以及所参加的各种活动和相互交流，都有可能做出特定贡献，从而以特定的方式塑造个人思维、行为和学习方式（Barsalou，2008，2009；Billett，2003）。个人参与活动是为了塑造或构建自己的认知（Rogoff & Lave，1984），因为特意设定以目标为导向的活动和互动可能具有特定的认知传统（Billett，2003）。把这些环境看作不同的社会背景，以及将整合的过程视为语境化和去语境化的过程，就会呈现这一观点（Griffiths & Guile，2003；Guile & Young，2003），即社会情境对个人学习的贡献。与该观点相似的是，社会环境包括物质或社会边界，以及那些可能支持经验和学习的整合过程（Akkerman & Bakker，2011，2012；Tuomi-Grohn & Engestrom，2003）。因此，这些观点强调了人们的行为及为认知做贡献的社会和物质环境，包括嵌入在特定社会和物质环境中的经验整合。在这样的环境中，个体需要通过一些过程来提取共享的知识，将其从社会构造的边界中删除，然后在其他环境中应用（即重复语境与环境交叉）。

事实上，目前所强调的是超越物质环境和社会环境的学习过程，并且在这些环境中对边界物体和边界线进行了描述（Akkerman & Bakker，2011）。当前，认知科学的贡献也为这种解释提供了证据，表明认知是在多模式活动中进行的（即感知、运动和内省状态），并以特定的经验为基础，而不是以那些经验丰富的人为基础（Barsalou，2008）。因此，在这些叙述中，个人的活动表现是由所处的物质与社会环境、经验和参与所产生的。所以，每一种环境都需要看作是物质和社会环境的多种形式，而不仅仅是一些产生特定活动的社会环境。

正如上面所提到的，人们经常声称教育情境可以使理论知识和实践环境产生程序能力（即实践）。然而，一个更合理的命题则是特定种类的概念性、程序性和倾向性知识将从特定种类的经验中发展出来，并且在两种环境中都是如此。因此，尽管概念性知识（包括事实、概念和命题）往往与理论相一致，但几乎没有证据表明这种知识的获得和发展局限于教育环境中的经验学习，它也被证明是通过实践经验产生的（Billett，2001b）。

因此，概念性知识的发展（如理论）并不局限于教育背景（Brown et al，1989；Rogoff & Lave，1984；Scribner，1984）。它通过日常访问和参与两种方式产生，而且可能会通过更多方式产生。参与活动和使用一系列相关概念的过程，重要的是可以理解概念之间的联系。个体在实践环境中积累的经验可以丰富关联和发展高阶概念性知识。概念性知识作为因果关系和命题的联系，并且，以深刻为主要特征的概念性知识是通过这些经验和时间来建立的（Roth & Roychoudhury，1993）。因此，实践环境中的经验，如参与目标导向活动、监控绩效和评估活动可以是事实概念的生成，也可以是深刻的概念性知识的生成。所以，认为理论（即概念性知识）或更高阶的概念性知识只有依靠学术环境参与才能产生往往是错误的且具有误导性的（Billett，1994）。相反，程序能力的发展——"能够做"也不仅限于在实践环境中学到（Anderson，1982）。当重复活动和提升机会被提供时，参与活动、提高绩效和改进活动也可以在教育环境中获得。因此，单独在实践或教育情境中进行经验学习存在与生俱来的缺陷。例如，当概念和目的难以明晰或使用时，个体的理解是否可以提升（Billett，2001b）。

诸如此类的缺陷可以通过教育情境中的经验进行修正，反之亦然。因此，就提出了一种方法，将每种环境中所提供的贡献结合在一起，也许能帮助我们在这些经历中找到互补关系，从而促进在工作环境中所适用知识的学习。事实上，这一结果似乎是当代许多人感兴趣的原因，即为从事特定职业的学生提供基于工作经验的高等教育。也就是说，我们要克服学生仅有"学校"经验的问题，毕竟这些经验不能保证学生毕业后拥有实践的能力（Department of Innovation Universities and Skills，2008；OECD，2010）。然而，政府、雇主、专业团体，尤其是学生，目前对工作经验所产生的兴趣，可能会使他们在实践环境中积累一定的经验，足以有效过渡到职业实践阶段，并在职业实践中取得成绩，拥有更高的期望（Billett，2009c）。也就是说，这些经验将产生适用于从事该职业任何情况的学习。这样，它将适用于任何高等教育学生毕业后就业的地方。然而，这种期望可能不现实。毕业生的就业环境可能与他们在学习期间所经历的情况，包括在工作经验环境中所经历的情况大不相同。这些实践环境和他们的经验可能是截然不同的，因此，他们在毕业后求职时需要适应工作经验环境，否则很难找到工作。两组经验的贡献将在多大程度上共同解决这一需要，并通过产生有效实践所需的知识以某种方式限制另一组经验的弱点，这是未知的。即便如此，确保这种转变可能是相当困难的。例如，学生即使在同样的环境下参加相同的活动，也很有可能有不同的体验，并有不同的学习结果，因此，在不同环境中，他们很可能会提供一些特定的经验和学习，这两种环境的情况各不相同。

因此，尽管它强调情境、过程的共文化和重复语境化、边界和边界交叉，甚至类型化，所有这些概念都是以个人如何能够或感兴趣地理解所经历的事情为前提的。在这种情况下，个体——高等教育的学生——必须参与到情境化过程中，识别并回应他们可能意识到或没有意识到的边界，以及他们的类型化可能非常特殊。也就是说，有可能以个人习惯的方式来组织、回忆和利用有意义的、有用的外部知识。因此，那些为学生组织和实施经验的人是不确定的。当然，他们还需要对这些结果如何实现规范职业知识的发展做出判断，并为其应用于特定工作场所环境提供基础，而这些在准备工作时可能并不为人所知。这里的要点是，在上述探讨中，经验的整合远远超出了理论与实践的联系，它更强调在潜在的社会和物质环境中，经验的使用与协调，以建立和扩展个人的知识，这些知识来自于环境，并在环境中得到协调。

在这种融合的情况下，"制定课程"——为学生制定的课程是一个关键的教育重点（见第七章）。这里主要关心如何在不同的环境和课程中组织一系列经验，以及如何将这些经验结合起来以发展职业能力，包括了解如何将这些能力应用于毕业生将要实习的环境。从这个角度来看，其重点在于这些环境所提供的经验类型，以及对两种环境中活动和互动的特定贡献的假设，共同提供了获取有效绩效所需知识的手段。因此，在这些情境的描述中，经验整合是建立在具有特殊意义的情境之上的，尽管这些背景是在特定类型的边界内形成的，并在这些情境的边界和背景之间寻求关联、联系和协调。因此，有价值的整合包括获取两种环境中的知识，然后以有效的方式获取实践中的知识，并对其进行整合，包括对情境中的知识进行整合。

通过这种方式，情境因素强调社会和物质环境是客观实体，它们做出特定贡献并产生特定结果。然而，这些叙述中没有解释经验协调如何发生。也就是说，当学生跨越边界时（如果他们能识别的话），他们是如何构建经验并协调的，以及如何将所经历的事情重新置于情境中。同时，这也提高了对有效职业实践所需两种经验的程序性知识的关注。这就有必要对经验进行有效整合。此外，这样的叙述往往忽视了个人通过主观和认知的无意识基础来解释和构建知识（即学习）。虽然它关注制定的课程，但它并没有直接涉及课程最重要的概念：有经验的课程（即学习者从情境中学习到的内容）。因此，既要考虑到个体如何在特定的环境中构建知识的方法，也需要告知他们整合的过程。

二、整合的个人因素

在教育和实践环境中，概念化参与和整合经验的另一个起点主要从学习者的角度来考虑。这一观点强调人类是积极的意义制造者和建构者，他们的知识来源于经验。这一观点是根据建构主义学说所提出的，包括更多的社会与个人取向以及现象学。建构主义学派的两种取向都承认人类在创造过程中所起的中心作用，尽管在一定程度上有所不同，但毕竟它是由个人贡献或社会世界的贡献所决定的，所以，学生在两种环境中经历的过程是解释整合和学习过程的核心，它强调从个人角度出发。因此，这些观点认为，我们不能保证某一特定的教育或实践环境为学习者提供的内容会被他们所接受（Luria，1976），或让他们了解来自社会上的看法。学习者可能会接受或拒绝给予他们的建议（Hodges，1998）或解释，这两种环境可能是部分的、不完整的（Valsiner，2000）。或者，正如上面所提到的，他们可能只是误解了环境的意思或误解了提供给他们东西的目的。例如，他们可能没有意识到其他人想到的东西。重要的是，在这样的视角下，学习者被置于考量的中心，跨越两种环境来整合经验，而不是在这些环境中整合经验。也就是说，个体将与两种环境中的事物进行互动，并对经验进行整合。此观点的重点在于个人参与且逐渐了解经验，并同时在工作和教育环境获得经验。

关于上述内容，现象学提供了相关的解释，甚至社会现象学也提供了类似的观点。Schutz（1970）提出现象学中的"此时"强调了经验的直接性，即知识的诠释和建构。如前所述，这些过程是由他所谓的"此时"来整合的。这里强调的重点是，个人对自身经历的诠释和建构是由个人主观世界的运作所导致的。也就是说，它们是通过个体的生命历程所产生的，并成为两种环境中（即现象学中的"此时"）整合经验的方式。这些在个人世界永远无法被完全捕捉或测量，但可以对一些不同的方式进行诠释，并在这些不同的过程中，对个人经历的过程，甚至是对"相同的"经验做出回应。它包括个人知识领域的变化、知识和认知方式（Billett，2009b），也就是他们所知的、能做的和有价值的事物。所有这些解释性命题都强调个体生命发展过程在经验的解释和建构过程中所起的作用，因为这些是经验产生和学习过程的基础。

因此，这一解释强调个人先前经验（Valsiner & van der Veer，2000）和知识，他们早期获得了什么，如何从两种环境中所经历的事物中学习，以及个人认知体验（Valsiner，2000）是如何选择的，从而协调两种环境中所经历的和所学到的东西。超越个人的成长环境和个人能力，对特定的话语和兴趣的了解使他们在环境中不断努力，并从不同的经历中学到东西及在其他经历中获得经验。这一解释强调了个人在知识构建方面的重要作用，并且这些过程最终都依赖于个人。这些因素在解释职业知识的发展过程得到了论证，包括这些知识的维度和种类的整合。例如，学习者如何在两种环境中进行互动和活动，发展丰富的概念性知识，并建立概念和命题之间的联系，这些概念和命题是职业技能发展的核心（Chi et al，1981；Ericsson & Lehmann，1996）。认识和理解因果关系需要个人付出非常多的努力，即需要拥有现有知识（Roth & Roychoudhury，1993）。因此，个人放弃从事这样高要求的认知过程，是因为缺乏这样做的准备或兴趣，他们可能不会快速拥有深度的理解或完善程序的能力。重要的是，这种发展很难从他人的教导或指导中产生。相反，它是个人努力学习的产物。事实上，这种高等教育可能会更依赖于个人在思考和行动上的投入，而不是教学。值得注意的是，教师可以通过支持这种学习并强调其价值来试图解决缺乏准备和兴趣缺失的问题。

同样，在程序性知识方面，个人选择实践、监测和发展其程序能力的程度是由个人因素决定的（Anderson，1993）。Ericsson（2006）使用"刻意练习"来提升个人的努力参与度，并在从事的职业中保障与维持这种水平。个人的经验和知识建构过程通常不仅仅是一个冷冰冰的认知过程——感官刺激或本能反应。相反，它们在很大程度上是由个人兴趣和情绪决定的，即他们的性情（Perkins，1997；Tobias，1994）。由此可见，对个人而言，由他们的兴趣、意图和自我意识所决定的问题，可能会比那些无趣的、毫无价值的活动更有可能促使他们努力。因此，个人的兴趣和意向性在经历和适应过程中（即语境化、典型化、边界界定和交叉）表现得非常强烈。与不感兴趣、漫无目的地参加活动相比，积极参与可能会带来更丰富的学习经验和更好的发展，无论这些活动有多么精彩（Perkins et al，1993）。此外，学习者是否愿意参与所知的和能够从经验中理解的活动，是他们通过经验来构建（即学习）的核心。对个人贡献的考量也要顾及诸如疲劳、危险等不良因素，这些因素决定了参与的程度和强度（Billett，2009a）。正如上面提到的，社会无法得到统一和明确的信息，毕竟个人经历的过程与他们的兴趣、能力和时间有关。

　　然而，这可能会使他们采取不成熟的、极端的行为。这种学习被描述为过多地关注个人在工作或教育背景下的特殊构建。他们的学习过程需要接触并确保理解和价值观的产生。随着时间的推移，在职业实践中，对有效知识进行界定很重要。学生需要通过有效的理解能力、发展能力和处理能力来参与和重新构建他们所选职业的权威知识，这往往需要经过几代人的实践和探索。在这一过程中，他们通过教育和实践环境中的反复练习，来改变、完善个人知识领域。因此，他们的学习需要积累社会经验，尽管是以特有的方式来获得（Billett，2003）。事实上，前面已经提到，个人以不同的方式积极地从社会经验中分析和建构知识。然而，它们没有对个体心理上的参与过程进行一个完整的描述，即如何从社会环境中构建知识和整合经验，并从中学到丰富的经验。为了达到这种效果，学习者需要考虑社会背景和残酷的现实（例如：身体的力量与个人的能力），也需要在所有的因素之间找到联系。因此，任何具有确定性的事物都是有限度的，即学习的模式主要是基于情境或个人来联结的。

　　总而言之，对解释和建构个人过程的强调，对于理解与整合实践和教育环境中的经验，并从中学习至关重要。正如上文所提到的，这些解释和建构的行为并没有割裂个体行为的物质环境和社会环境。经验整合的过程需要考虑两种环境下个人与社会经验之间的关系，如何最优地组织这些经验，以及如何从这两种经验中提取、联结和协调（即整合）。

　　因此，若要更全面地解释这一整合过程，即联系与调节的过程，必须将两者之间的二元性、个人与社会贡献相结合。下文将详细阐述这一理念。

三、社会—个人过程的整合

如上所述，对活动、互动的经验和两种环境整合的解释，不仅需要考虑到影响这些过程的社会和个人贡献，而且还要考虑它们之间的关系。我们需要考虑超越社会环境所能提供的东西，并以物质环境作为客观现象和个人因素来看待不可分割的两者。这些贡献是相互依存的，也是对物质和社会环境中学习和经验整合过程的因素说明（Akkerman & Bakker，2011，2012；Billett，2006）。也就是说，它指的是特定类型贡献（即活动和交互）的环境，以及个人如何利用他们的知识来参与这些经验，然后在教育项目中整合或调节知识。简而言之，社会—个人的解释不仅需要适应社会现实的不确定性，还需要考虑个人对项目的理解，并决定如何参与。

因此，我们需要第三种解释来说明不同工作或实践环境下学生经验的多样性，教育项目以及这些环境中所经历的或个人所依赖的建构方式。对个人来说，这可能是一种非常迷人的经验，是磨炼或加深理解的过程，也可能是个人不参与其中却具有同等认知的过程。某个人可能会认为，这些边界的职业实践和调节方式很适合他，而另一个人可能相反，甚至其他人也可能难以意识到这样的边界，从而缺乏动力去工作。被邀请参加某些活动对一些人来说很有趣、非常熟悉，但也可能是枯燥、无聊的。例如，一位在美国某大城市的医学院担任医学急救的导师提到，学生们在病房里发现了一些非常有趣的东西，然而对他来说，那是非常平凡且乏味的。类似的，一些有经验的工人的指导，可能会受到一些学生的热烈欢迎，而对另外一些人则毫无帮助，甚至被认为是干涉或约束。这个医学院的学生指出，会诊（即高级专科住院医师在病房里和医护人员一起工作）被视为医学教育上的关键学习要素，但因为其耗时太长且枯燥，而不能被充分利用。他们表示，自己可能会把更多的时间投入到其他学习活动中，比如在网上继续了解病人的特殊情况，而不是长时间地在病房跟着高级专科住院医师会诊。他们自认为这很有用，但那些新人则对这种方法提出质疑。

针对经验整合的二元性，现实中存在更多的、强有力的理由。除了那些解释性描述之外，还包括那些提供教育经验的建议。组织这些经验对于提升工作中所需的职业能力和情境能力来说至关重要。积极参与过程发生在学习者和超越他们世界（即超越表面意义）之间的关系中（Wertsch & Tulviste，1992）。然而，他们的参与往往会在教育实践活动和交流中调整。人类学习和发展的天赋存在于这些关系中，因为它们既能适应人们的积极参与，又有很强的能动性（Miller & Goodnow，1995）。在这种情况下，"分配"（Luria，1976）或"个人知识创造"的过程需要将两种不同环境所做出的贡献相结合，并根据个人的理解和在这些环境（即经验过程）中以经验建构的方式来调节。这一调节过程与平衡化（Piaget，1971）、可行性（Van Lehn，1989）或本体安全感（Giddens，1991）相似。可以说，个人知识领域的改变是因为受到个人经验的影响。从程序上来看，获得这些经验（如有组织的、有秩序的供给及个人努力参与），有助于逐渐获得从事特定职业和特定环境所需的知识规范性和情境性。在所有过程中，个人积极地说明和构建（即适当的）知识的过程，是将他们已知的、能胜任的和有价值的个人认知经验作为早期经验的结果（即他们的先前经验）（Valsiner，2000）。然而，无论给予人们什么，人们都不相信这有助于他们理解并构建特定种类的知识。相反，它是一种情境性的心理环境，塑造了个体在社会实践中所参与的行为，并通过它们来经历、调节与发展他们所知道的、可以做的和有价值的事情，哪怕是由所参与的社会和物质环境形成的（Billett，2003）。

在该过程中所产生的一个关键结果是文化实践的连续性和进步性（如职业）。当然，有必要让高校学生参与提升职业知识的项目，以确保他们能够接触到基于文化和历史产生的职业知识形式。随着时间的推移，这些知识已经被证明有效，并在面对实践的特殊要求时做出及时反馈，通过知识的改进和完善继续适用。然而，个人的学习过程也属于社会再生产的一种，因为它也包括了对知识的重新创造（Donald，1991；Valsiner，1998）。否则，它就会变得过于复杂，还会拒绝与更广泛的规范需求进行接触。这是积极的接收，而不是掌握（即表面的顺应和再生学习）（Wertsch，1991）。当学生在实践中有选择地、适当地运用历史衍生知识，而不仅仅是在教育项目中学习时，就是实践环境的一个重要贡献。他们在实践中有选择地、适当地运用历史衍生知识，需要做出适当地重新调整。这也许就是医学院的学生倾向于用互联网进行自主学习的原因，而不是反复地在"会诊"中听取更多的高级专科住院医师的指导。事实上，当个人遇到有干扰和不确定性的情况时，他们往往会开始批判性地评估个人已有的、潜在的和有价值的能力。对这种情况做出批判性反应是资深从业者所需的一种能力。有时在相对孤立的情况下，他们会通过积极参与新任务来找到解决上述情况的方法，这一过程能使学生参与到真正的工作和实习活动中。在这些活动中，他们虽然受到培训师的直接指导，但却能够间接或直接地与前辈进行接触。这些考量强调了学习者所拥有的知识体系的重要性，但也承认了社会参与者的直接和间接指导的重要贡献。通过实例来帮助他们构建知识是很有必要的，因此，单凭经验来构建知识还远远不够。

因此，教育反馈（即课程和教学干预）需要说明个人（即认知经验、知识领域）的贡献和提供个人参与活动与交流的环境，包括那些能够帮助和支持这种学习的知情合作人。这些经验的整合对于建立联系和做出调整很重要，这类似于许多发展理论学家用来解释人类对新奇经验的反应过程（例如：适应、生存能力、典型化、本体安全感、边界交叉等）。通过这样的活动，学生会得到更多经验丰富的人的指导，调整他们在两种环境下所学到的东西并相互联系。这个问题将在第八章论述，它可以解决一些有效经验的教育实践问题。这类过程和结果产生的不仅是实践所需的知识，而且它们之间的关联对有效的实践非常重要。事实上，正如 Schutz（1970）的建议，关联的假设与调整不能让学生达到最佳状态。

对他们而言,支持和引导才能获得更好的结果。如果理解的话,他们将在特定的环境中从事他们的职业。这确实是学生参与工作之前需要制定的教学实践重点,包括他们从这些经验中得到的收获(即第七章和第八章)。

第五节 对经验整合的思考

正如我们所阐述和讨论的,解释这些整合或调整的一种方法是,寻找出教育和实践环境中学生学习的特点和潜在贡献,然后将它们与学生的预期职业实践中所需学习的知识相结合。也就是说,要确定每一个环境如何为达到特定的教育目的做出贡献,然后通过构建课程和教学手段来有效地利用和整合。从这个角度来看,这些环境被视为客观的物质和社会环境且具有特定的活动和交流。这些活动和交流将存在着潜在的供给(即供应),向学生提供特定形式的知识,也就是每个环境中使用的知识类型。这里的假设是,每个环境中都可以使用和建议的知识是显性的,学生能够把每个环境中所提供的东西整合起来。

相反,一些关于整合的描述宣称学生成了知识的积极建构者,他们可以进入每个环境并且在环境中积累经验、学习。这种解释是以个人从他们的经验中解释和建构知识(即学习)的过程为前提的。这种情况下,学习者学习"经验"的过程不仅被强调,而且可以观察他们是如何主观地理解并从经验中构建知识的。在这里,学生的认知经验(Valsiner,2000)及其兴趣、意图和他们所经历的内容(Malle etc,2001)是在两种环境中如何学习以及超越经验的关键。这两个经验的理念,即整合或协调经验,在这里分别指代那些社会现象及逻辑方法。

然而,在这里提出的第三种方法融合了前面两种,并将其作为一种社会—个人的经验观点,认为经验调整是个人经验整合的方式。这种方法提到了情境二元性的作用,以及个体是如何通过这两种情境及其协调性来解释自己所经历的和所学到的东西，并提出了一种关系上的二元性。它还试图根据社会建议或个人构建（Miller & Goodnow，1995）来适应整合的限制和风险。从一定程度上来说，这一整合包括考虑每个环境中有哪些潜在的和应该向学生提出的因素，以及学生们该如何以个人不同的方式积极参与、学习并继续整合这些经验。然而，我们需要组织和提供供给，提供机会让学生去了解和学习特定职业中所需要的知识，以指导和优化这些项目中所需要的职业成果。这个社会—个人因素提供了一种非常必要和全面的解释，说明了这些整合的构成，以及它们如何在高等教育供给中得到最有效提升。

在许多方面，它是由两种贡献组成的二元性贡献（即那些来自于世界的直接贡献，以及个人的历史贡献），这对理解和促进工作场所与教育背景下的经验整合有着重要的帮助。然而，为了更好地理解如何通过教育最好地推进和实现这些整合，利用经验和实践的证据是很有必要的。

因此，在下一章中，两项研究的发现揭示了相关的目的、过程和个体参与。

参考文献：

Akkerman, S. F., & Bakker, A.（2011）. Boundary crossing and boundary objects. Review of Educational Research, 81（2）, 132 - 169.

Akkerman, S. F., & Bakker, A.（2012）. Crossing boundaries between school and work during apprenticeships. Vocations and Learning: Studies in Vocational and Professional Education, 5（2）, 153 - 173.

Anderson, J. R.（1982）. Acquisition of cognitive skill. Psychological Review, 89（4）, 369 - 406.

Anderson, J. R.（1993）. Problem solving and learning. American Psychologist, 48（1）, 35 - 44.

118

Baldwin, J. M. (1894). Personality-suggestion. Psychological Review, 1, 274 - 279.

Barsalou, L. W. (2008) . Grounded cognition. Annual Review of Psychology, 59, 617 - 645.

Barsalou, L. W. (2009) . Simulation, situated conceptualisation, and prediction. Philosophical Transactions of the Royal Society B, 364, 1281 - 1289.

Billett, S. (1994) . Situated learning - A workplace experience. Australian Journal of Adult and Community Education, 34 (2), 112 - 130.

Billett, S. (2001a) . Knowing in practice: Re-conceptualising vocational expertise. Learning and Instruction, 11 (6), 431 - 452.

Billett, S. (2001b) . Learning in the workplace: Strategies for effective practice. Sydney: Allen and Unwin.

Billett, S. (2003) . Sociogeneses, activity and ontogeny. Culture and Psychology, 9 (2), 133 - 169.

Billett, S. (2006) . Relational interdependence between social and individual agency in work and working life. Mind, Culture, and Activity, 13 (1), 53 - 69.

Billett, S. (2008) . Learning throughout working life: A relational interdependence between social and individual agency. British Journal of Education Studies, 55 (1), 39 - 58.

Billett, S. (2009a) . Conceptualising learning experiences: Contributions and mediations of the social, personal and brute. Mind, Culture, and Activity, 16 (1), 32 - 47.

Billett, S. (2009b) . Personal epistemologies, work and learning. Educational Research Review, 4, 210 - 219.

Billett, S. (2009c) . Realising the educational worth of integrating work experiences in higher education. Studies in Higher Education, 34 (7), 827 – 843.

Billett, S. (2013) . Recasting transfer as a socio-personal process of adaptable learning. Educational Research Review, 8, 5 – 13.

Billett, S., Smith, R., & Barker, M. (2005) . Understanding work, learning and the remaking of cultural practices. Studies in Continuing Education, 27 (3), 219 – 237.

Brown, J. S., Collins, A., & Duguid, P. (1989) . Situated cognition and the culture of learning. Educational Researcher, 18 (1), 32 – 34.

Chi, M. T. H., Feltovich, P. J., & Glaser, R. (1981) . Categorisation and representation of physics problems by experts and novices. Cognitive Science, 5, 121 – 152.

Cleland, J., Leaman, J., & Billett, S. (2014) . Developing medical capacities and dispositions through practice-based experiences. In C. Harteis, A. Rausch, & J. Seifried (Eds.), Discourses on professional learning: On the boundary between learning and working (pp. 211 – 219) . Dordrecht: Springer.

Coll, R. K., & Zegwaard, K. E. (2011) . International handbook for cooperative & work-integrated education. Lowell: World Association for Cooperative Education.

Department of Innovation Universities and Skills. (2008) . Higher education at work: High skills: High value. Sheffield: Department of Innovation, Universities and Skills.

Donald, M. (1991) . Origins of the modern mind: Three stages in the evolution of culture and cognition. Cambridge: Harvard University Press.

Eames, C., & Coll, R. (2010) . Cooperative education: Integrating classroom and workplace learning. In S. Billett (Ed.), Learning through practice (pp. 180 – 196) . Dordrecht: Springer.

Elias, J. L. (1995). Philosophy of education: Classical and contemporary. Malabar: Krieger Publishing.

Ericsson, K. A. (2006). The influence of experience and deliberate practice on the development of superior expert performance. In K. A. Ericsson, N. Charness, P. J. Feltowich, & R. R. Hoffmann (Eds.), The Cambridge handbook of expertise and expert performance (pp. 685 - 705). Cambridge: Cambridge University Press.

Ericsson, K. A., & Lehmann, A. C. (1996). Expert and exceptional performance: Evidence of maximal adaptation to task constraints. Annual Review of Psychology, 47, 273 - 305.

Gardner, H. (2004). What we do & don't know about learning. Daedalus, 133 (1), 5 - 12.

Gergen, K. J. (1994). Realities and relationships: Soundings in social construction. Cambridge, MA: Harvard University Press.

Giddens, A. (1991). Modernity and self-identity: Self and society in the late modern age. Stanford: Stanford University Press.

Glenberg, A. M., Schroeder, J. L., & Robertson, D. A. (1998). Averting the gaze disengages the environment and facilitates remembering. Memory and Cognition, 26 (4), 651 - 658.

Griffiths, T., & Guile, D. (2003). A connective model of learning: The implications for work process knowledge. European Educational Research Journal, 2 (1), 56 - 73.

Grollman, P., & Tutschner, R. (2006). Possible intended and unintended effects of European VET policies - The case of integrating work and learning. Paper presented at the European Research Network in Vocational Education and Training Symposium, Geneva.

Grubb, W. N., & Badway, N. (1998). Linking school-based and work-based learning: The implications of LaGuardia's co-op seminars for school-to-work programs (pp.1 - 30) .Berkeley: National Center for Research in Vocational Education.

Guile, D., & Young, M. (2003) . Transfer and transition in vocational education: Some theoretical considerations. In T. Tuomi-Grohn & Y. Engestrom (Eds.), Between school and work: New perspectives on transfer and boundary crossing (pp. 63 - 81) . New York: Pergamon.

Hodges, D. C. (1998) . Participation as dis-identification with/in a community of practice. Mind, Culture, and Activity, 5 (4), 272 - 290.

Lave, J. (1991) . Situating learning in communities of practice. In L. B. Resnick, J. M. Levine, & S. Teasley (Eds.), Perspectives on socially shared cognition (pp. 63 - 82) . Washington, DC: American Psychological Association.

Lee, Y. J., & Roth, W.-M. (2005) . The (unlikely) trajectory of learning in a salmon hatchery. Journal of Workplace Learning, 17, 243 - 254.

Luria, A. R. (1976) . Cognitive development: Its cultural and social foundations. Cambridge, MA: Harvard University Press.

Malle, B.F., Moses, L.J., &Baldwin, D.A. (2001) .Introduction:The significance of intentionality. In B. F. Malle, L. J. Moses, & D. A. Baldwin (Eds.), Intentions and intentionality: Foundations of social cognition (pp. 1 - 26) . Cambridge, MA: The MIT Press.

Marsick, V. J., & Watkins, K. (1990) . Informal and incidental learning in the workplace. London: Routledge.

Miller, P. J., & Goodnow, J. J. (1995) . Cultural practices: Towards an integration of culture and development. In J. J. Goodnow, P. J. Miller, & F. Kessel (Eds.), Cultural practices as contexts for development (Vol. 67, pp. 5 - 16) . San Francisco: Jossey Bass.

122

Newton, J., Billett, S., Jolly, B., & Ockerby, C. (2009a) . Lost in translation: Barriers to learning in health professional clinical education. Learning in Health and Social Care, 8 (4), 315 – 327.

Newton, J., Billett, S., & Ockerby, C. (2009b) . Journeying through clinical placements – An examination of six student cases. Nursing Education Today, 29 (6), 630 – 634.

Newton, J., Kelly, C., Kremser, K., Jolly, B., & Billett, S. (2009c) . The motivations to nurse: An exploration of factors amongst undergraduate students, registered nurses and nurse managers. Journal of Nursing Management, 17 (3), 392 – 400.

Organisation for Economic Co-operation and Development. (2010) . Learning for jobs. Paris: OECD.

Papadopoulos, D. (2008) . In the ruins of representation: Identity, individuality, subjectification. British Journal of Social Psychology, 47 (1), 139 – 165.

Perkins, D. (1997) . Person-plus: A distributed view of thinking and learning. In G. Salomon (Ed.), Distributed cognitions: Psychological and educational considerations (pp. 88 – 110) . Cambridge, UK: Cambridge University Press.

Perkins, D., Jay, E., & Tishman, S. (1993) . Beyond abilities: A dispositional theory of thinking. Merrill-Palmer Quarterly, 39 (1), 1 – 21.

Piaget, J. (1968) . Structuralism (C. Maschler, trans. and ed.) . London: Routledge & Kegan Paul.

Piaget, J. (1971) . Structuralism (C. Maschler, trans. and ed.) . London: Routledge & Kegan Paul.

Raizen, S. A. (1989) . Reforming education for work: A cognitive science perspective. Berkeley: National Centre for Research in Vocational Education.

Richards, J., Sweet, L., & Billett, S. (2013) . Preparing medical students as agentic learners through enhancing student engagement in clinical education. Asia-Pacific Journal of Cooperative Education, 14 (4), 251 - 263.

Ricks, F. (1996) .Principles for structuring cooperative education programs. Journal of Cooperative Education, 31 (2 - 3), 8 - 22.

Rogoff, B., & Lave, J. (Eds.) . (1984) . Everyday cognition: Its development in social context. Cambridge, MA: Harvard University Press.

Roth, W. M., & Roychoudhury, A. (1993) . The concept map as a tool for the collaborative construction of knowledge: A microanalysis of high school physics students. Journal of Research in Science Teaching, 30 (5), 503 - 534.

Salomon, G. (1997) . No distribution without individuals' cognition: A dynamic interactional view. In G. Salomon (Ed.), Distributed cognitions: Psychological and educational considerations (pp. 11 - 139) . Cambridge, UK: Cambridge University Press.

Schutz, A. (1970) . In H. Wagner (Ed.), On phenomenology and social relations. Chicago: University of Chicago Press.

Scribner, S. (1984) . Studying working intelligence. In B. Rogoff & J. Lave (Eds.), Everyday cognition: Its development in social context (pp. 9 - 40) . Cambridge, MA: Harvard University Press.

Smagorinsky, P. (2011) . Vygotsky and literacy research: A methodological framework. Rotterdam: Sense Publishers.

Stenstrom, M.-L., Grollman, P., Tutschner, R., Tynjala, P., Nikkanen, P., & Loogma, K. (2006) . Integration of work and learning: Policies, strategies and practices. Paper presented at the European Research Network in Vocational Education and Training Symposium, Geneva.

Stevenson, J. C. (1991) . Cognitive structures for the teaching of adaptability in vocational education. In G. Evans (Ed.), Learning and teaching

124

cognitive skills（pp. 144 - 163）. Hawthorn: ACER.

Symonds, W. C., Schwartz, R. B., & Ferguson, R.（2011）. Pathways to prosperity: Meeting the challenge of preparing young people for the 21st century. Cambridge, MA: Harvard Graduate School of Education.

Tobias, S.（1994）. Interest, prior knowledge, and learning. Review of Educational Research, 64（1）, 37 - 54.

Tuomi-Grohn, T., & Engestrom, Y.（Eds.）.（2003）. Between school and work: New perspectives on transfer and boundary crossing. New York: Pergamon.

Tynjälä, P.（2008）. Perspectives into learning in the workplace. Education Research Review, 3（2）, 130 - 154.

Tynjälä, P., Välimaa, J., & Sarja, A.（2003）. Pedagogical perspectives into the relationship between higher education and working life. Higher Education, 46, 147 - 166.

Universities Australia.（2008）. A National Internship Scheme: Enhancing the skills and work-readiness of Australian university graduates. Canberra: Universities Australia.

Valsiner, J.（1998）. The guided mind: A sociogenetic approach to personality. Cambridge, MA: Harvard University Press.

Valsiner, J.（2000）. Culture and human development. London: Sage Publications.

Valsiner, J., & van der Veer, R.（2000）. The social mind: The construction of an idea. Cambridge, UK: Cambridge University Press.

Van Lehn, V.（1989）. Towards a theory of impasse-driven learning. In H. Mandl & A. Lesgold（Eds.）, Learning issues for intelligent tutoring systems（pp. 19 - 41）. New York: Springer.

von Glasersfeld, E.（1987）. Learning as a constructive activity. In C.

Janvier（Ed.），Problems of representation in the teaching and learning of mathematics（pp. 3 – 17）. Hillsdale: Lawrence Erlbaum.

Voss，J. F.（1987）. Learning and transfer in subject matter learning: A problem-solving model. International Journal of Educational Research，11(6)，607 – 622.

Wertsch，J. W.（1991）. A sociocultural approach to socially shared cognition. In L. B. Resnick，J. M. Levine，& S. D. Teasley（Eds.），Perspectives on socially shared cognition（pp. 85 – 100）. Washington，DC: American Psychological Association.

Wertsch，J.，& Tulviste，P.（1992）. L. S. Vygotsky and contemporary developmental psychology. Developmental Psychology，28（4），548 – 557.

第五章　学习与教学项目

第一节　学习与教学项目

本书强调应有意识地设计与提供教育经验（Marsh，2004）。为了实现教育目标，我们需要重视教育意图（即目标）、课程和教学策略（Tyler，1949）的识别与选择。这些讨论作为提供与整合高校学生实践经验的核心问题，将有助于教育决策。我们应该将特定的教育目的与课程、教学实践结合起来实现这些目标（Print，1987）。此外，在决策中我们还需要考虑某些特殊重点，它们可以预见学生如何参与、协调与整合经验（Pinar，1980）。为了有效地强化教育供给，制定学习项目需要考虑课程和教学法，特别是需要强调学生的主体性角色。因此，我们在两项全国教学研究项目中重点关注这些问题，从相关的学习与教学项目中提炼研究成果。

接下来的四章将介绍针对课程与教学实践，以及学生为达到预期目的而提出的个人认识论的发现、推论与建议。这些研究发现是高等教育工作者进行 25 项实践调查之后的成果。研究项目在 7 所澳大利亚大学进行，跨越了各种职业学科。研究学习和教学之间的关系是为了关注学生在工作场所和大学的学习经验，其中重点是这些经验如何被经验丰富的教师组织并实施（即计划和制定课程），以及学生如何理解和参与这些经验（即体验课程）。

第一个项目是利用实践教学法培养专业人士（Billett，2009），目的是使高校学生在参与、学习实践经验（例如临床实习、工作实习）时做好准备，成为一个具有前瞻性、专注性和目的性的学习者。第二个项目是在高等教育中有效整合基于实践经验的课程和教学（Billett，2011）。该报告指出，我们要特别注重课程、教学法原则和实践的确立，从而有效地将高校学生的经验、实践与学术环境相结合。通过对这两个项目的一系列讨论，我们发现课程和教学法原则、实践可以有效地整合经验。此外，与学生的个人认识论相关的问题，在实践环境中有效学习需要提升发展的能力，以及如何通过经验协调学术环境与实践环境，也是这一决策的重点。

　　高校教师在 25 个项目中进行了一系列的学习和教学研究，试图理解和解决为学生提供基于实践的经验和整合所带来的具体问题。每个项目团队都试图确定并解决这些问题，所以他们非常注重实践。他们解决了那些教授和跨学科学生面临的问题。然而，这些项目本身并不代表高等教育供给，也不代表他们的研究结果和建议能够成为教育部门的典型或代表。相反，他们提供了一系列的实例和平台，提供和利用相关的实践经验，为高等教育提供信息，推进高等教育原则与实践。然而，考虑到这些项目有诸多大学教师参与研究，并从社会科学和自然科学中获得经验，这些项目至少能够反映高等教育的部分课程内容。此外，调查报告及其进展与相关的研究项目是一致的（Cooper etc，2010 ; Eames & Coll，2010a，b ; Orrell，2011）。

　　考虑到这两项研究提供了课程和教学法的实施建议，成为促进学生个人认识论发展的关键基础，因此，总结它们的目标、过程、项目进展、数据分析和结果很重要。如前文所述，第一个项目的目的是把学生培养为有进取心的学习者（Billett，2009），项目包含护理、产科学、社会工作和物理治疗等 5 个项目，相关学科领域工作的教师在 12 个月内完成了这些项目（见表 5.1）。第二个项目规模更大，范围更广，项目重点是确定课程和教学法，以支持学生在实践和学术环境下实现经验和学习的有效整合（Billett，2011）。这个项目包括 20 个子项目，涵盖了广泛的学科和核心项目（见表 5.2）。同样，这些项目也是在 12 个月内完成的，是第一个项目的补充。在接下来的几节中，我们将讨论这两个项目的目的、过程和结果。

表 5.1　通过实践教学法培养专业人才项目

领域	目的	方法
物理治疗	开发、制定和评估辅助学生学习物理治疗的准备项目，以满足临床实践的要求。这些学生报告为临床实践的复杂性和不确定性做好充分准备。虽然健康护理工作是多变的，然而，这些学生预期达到如下目标：（1）运用理论进行实践；（2）与病人和同事建立专业和有效的关系；（3）通过他们的实践来规范制度；（4）解释并不断回应持续变化的期望，以及物理治疗和医疗保健知识	在大三学生参加为期四天的临床实践前，将这些要求更加透明化，且为他们提供确切的成人技能学习机会，从而由学术研究过渡到临床学习环境中
护理 1	通过关键反思性活动来进行有效的临床实践，帮助本科学生转变为护理角色。对于新手来说，与许多卫生管理人员进行交流很有挑战性。伴随着病人或客户护理需求的不断变化，这些挑战在当代的医疗保健环境中更加突出，使得他们对现有的护理设施问题产生个人看法。这里需要关注评估现有课程如何支持培养有进取心的学习者	制定支持性的反思过程，以提高学生的能力并了解合格的新护士可能遇到的问题和挑战。我们需要通过反思性实践来阐明和帮助解决这个问题，并评判他们成为有进取心学习者的程度
产科学	理解通过连续性临床实践模式发生的助产士学习：护理的连续性。CoC 是澳大利亚产科学课程的必修部分，要求学生从事 30 次助产工作。学生在 CoC 中的参与度取决于他们的时间年限。从一个观察者角色发展为一个在注册助产医务人员的直接监督下积极参与分娩的实习生角色	利用学生所写的关于助产士的概要，包括介绍妇女及其家庭，反思她们怀孕、分娩和出生后的经历，以及这些经验如何有助于学生学习助产术
社会工作	培养学生在日常工作中应对问题的能力。该方法是将学习圈（learning cycle）作为一种引导学生学习的手段，从而为这些经验做好充分的准备	将学习圈（learning cycle）作为一种策略，以提高学生的能力，有效地应对经验，使他们的学习经验更丰富且从这些经验中获得更多的知识

续表：

领域	目的	方法
护理2	通过评估临床作品集的实用性，从而为学生的学习提供支持，并鼓励学生体验护理实习和临床实习，在临床实习期间加强与注册护士的沟通	评估教辅资料的实用性，并供学生在学习护理时使用

表 5.2 参与的大学、项目、参与者和学科重点

大学	教学领域			
格里菲斯大学（Griffith）	法律项目（Rathus/Giddings）	新闻项目（Forde/Meadows）	实用戏剧项目（Balfour）	
詹姆斯·库克大学（James Cook）	创意艺术项目（Daniel）	教师教育项目1（Hill/McDonald）	商务项目1（Benck-endorff/Blackman）	
纽卡斯尔大学（Newcastle）	商业项目（Yap）	音乐项目（Scott）	工程项目1（Sher）	
拉筹伯大学（La Trobe）	健康合作项目（Dodd）	教师教育项目2（Prain）	通信项目（Benson）	
弗林德斯大学（Flinders）	社会工作项目（Clarke/Oliphant）	旅游项目（Fanning）	商务项目3（Mills）	医学教育项目（Sweet）
默多克大学（Murdoch）	脊椎按摩疗法项目（Maire）	商务项目3（Holloway）	工程项目2（Lee）	公共关系项目（Fitch）

第二节 项目1：通过实践教学法培养专业人士

这个项目主要是了解高校学生如何参与其中，并在实践环境中最大化利用学习经验（Billett，2009）。这一目标涉及学生的个人经验、课程经验以及课程学习计划。这一目标的核心是让学生参与和协调他们的生活经验与学习经验，这些经验和学习都来自于高等教育机构所学的课程。上述章节曾提到，增加学习机构数量对个人的有效学习和实践非常重要（Goller & Harteis，2014；Smith，2005；Taylor，1985），特别是在进行与

学习相关活动（即实践环境）时，他们必须积极参与、监督自己和他人的学习行为（Billett & Pavlova，2003）。因此，被称为"有进取心的学习者"的高校学生需要注意：（1）积极主动地参与教育、实践活动和交流环境；（2）集中注意力、努力学习比漫不经心、毫无兴趣更有可能带来丰富的学习成果；（3）在学习中制定获得各种能力的计划，以便毕业后顺利从事工作。正如前面几章所指出的，在这些基础上提供和整合工作经验的价值在这一项目中得到了有效评估。此外，除了学生对某一职业最初学习的要求外，培养他们成为主动学习者也是实践型专业人员必备的一项关键素质。也就是说，他们需要运用自身能力来监督和反思自身实践，并积极参与正在进行的学习以促进和提高实践的质量。因此，我们需要考虑如何在工作中提高学生职业能力相关的问题，这些问题不仅包括最初的职业准备问题以及顺利完成学位课程相关教育的问题，还包括提高学习者能动性的问题。因为工作和实践的要求在不断变化，所以这种职业能力似乎适用于所有阶层的工人（Billett，2006；Forsman et al，2014；Zuboff，1988）。然而，在特定情况下，专业人员对职业实践的适用性和有效性有特殊要求（Grealish，2015；Hungerford & Kench，2015）。这一特性越来越重要，因为它不仅表现出人类对职业实践的认识在不断变化，还表现出在特定情况下人类合理应用不断变化的知识，这是进行有效实践的核心。也就是说，除了要让学生拥有专业知识外，还需要慎重而有效地规定实践的职业义务（Billett，2001a）。由于职业实践不同，所以我们对工作表现的要求也不尽相同。因此，当教育目的是培养具有职业能力的毕业生时，提高这种适应能力也是一个重要的教育目标。

因此，这个项目提出了一些具体目标：（1）加强学生的专业实践，包括能力实践；（2）通过实践经验的积累来提升教学和学习实践能力；（3）通过设置学习机构、改革课程和教学法来不断参与这些实践；（4）在已参与的大学和其他地方积极推广。这个项目的核心问题是：以实践为基础的学习经验和在大学里的学习经验如何为专业实践提供有效教学和学习？相关的子问题是：需要制定什么教学和学习实践来最大限度地积累学习经验？如何在实践环境中实施活动以确保有效的学习成果？在大学教学实践中如何提升学生的学习能力，从而进一步进行有效的专业实践？

这些问题在澳大利亚 3 所大学的 4 个学科（即物理治疗、产科学、护理和社会工作）中得到了解决（Griffith，Monash & Flinders）。参与者进行了以下重要活动：（1）对基于实践经验的学科提出具体的教学目标，包括挖掘学生成为有进取心学习者的潜力；（2）制定和评价教学法，提升学习机构的供给质量；（3）采取干预措施并评估其结果是否适用于每个大学的其他学科；（4）这些方法可以推广至整个高等教育领域。

这 5 个项目可供不同的教学和课程实践思考与评估，项目支持学生在实践环境中学习，并为学生最终成为在职专业人士（见表 5.1）提供了一个平台。该项目所选择及评估的重点旨在支持学生在大学和实践环境（Billett，2009）中提升有效学习的能力。这些品质在评估两种环境中具有建设性和批判性，且成为一种培养专业实践者能力的方式。在 5 个项目中，我们确定了一系列的实践活动，如果有选择地在学生的实践经历中实施，那么，学生在学习过程中可以获得丰富的学习经验。

一、项目过程

这个项目制定过程集中体现在学术参与上。在 4 个学科领域（护理、物理治疗、社会工作和产科学）的准备项目中，工作人员识别、实施和评估合理的整合方法。项目组之所以选择这些专业领域，是因为它们在提供和维持有效的国家卫生人力资源方面起到重要作用，解决了卫生保健部门重大技术短缺的问题、工人短缺的问题和老龄化人口需要良好医疗保健的问题。这些合作活动包括一系列子项目，重点如下：

·识别、制定和评估教学、学习策略，在每个参与者的教学环境中整合学生学术和实践方面的经验；

·提出发展和提升学生学习空间和个人能力的方法及对 5 个项目的认识论；

·在大学学术能力提升的项目中，提供和维持学科教学和学习经验的机会，实现基于实践整合的学术最大化；

·广泛开展教学，在参与者的学科领域范围内提升参与者的学习能力。

下面我们将简要描述项目的各个阶段，并在表 5.1 中总结以下内容。

二、第一阶段：识别反应

第一阶段的重点是在每一个领域讨论和考察具体的教学和学习问题，并在第二阶段制定教学计划和学习报告。每个项目都制定了一个项目计划，用于确定项目目的，选择学习的特定方法并指导学生学习。整个项目参与者的讨论重点是修改和细化项目。在每个案例中，重点在于如何在学术环境和实践环境中共同努力，最大化地帮助学生增加学习经验。这一结果是通过选择合适的方法来解决关键的教学问题而实现的，这种改进需要与每个机构的参与者面对面交流。在该过程中，我们需要仔细考虑如何培养学生成为积极主动和善于思考的学习者。参与者开发和讨论的内容可以帮助每个项目确定提供的经验类型，以及学生参与经验的方式，从而达到预期学习成果。这里的目标是在整合经验的过程中确定学生在大学环境和工作环境中的学习经验。这一目标包括如何更好地组织学生成为积极的、批判性的学习者，这与参与机构的具体教学方式、学习目标及学习过程相关，还与在每个项目中如何帮助学习者运用具体方法来解决特定问题相关。

三、第二阶段：整合

这一阶段包括在 3 所大学 5 个学术领域内每一个教学阶段制定的教学措施。这些措施为每个团队提供支持进而提升团队能力，帮助学生组织有效的教学和总结学习经验，使它们为学术和实践环境做出贡献。制定过程的评估者主要是学生和卫生保健工作场所的个人，项目组利用调查表、访谈记录和访谈过程测试这些策略检验是否达到了预期目的。本项目所使用的方法与前文"确定工作场所环境对学习的贡献"的项目一致（Billett，2001b）。

四、第三阶段：评价、实践与发展

在合作阶段，参与者评估了整个学期的教学和学习过程及其结果，之后与其他参与者交流分享了他们的发现。这一阶段的重点是选择教学方法和学习方法以解决参与者特殊的教学问题和学习问题。会议展示了每个项目团队的调查结果，参与者围绕调查结果和研究项目的关联展开讨论。本次讨论中，我们制定了一套在实践中有效整合学习经验的暂行原则和实践。

五、第四阶段：巩固和传播

在之后的发展会议上，参与者再次提出并讨论了这些研究结果。在此基础上，项目组将这些研究结果整合为一整套实践原则，指导学生在大学环境和实践环境中整合与发展学习经验。发展这些很重要，因为它们可以用来指导和评价实践活动的有效性，从而使那些有能力的学习者把大学和实践环境中习得的经验最大化。这一过程得到了参与者的支持和帮助，他们找到与教学中 5 个领域相关的方法来评价这些暂行的实践和原则。

六、数据和分析

在几种不同的方法中，5 个项目都集中在教学和学习干预上：（1）参与实习之前；（2）参与实习期间；（3）参与实习之后。这为我们之后的分析打下了基础，在此基础上我们可以思考不同方法的价值，以及如何巩固不同项目的成果。然而,对于每一个项目来说,分析的范围并不局限于干预实施的时间。相反,通过收集每个评估项目的数据,我们可以确定在实践之前、期间或之后干预的具体含义。5份项目报告都可用于促进研究工作活动和干预措施的具体目的和意义,以及评估这些干预措施的结果。正如前文所指出的,在每一个项目中,参与者都要在项目中确定一个特定的实践核心,制定出不同类型的干预措施来试验和评价课程的潜在价值以及回应这些问题。在这些方面,评估和发现的方法是完全不同的。然而,每一项研究都会产生一场讨论,这些讨论特别关注每个学生在参与实践经验过程中发生的问题,包括潜在问题。

因此,我们分析的数据是从5组不同的数据中提取出来的,样本数据用于确定所有数据的共性和差异。在分析数据时我们参考了报告、访谈和学习者提供的文件数据。也就是说,调查对象对特定问题的反应与干预发生时,与之相关联的学生的实践经验的表现是一致的,这可以为课程和教学提供实践基础。

本书采用的研究程序和分析数据的方式引发了大家的特殊关注,这些关注在实践中对程序评估产生了初步影响。这为以后的二次学习和教学打下了基础。

重要发现

这5个项目共同提供了一个思考和评价不同教学法与不同课程实践的平台,支持学习者的发展,最终使其成为专业人士。也就是说,这些项目侧重于一些实践活动。这些实践可能有助于培养学生在大学和实践环境中所需的有效学习的素质,这些素质包括批判性地评价这两种环境在培养他们作为专业从业者的能力方面所做的贡献。在整个项目中,一系列实践得到了证实。如果在学生实践中有选择性地实施项目中的经验,就可以通过培养学生的学习能力来获得更多的学习成果。

概括地说,在这个项目中,我们发现:

·我们需要准备所需的程度性知识（即知晓），以及学生之前所从事的职业实践的理解（即了解），在学生参与实践之前进行职业练习，允许他们在这些环境中有效参与情境，学习知识；

·提高对所需能力的认识是实践中学习的核心；

·在参与实践活动的过程中，通过同伴合作的方式来获得同伴和其他形式的支持，有助于学生深入认识职业，了解实践所需的程序；

·学生通过实践和同伴合作的过程了解实践的过程和价值；

·在大学中，在实践的基础上给学生机会分享、反思和批判他们的经验，也是发展专业能力的核心，包括那些实践者和学习者。这会使他们的生活充满活力。

这些发现提供了一个平台，可以帮助我们考虑如何在更广泛的项目和学科范围内促进学生在工作场所的学习。

第三节　项目 2：在高等教育中有效地整合基于实践经验的课程和教学

各个国家都在积极探索目的明确的课程、教学原则和实践及其评价方式，从而在实践和大学环境中整合学习经验。这些目标通过三个阶段的活动实现。首先，在高等教育中探索工作一体化的学习课程和教学法，该目标主要通过澳大利亚 6 所大学相关学科推动、赞助和参与的 20 个项目来实现（见表 5.2）。这里的课程是指在实践环境和高等教育机构中为学生提供的学习经验的种类、组织和顺序，其中包括如何组织经验、大学项目和实践。教学法是指在工作环境中如何增强这些经验，使之更丰富并促进特定类型的学习。这些教学法还包括为学生学习提供的各种指导，例如教师参与、信息资源、学习支持和互动，以及增加学习机构的数量。简单地说，课程为学生提供学习经验，而教学法则是为了特定的目的丰富学生的学习经验。其次，通过这些项目，团队可以对这些课程和教学基地进行评价，提升它们在培养高校学生所需知识方面的特殊教育价值，帮助学生在毕业后能够有效地从事所选择的职业。第三，项目旨在确定特定类型的课程和教学贡献是否能与特定类型的学习成果相一致。通过这三个阶段的活动和项目的基本原则，我们可以充分了解高等教育如何组织和制定学习经验，并使学生的学习经验有效融合。

该项目的目的是编制一套适用的实践课程和教学法，其发展以下问题为指导：课程和教学法实践的结合能否将学术和实践中的学习经验有效整合？这一核心问题随后衍生出两个子问题：这些最佳实践如何在实践基础上实施以确保最有效的学习结果？哪些特定的课程和教学法实践是一致的，可以确保获得有效职业实践所需的，"难以学习"的概念性、程序性和倾向性知识？这些问题呈现了项目的设计过程，也就是项目是如何制定的以及它的研究成果是如何报道的。

一、方法和方法论

第二个研究项目所采用的方法旨在解决上述 6 所大学教学发展中遇到的 3 个问题。这些大学分别是詹姆斯·库克大学、纽卡斯尔大学、拉筹伯大学、弗林德斯大学、默多克大学和格里菲斯大学。这些高校的学者日常工作量很大，如何判断教学原则和实践是否适合这样的环境，是人们最关注的问题。也就是说，由于时间和资源的限制，最主要的是寻找那些能够稳定运用的课程和教学实践。

在初始阶段，我们要明确目标，需要回顾文献，分析并总结已有的高等教育实践经验。回顾旨在找出现有的优秀教学实践经验。这些实践在组织或整合不同机构的经验中，有不错的效果。例如，确定这些经验的各种模型（例如三明治模型、脱产进修模型、后项目经验模型），以及帮助他们进行有效整合的教学实践。这些实践要对潜在应用进行分类和评价，以利用和整合学生在实践环境中的学习经验。这些模型和实践为参与者开展活动提供了基础，并作为 20 个项目的潜在指导。通过欧洲（如交替制、双元学徒制）、澳大利亚（如基于工作整合的学习）和北美（如合作教育）的传统实践使这一过程得到了强化。很多文献在之前的章节都有所提及。

在项目的第二阶段，课程和教学经验的教育价值主要从以下几个维度进行评价：（1）最有可能产生经验的学习方式有哪些？（2）怎样才有最好的学习效果？（3）哪种教育目的最适合？这一评价是由6所参与大学的20个项目完成的（见下表5.3）。这张表列出了参与机构以及这些项目的教学领域和人员。可以看出，由这些项目组成的研究领域广泛地代表了当代综合性高等教育机构的社会、自然和健康学科。

每个项目的重点和实施方式都是由团队成员选择的，而这种选择源于参与者在教学实践中遇到的问题。该项目的要求相当开放，但每一个项目都必须在他们的研究结果中，指明参与学生和来自学生的数据。这些学科的基础、参与交流活动的过程以及一系列跨学科的项目提供了一个目标明确（即信息获取及处理协调）的平台。平台旨在理解课程和教学实践中可能遇到并需要的解决的问题，并支持高等教育项目的整合工作。这些项目构成了团体活动的核心，他们的标题显示了关注点的广度，如表5.3所示。第二阶段的项目由一年变为一个学年的两个学期。每一个项目报告由参与者以结构化方式来呈现项目的目的、制定的内容及研究结果和发现。数据收集和分析过程由特定的方法、学生群体和干预措施的目标所决定。在特定机构中，每个项目都获得了道德许可。这些报告以一组规定的标题为指导，使用了项目成果中的数据，并在项目的集体贡献中对这些数据进行了引用标注。

表 5.3　团队、学科和项目名称

团队（学科）	项目名称
Ryan Daniel（创意艺术）	职业、职业发展与创造性艺术学生：理论对实践影响的调查

138

续表：

团队（学科）	项目名称
Pierre Benckendorff & Anna Blackman（商业）	学习和收入：商学院学生从兼职工作中学到了什么？
Helen McDonald & Angela Hill（教育）	新职业引导：从本地教师助理到职前教师的转变
Christine Yap（商业）	基于工作整合的商务课程学习
Nathan Scott（戏剧/音乐）	为创意产业培养创意艺术家：帮助音乐家应对一系列工作环境问题
Willy Sher（工程）	关于工程学院和建筑环境专业学生的工业经验和工作整合学习的观点
Karen Dodd（专职医疗）	为入门级假肢学、矫形学和整形学专业的学生做好专业实习准备
Vaughan Prain（教师教育）	提高教师备课的连贯性发展水平
John Benson（通讯）	学生实践经验的汇报与交流
Penny Clark（社会工作）	培养国际社会工作专业学生的实践能力
Chris Fanning（国际旅游）	弗林德斯的旅游—综合学习计划：评估学习成果
Damien Mills（商务2）	在弗林德斯商学院开发 WIL 课程和教育学课程
Linda Sweet（药学）	将基于工作场所的学习整合到研究生入学医学课程的第一年
Jo Anne Maire（脊椎按摩疗法）	海外临床实习对脊椎治疗学专业的学生获得文化能力的影响
David Holloway（商务1）	以工作为基础的商务学习——默多克商学院
Gareth Lee（工程）	一种针对以工业为基础的工程实习学生之间互动的基于网络的中介工具
Kate Fitch（公关）	培养专业人员：学生对实际客户项目的体验
Susan Forde & Michael Meadows（新闻媒体）	合作同伴反省对工作整合学习与新闻教育融合的影响
Michael Balfour & Sarah Woodland（应用戏剧）	培养应用型戏剧学生的能力，使其成为具有批判性思考能力的学习者
Zoe Rathus & Jeff Giddings（法律）	整合贯穿法律课程的临床见解和经验

从表 5.4 可以看出，这 20 个项目有不同的重点、教育目标和方法。虽然每个项目中都有类似的过程，但这些项目在重点、目标和实施方式上都是截然不同的。这种做法饱受诟病，因为不统一，并且很难得出可靠性结论，从而导致结果的有效性存疑。然而，这些项目由参与者选择，因为他们解决了在教学实践中遇到的特殊问题或一般问题。虽然这些发现来自于不同的过程和结果，需要进一步加工和整合，但这些项目的具体做法和相关发现还是具有一定的价值。

第三阶段的主要目标是从 20 个项目中获得答案，并阐明高等教育实践的意义。该阶段利用项目成果以及从数据中得出的结论，探讨课程和教学的相关原则，目的是支持基于实践经验的整合，这些原则可以确保结果的实现。

总之，许多高等教育教学人员、学生和其他人员直接参与了合作及相关项目。36 位高等教育教师直接参与相关的项目，超过 800 名学生参与不同的项目，以及超过 80 个其他参与者（即从业者、雇主、大学工作人员）参与了相关项目。这意味着 1000 多人对高等教育的教育供给有着不同的经验和见解。

合作活动的进展：(1)选择和开发自己的项目;(2)参与活动(即互访、研讨会、视频会议);(3)在项目讨论会中和每个参与者分享相关发现;(4)使用视频会议。最后，该项目举办了一个为期两天的对话论坛，将所有参与者聚集在一起总结经验和提炼观点。总之，该项目活动主要包括：

·在每个项目中实施、改进和增加工作学习一体化的方法；

·利用视频会议和材料，在参与的大学之中分享发现的结果；

·每个项目在 12 个月的时间内通过访问和会议与同事进行合作；

·组织推广活动，包括在每个大学参与的最后阶段举办研讨会；

·所有项目参与者参加为期两天的对话论坛（即呈现、分享和讨论发现）；

·在参与者的专业实践范围内推广调查结果。

140

表 5.4　项目重点、目的和选择方法

项目	重点	具体目标	方法
Ryan Daniel（创意艺术）	创意艺术专业学生的职业发展——接受调查的毕业生（过去 5 年）、现有学生（43 名学生）和行业从业人员。	告知课程和学生参与学习	干预——第三年课程：目标是实现学习和工作的联结
Pierre Benckendorff（商务 1）	第二年，商务专业的学生利用有偿兼职来确定他们学习的价值（N=50）	反思学生的有偿工作经验，将理论与实践相结合	2 小时工作——让学生完成工作表以及最后的调查
Helen McDonald & Angela Hill（教师教育 1）	在新环境 / 角色下提升本土教师助手的能力（N = 14）	协助学生在工作场所重新定位自己职前教师的身份	深入工作中的准备活动：集中讨论和关注活动——访谈方法
Christine Yap（商业）	课程中嵌入基于工作的商业学位课程学习的评估。N = 20 +	评估当地企业提供的课程有效性	制定并评估基于工作项目的课程
Nathan Scott（音乐）	音乐专业学生参与基于就业的项目 N = 30	通过学生对音乐实践的了解来引导学生思考与就业有关的项目	让学生参与项目任务或基于就业的活动，确保他们对活动进行反思
Willy Sher（工程学 1）	评估学生在工作经验项目中的学习效果	学生通过工作体验课程学习来了解要求、参与和结果	通过调查，了解学生学习的基础和结果
Karen Dodd（专职医疗）	国内和国际足科、假肢学和矫正学专业学生的 2 天临床实习项目	评估准备项目的有效性	为大四学生提供 2 天的准备项目（本地学生 1.5 天，国际学生 2 天）
Vaughan Prain（教师教育 2）	为研究生提供持续的发展经验	提高教学质量和教学效果（90 名大四学生）	5 × 1 天的学校参观，2 周的课堂教学
John Benson（媒体）	利用准备过程和汇报来增加学生的实习经验	培养学生对职业的准备能力和洞察力	学生的书面反馈和 30 分钟汇报

续表：

项目	重点	具体目标	方法
Penny Clark/ John Oliphant （社会工作）	为国际学生提供社会服务	培养从事社会工作的能力	实践准备，由专业人士指导和分享经验，并做出一些批判性评价
Chris Fanning （旅游）	评估三门课程，为学生实践做好准备	评估三门课程学习经验的有效性	参加三门课程和随后的实习体验
Damien Mills （商务3）	确定 WIL 由什么构成	FBS 学生和工作人员对工作经验的理解	对员工和学生的调查
Linda Sweet （药学）	提高医学生的学习经验	提高医学生的学习整合广度和深度	利用基于案例的学习小组来提高学生的学习能力
Jo Anne Maire （脊椎按摩疗法）	培养脊椎按摩疗法专业学生的文化能力	学生反思和分享脊椎按摩的经验	利用合作研讨会来反思学生的临床实习经验
David Holloway （商务2）	提高商务专业学生对商业工作领域的理解	借鉴和分享学生兼职工作和其他工作经验	学生项目中的一个工作经验单元，是一个用作综合和分享经验的平台
Gareth Lee （工程学2）	利用基于网络的工具来确保学生的参与和分享	利用网络工具确保学生参与和分享工作经验——管理大批学生的实习和评估	开发和试用一个基于网络的工具来管理学生的实习以及确保工程专业学生之间的安全互动
Kate Fitch （公关）	通过不同客户的互动与讨论，培养学生对职业实践的理解	调查现实生活中客户项目对学生发展的影响和反馈	个人反思、讨论小组和全班讨论
Susan Forde & Michael Meadows （新闻媒体）	利用同行反思来提高新闻工作者的实习经验	利用合作研讨会来促进学生学习，通过实践经验来提高学生的学习能力	在研讨会中进行小组反思，对行业管理者进行结构化访谈
Michael Balfour （应用戏剧）	应用戏剧专业的学生	与应用戏剧专业学生合作，帮助他们了解如何实施应用戏剧工作	焦点小组：大一学生（2×12）小组，大三学生（2×8）小组，2个导师

续表：

项目	重点	具体目标	方法
Zoe Rathus & Jeff Giddings（法律）	8 名大四法律系学生在街道法律诊所进行 2 周实践	在社区法律教育中培养法律专业学生的法律素养	用 3 天时间来准备学校演讲（工作坊），并且准备一些与学生互动接触的话题（例如社交网络、警察权力、移动电话账户的就业权）

二、数据收集与分析

每个项目都会收集数据，其中大多数是在干预期间从学生参与者那里收集的或者是从一些具体的倡议报告中收集的。然而在一些项目中也收集了一些教师的观点。大多数数据直接在报告中展现出来，有些数据是在报告的附录中展现，这些报告由每个项目的负责人提供。我们采用访谈、焦点小组活动的形式，运用调查工具和不同类型的学生反思来收集这些数据。本质上，我们收集不同类型的数据，关注每个项目涉及的特定问题。接下来这些数据将会在与我们发现的结果相关的章节标题中展现出来（第六章），它们与组织学习经验有关（第七章），与在实践环境中丰富学生学习经验有关（第八章），与学生个人认识论的发展有关（第九章）。显而易见，我们需要分析数据确定与每个主题领域相关的发现。

我们通过报告收集数据，提取数据实例，最后根据一系列相关的标题对其进行分类。

1. 整体调查结果；

2. 预期的课程；

3. 落实的课程；

4. 经验丰富的课程；

5. 实习前实施的教学实践；

6. 实习期间制定的教学实践；

7.实习后制定的教学实践；

8.个人认识论。

以上分类用于组织数据、确定发现（包括具体的和全面的），并进行推论。在某种程度上，这些发现和推论只能代表部分项目实践所遵循的真实规律（即考虑在实行之前、期间或之后可能发生的情况），但是对于数据中明显存在的模式持开放态度。

三、调查的属性

每个项目中使用的流程、调查进展的方式、收集数据的过程、收集数据的类型和每个项目的初步结果都是根据项目的特定目标而展开的。因此，20 个不同的内容组成了整个项目。从许多方面看，这个数据的初始分析是非常具体的。因此，与其在 20 个项目中应用相同的方法和程序，不如让每个项目在使用过程和结果方面各有不同。如前文所述，如果这种方式的目的在于利用单一的干预措施获取数据，那么这种方法就会具有一定的局限性。确实，在整个数据中，很难将不同类型的数据统计出来。显然，这种方法可能无法满足定量研究的要求。因此，这些量化方法需要根据准确的数据进行确定和验证。

但是，我们也可以发现这种方法具有一定的优势，这些数据来自于确切而又相互关联的目标。此外，这些数据基于对特定问题和一般问题做出回应。这些问题在一系列的职业学科范围以及实践和学术环境中对学生的经验进行整合。也就是说，这些数据是基于那些与试图整合不同学术和实践环境的经验有关的特殊情况。这两种环境需要广泛而详细的数据分析以及与上述分类相关的同源区域内的数据。使用这些不同类型的数据可以使调查结果相一致，并从涉及特定现象的数据中做出推论，采用教学实践的形式来解决问题。因此，我们不能单纯地通过收集数据和干预数据来确定调查结果的一致性，我们应尽可能地通过收集数据、划分数据类别、分析数据来确定。这都要求我们要尽可能地发现所有的数据，并对数据进行检验。

因此，调查的性质更偏向于解决与每个学术项目相关的问题，收集且分析这些项目中所生成的数据，然后对有用的数据进行连贯而准确地分析，并将这些数据进行分类。正是因为这些过程，在接下来的四个章节中，报告的结果与推论才能得以完善。

这个项目有 5 个关键发现：

第一,学习经验的整合需要超越学生参与的物质环境和社会环境（如工作场所和教育环境）中提供的经验，同时需要整合学生的个人经验以及协调学习者在不同环境中的经验。

第二，尽管课程和教学法是提供学习经验的核心组成部分，我们仍然需要考虑学生的个人认识论。如果不考虑学生如何参与并学习环境提供的经验（即"制定"的课程）以及特定的教学实践，那么这些核心概念的描述就不能充分反映出学习经验的特质。

第三，仅仅为学生提供基于实践的经验，不足以实现顺利过渡到实践所需的学习方式，也不足以实现有效和关键的发展。我们有必要为学生准备基于实践的经验来拓展经验，支持他们参与实践，为他们提供机会去分享和协调这些经验带来的影响。

第四，这些研究结果重点表明实施那些最有可能发展为职业和专业从业者的教学实践的重要性。这些教学实践包括：（1）阐述概念或批判性评价，通过讨论来实现概念的整合或迁移；（2）使用特定程序的机会；（3）考虑他们的能力和不足；（4）了解这些过程，并用更具战略性的知识来解决复杂问题；（5）评估行动中形成的行为方式。

第五，让学生积极主动地学习、准备和拓展他们的知识面，对于有效地整合实践和高等教育背景下的经验、培养学生从事专业实践的能力以及成为有效的批判性和反思性实践者至关重要。

在上述研究发现中，我们提出了一些尝试性的课程建议和教学建议以促进学生在学术和实践中整合经验。这些建议在概论中提出，并分为三个标题：实践经验前的内容、实践经验中的内容和实践经验后的内容。

四、对课程的思考

学生的经验遵循大学环境—实践环境—回到大学环境的顺序，提供了课程运行的基本理念（Marsh，2004）。也就是说，这一系列的经验在某种程度上是因人而异的。大学教师、课程和项目召集人可以计划、组织、总结出特定的经验（即"项目"课程），而这些课程是否会在大学项目中有效实施，取决于知识、资源、设施等的共享程度。然而，在实践环境中制定项目计划要比在普通环境下制定项目计划困难得多。因此，在实践环境中，"定制课程"似乎占主导地位，它与大学中的计划课程可能没有对应关系，当然，特殊情况除外。此外，无论是否在这两种情境中，经验和学习都是由学生的经验决定的。当然，他们的课程体验方式将和他们以前的经历一样丰富多彩。例如，一些学生护士曾参与过病人护理工作，或者说成为正式的护士，他们很可能会"体验"大学和医疗机构制定的护理制度，这些制度的实施方式与那些从学校进入该项目的学生截然不同。然而，除了有经验的课程构成的多样性之外，它对学习的中心作用也是如此。对许多人来说，有经验的课程是课程概念中最突出的，是学生学习过程的基础，而且，这种课程概念不仅重视学习者的学习，也重视学习者的能力。

五、对教学法的思考

考虑到各个大学之间学习经验和实践环境的差异，拓展课程理念非常重要。为了支持和促进学生在两种环境下的学习，我们应该以更深远的眼光审视教学法。在两种环境下，教育都以特定的方式进行：一种是在内部进行，以学生学习为中心；另一种则是以必要的实践为中心。所以，尽管课堂教学法不是本项目的主要重点，但很明显，教师的实践能力和学生的实习经验依然非常有用。比如，人们已经发现学习圈（Cartmel，

2011）、"跟进经验"的联结（Sweet& Glove，2011）、反思日志（Daunert & Price，2014）和反思性学习团体（Newton，2011）以及教师实践可以有效管理学习经验，并在不同环境中利用学习机构推动学生进行有效的学习实践。当然，这两种教学法都能为学生提供经验，促进学生与其他同学相互交流。这两种教学实践还有许多潜在效益，为学生在实践和大学环境中整合经验提供了支持。接下来的四章将详细阐述这些发现和贡献。

参考文献：

Billett, S.（2001a）. Knowing in practice: Re-conceptualising vocational expertise. Learning and Instruction, 11（6）, 431 - 452.

Billett, S.（2001b）. Learning in the workplace: Strategies for effective practice. Sydney: Allenand Unwin.

Billett, S.（2006）. Work, changeand workers. Dordrecht: Springer.

Billett, S.（2009）. Developing agentic professionals through practice-based pedagogies. Sydney: Australian Learning and Teaching Council.

Billett, S.（2011）. Curriculum and pedagogic bases for effectively integrating practice-based experiences. Sydney: Australian Learning and Teaching Council.

Billett, S., & Pavlova, M.（2003）. Learning through working life: Individuals'agentic action, subjectivity and participation in work. Paper presented at the 11th annual international conference on post-compulsory education and training: Enriching learning cultures, Gold Coast.

Cartmel, J.（2011）. A considered curriculum for preparing human service practitioners: Structuring circles of learning and change. In S. Billett & A. Henderson（Eds.）, Developing Learning professionals: Integrating experiences in university and practice settings（pp. 101 - 118）.Dordrecht: Springer.

Cooper, L., Orrel, J., &Bowden, M.（2010）.Work integrated learning: A guide to effective practice. London: Routledge.

Daunert, A. L., & Price, L.（2014）. ePortfolio: A practical tool for self-directed, reflective and collaborative professional learning. In C. Harteis, A. Rausch, & J. Seigfried（Eds.）, Discourses of professional learning: On the boundary between learning and work. Dordrecht: Springer.

Eames, C., & Coll, R.（2010a）. Cooperative education: Integrating classroom and workplace learning. In S. Billett.（Ed.）, Learning through practice: Models, traditions, orientations and approaches（pp. 180－196）. Dordrecht: Springer.

Eames, C., & Coll, R.（2010b）. Cooperative education: Integrating classroom and workplace learning. In S. Billett.（Ed.）, Learning through practice（pp. 180－196）. Dordrecht: Springer.

Forsman, P., Collin, K., & Eteläpelto, A.（2014）. Practice professional agency and collaborative creativity. In C. Harteis, A. Rausch, & J. Seifried（Eds.）, Discourses of professional learning: On the boundary between learning and work. Dordrecht: Springer.

Goller, M., & Harteis, C.（2014）. Employing agency in academic settings: Doctoral students shaping their own experiences. In C. Harteis, A. Rausch, & J. Seigfried（Eds.）, Discourses of professional learning: On the boundary between learning and work. Dordrecht: Springer.

Greenish, L.（2015）. Professional standards in curriculum design: A socio-political analysis of nursing competency standards. In S. Kennedy, S. Billett, S. Gherardi, & L. Grealish（Eds.）, Practice-based learning in higher education: Jostling cultures（pp. 85－97）. Dordrecht: Springer.

Hungerford, C., & Kench, P.（2015）. Standards and standardization. In S. Kennedy, S. Billett, S.Gherardi, & L. Grealish（Eds.）, Practice-based learning in higher education: Jostling cultures (pp. 65 – 83) . Dordrecht: Springer.

Marsh, C. J. (2004) . Key concepts for understanding curriculum. London: Routledge Falmer.

Newton, J. (2011) . Reflective learning groups for student nurses. In S. Billett & A. Henderson (Eds.), Developing learning professionals: Integrating experiences in university and practice settings (pp. 119 – 130) . Dordrecht: Springer.

Orrell, J. (2011) . Good practice report: Work integrated learning. Sydney: Australian Learning and Teaching Council.

Pinar, W. F. (1980) . The voyage out: Curriculum as the relationship between the knower and the known. Journal of Curriculum Theorizing, 2 (1), 7 – 11.

Print, M. (1987) . Curriculum development and design. Sydney: Allen & Unwin.

Smith, R. (2005) . Epistemological agency and the new employee. Australian Journal of Adult Learning, 45 (1), 29 – 46.

Sweet, L., & Glover, P. (2011) . Optimising the follow through for midwifery learning. In S.Billett & A. Henderson (Eds.), Developing learning professionals: Integrating experiences in university and practice settings (pp. 83 – 100) . Dordrecht: Springer.

Taylor, C. (1985) . Human agency and language: Philosophical papers (Vol. 1) . Cambridge, UK: Cambridge University Press.

Tyler, R. W. (1949) . Basic principles of curriculum and instruction. Chicago: University of Chicago Press.

Zuboff, S. (1988) . In the age of the smart machine: The future of work and power. New York: Basic Books.

第六章 关于经验整合的重要发现

第一节　在实践环境中推进经验的整合

根据前一章中概述的两项教学研究成果以及来自 25 个项目的过程和结果的分析，我们可以找出关键的发现，以指导如何有效地组织和提供教育供给，包括寻求利用和整合基于实践的经验。这些发现可以视为一种建议，来确定高校学生如何做好准备，这样他们能在毕业后有效地实践首选职业。这些发现预计这种准备可以扩展到发展能力上，以帮助他们在实践时保持效力并在延长工作寿命的同时继续实现个人职业目标。这两个项目的研究结果在此作为一套八项广泛的研究结果提出。重要的是，在总结这些项目贡献的同时，这些研究结果也是一套有用的基础性原则。该原则为规划、组织、制定和评价高等教育提供了实践原则方面的经验，该研究结果也可纳入大学课程中。

总的来说，这些关键的发现具体如下：

1. 仅仅拥有工作经验是不够的：这些经验需要积累；

2. 学生在实习经历前做好准备，在实习过程中获得支持，在实习结束后促进经验联结非常重要；

3. 学生的准备状态（即兴趣、现实、能力）是如何参与以及学习的核心；

4. "吝惜时间（time jealous）"的学生在提供和管理教育经验方面存在特殊挑战；

5. "体验课程"（即学生如何理解和参与）应作为核心；

6. 逐渐参与基于实践的经验和过程是首要的（例如：随着时间的推移，不少积累的经验会得到各种论证）；

7. 教育者的价值观念和实践经验能力可能是多种多样的，影响着教师的程度；

8. 协调各方对 WIL 目的及其过程的理解的重要性。

下文将依次介绍和讨论这些建议。

第二节　仅仅拥有工作经验是不够的：这些经验需要积累

研究发现表明，仅为学生提供工作经验不足以培养他们实现所需教育目标的能力。相反，有必要进一步充实学生的相关经验，以提升他们的能力，提高知识的适用性，为学生丰富学习成果。本书对经验积累有着以下建议：（1）整合经验，避免不协调；（2）通过建立关联和调整来提高知识的适用性；（3）支持知识的整合和提炼。下面开始逐一讨论每一要点。

一、整合经验，避免不协调

学生在工作环境中积累的丰富经验，会发生在学生经验之前、经验期间和经验之后的教学干预和活动中。让学生为这些经历做好准备，包括在这些环境中的积极参与，并在该期间支持他们，在实践环境中进行活动，然后利用这些经验激发相应的学习潜能。如果没有这些干预和参与，这些经验的价值可能相当有限，甚至可能是相反的或非生产性的。从本质上讲，这一教学中介拓展了学生的潜在发展范围（Valsiner，2000）。换句话说，学习的范围可以通过自己的努力产生。如果他们能应用已知的东西，就可以拥有更多的知情合作伙伴的指导。这就是维果茨基所谓的最近发展区。例如，通过一定的机会，可以确定经验基础，以及为学生带来满意的结果，增加工作场所的积极经验。即使学生有不满意的或消极的工作经验，通过有意识的教学活动来利用这些经验，也能取得相应的成果。同行也可以对其进行干预。积极的经验也可以增强，以达到更强的结果。然而，如果学生有消极的经验，且这些经验没有得到充分的调整，那么其结果是可怕的。

当学生参与实践时，他们通常会按照个人的计划来参与。这与他们以前在大学课程中遇到的情况有很大不同。此时的经验可能会对他们产生特殊的要求，并且根据所从事的特定活动和互动，以特定的方式来使用所学习的东西。当高校学生参与到理解和认同的某一职业过程中时，如果这两种经验所提出的要求和挑战看起来是不一致的，并且被认为是矛盾和无用的，先前的经验可能会产生适得其反的效果。例如，学生在遇到不熟悉的环境和活动时可能会很不适应。这样的经验不太可能让学生构建一个连贯的、可执行的知识体系。此外，正如 Hodges（1998）所指出的那样，这会导致学生对自己所选的职业不认同。更广泛地来说，似乎有许多学生、护士（Newton et al，2009a）、老师和其他人在经历过消极的实践经验之后，选择退出了课程。实际上，这些是以学生为中心的学习圈（learning cycles）。这两个项目（Cartmel，2011）中的第一项适用于人类社会服务专业的学生，这里的动力是在这些学生遇到困难的情况下准备和支持他们。

二、通过建立关联和调整来提高知识的适用性

事实上，在许多工作场所，需要采取干预措施来帮助学生了解他们在教育项目中所学到的知识，以及与课程目标有何关系。利用这个机会把经验和学生考虑的因素最大化，这对他们明确学习的重点是有帮助的。例如，第八章（支持经验整合的教学实践）的阐述，在工作设置的实践和在他们课程中提出的建议之间建立明确联系的战略，可以帮助学生发展更丰富的理解，而不仅仅是让他们在没有别人指导的情况下调节这些经验。他们将面对的是各种问题，而不是对所经历的相关事情的理解，

也难以找到与他们的研究相关联的行为。因此，研究结果表明，如果在工作环境中意识到这些学习经验，有必要明确和促进知识的适用性，这时被称为教育效果可最大化时期（Bailey et al，2004）。这些干预措施涉及对学生的两种经验的协调，并勾勒出那些仅仅通过将学生安置在工作场所或在工作场所不能学到的意义和程序。

三、支持知识的整合和提炼

在学生的经验中帮助他们整合在两种环境中（即学校和工作场所）经历的事情，并相应地增加他们的知识，可能有助于学生积极地提升学习成果。这种强化不是简单地去理解这些经验，而是将这些经验与学生在实践中所遇到的问题联系起来。这一点也同样适用于那些在教育背景下的学习者。正如上面提到的，这类经验的增加与帮助他们了解从事的职业有关，且与理论上的实践环境有所不同。此外，它还可以为学生提供机会来考虑和重新评价所选择的职业，以及应该如何从事并了解这个职业。在一个项目中，许多学生不得不面对两种截然不同的优势和局限性，这些都与特定的职业有关。这些特征源于对一个偏远贫困地区（即印度北部某地区）居民的健康讨论。这样的研究项目为学生提供了丰富实习经验（例如：2周的实习）的机会，不仅推广了健康按摩的工作，也为学生评价提供了机会。随后，他们讨论了哪些人值得做脊椎治疗的问题，并使用了许多学生实际碰到的例子。这个讨论把该职业的不同辩证思想结合在一起。

这三种因素都表明，仅仅为学生提供实践经验是不够的，学生应该在没有支持和指导的情况下独立积累实践经验。更重要的是，这些经验应该通过他们的组织和顺序（即课程实践）进行发展，并通过教育实践来不断丰富，使其作为教育整体的一部分。与其把这些经验看作是课外活动（例如：有意义的学习经验），倒不如把它们视为一个基本要素，并且践行。无论是那些准备从事社会工作的学生，还是那些为解决社区成员的健康问题而不断争论和干预的学生，又或者是那些有机会考虑一系列学校教育情况的教师，都有必要充实这类经验。如果没有这些干预，学生的学习潜能可能会受到很大的限制，甚至在某些情况下，可能会对他们有害。例如，一个有消极经验的人可能会退出职场，或基于有限的和无用的观点来观察、实践他们的职业。

第三节　在积累经验过程中提供支持和帮助学生做好准备

根据以上所述，几乎所有项目的一大关键发现是：（1）培养学生的工作经验；（2）支持他们的工作经验；（3）然后在工作经历之后组织活动，与其他学生分享这些经验，并将这些经验的结果与项目目标联系起来。这三个重要发现具体如下：

一、为学生的工作经验做好准备

许多学生在实践中没有或非常有限地参与所选择的职业。因此，这些经验可以使他们更深入地了解职业在实践中所包含的内容。在很多情况下，由于他们缺乏理解，学生经常会担心、焦虑，怕没有积累好实践经验。当学生能够在实践中对他们的表现进行评估，或者被要求从事一些未知的活动时，这种情况也许就相对会少一些。学生会意识到这与学校作业不同，并且他们的表现会有一个公开标准。通过他们的认知或真实的失败，会提升个人的水平（例如：实践教学）。举个例子，物理治疗专业的学生对导师的评价、导师对他们的表现做出的判断，以及他们在第一次实习时的表现很是关注。

因此，要找到一些方法让学生充分准备，并为他们的实习或其他形式的工作经验提出建议，这是非常重要的。这包括了他们在工作中所拥有的程序能力，以及可能面临的各种问题。这对学生实践经验的积累和整合有着很大的帮助。

二、在工作场所中支持他们

此外，如果学生在实习期间有长期的实习机会，那么对他们的自信心和能力会有所帮助，尤其是在最初从事这项工作的时候。即使在有不少支持和指导的情况下，这些干预措施也很重要。例如，某一实习护士提到她在忙碌的医院病房里仍然感到孤独。因此，由学生主导的讨论小组需要多引导和接受这些学生（Newton et al，2009a）。然后，还要制定经验分享的供给方式。通过经验的分享可以使学生向别人学习，也可以得到教师的指导。这种支持包括在工作场所内的安排，例如提供导师、指导老师或管理人员，这将支持学生组织积累经验并监督他们不断提升自己的能力。这种支持还可以给学生在实习期间提供机会，无论是通过教师领导的过程，还是学生自我管理的过程（Newton，2011）。尤其是这些经验可以通过分享、讨论和协调来提供同伴支持和协作学习活动的机会。

即使在最密集的环境中（例如：医院病房），一些学生也会感到孤独和寂寞。他们想和同伴交流、讨论所经历的和正在学习的东西。在学生不得不面对困难或严峻的情况时，有这些同伴的支持很有用。这些情况对他们来说非常异常，不利于在工作环境中建立起自信。此外，因为经常是边缘参与者（Lave，1991），所以他们倾向于最低限度的参与。他们与同伴或教师相互参与，可以很好地获得这种支持，而这种支持可能是急缺的。因此，在实习期间对学生提供帮助可能会受到学生欢迎，并有助于他们对其所选的职业进行自主学习。

三、在工作经验之后组织活动分享经验

此外，当学生整合了实践经验之后，就有机会与其他学生参与讨论、分享和比较经验，并从中提取出意义。这里最重要的是，学生们必须了解不同工作场所的工作要求的差异，而这些工作场所是从事不同职业的地方。如果通过与其他学生的互动，他们可以了解职业实践的一些变化，

了解追求的不同目标，了解各种环境中实现目标的不同方法、有关适应性的不同原因，就可以促进更加丰富和具有适用性的职业知识的发展。对每个职业的一系列目标和实践的了解，以及实践中的不同的认识都为学生们提供了一个基础，使他们认识到他们所经历和遇到的，不是职业实践的唯一方式。尤其是，它可以帮助学生更容易理解毕业后所遇到的职业实践问题。这是因为这些实践可能与他们在最初的职业准备计划中经历过的实践截然不同。当然，高等教育有关工作经验的供给依旧重视学生在实际工作场所的重新参与，以及对大学经验的充分利用。例如，如前所述，美国早期的合作教育运动说明，必须要给学生聚在一起分享经验的机会，也要提供机会将他们所从事的工作和课程学习建立明确的关联。这些活动被称为合作研讨会（Grubb & Badway，1998）。

这些实习课程的特定教育目标和一般目标不同。在合作研讨会上，人们非常重视在课程中确保学生了解学科的具体概念和实践，这是他们了解实习经验的主要依据。然而，这样的过程也可以用来帮助学生识别和理解重要的教育意图，了解相应的职业、实践的需求变化、情境因素（Billett，2001）和文化实践因素（Brown et al，1989）。也就是职业如何在特定的环境下或实践共同体中进行实践（Gherardi，2009）。这些活动也可以用来帮助学生克服在理解与实践相关的因素中所面临的困难，以及应付与他人分享的困难和面对环境的困难。例如，在一个项目中，新闻专业学生的报告在同一个工作环境下（新闻项目）完全不同。只有通过这个机会与同伴讨论工作场所，他们才会认识到这些差异并不是源于学生本身或在实习期的表现。相反，工作场所的文化因素为学生提供了不同种类的活动和交流，包括在这种情况下，这些活动和交流是如何根据学生的性别来分配的。

总而言之，让学生为工作场所做准备可以帮助他们有效地利用经验。在学生参与实践之前，一旦整合了这些经验，就必须通过他们的基础知识来丰富这些经验。其重要意义在于，当教育机构不再提供这些支持时，学生们有时会自行组织（Richards et al，2013）。虽然这是有帮助的，也是值得鼓励的，但这些过程也常常受益于教师的见解，受益于学生广泛参与的共享性成果。出于这些原因，在教育机构的支持下，学生们可以与同伴进行分享、讨论在实践环境中的经验，而这种方式也经常受到学生的重视和参与（Cartmel，2011；Newton，2011）。这类机制可能需要广泛采用以支持和丰富学生的学习过程，因为，它不仅可以确保学习的有效性，更重要的是，它能够充分利用一系列的经验和成果，促进学生更有效地理解，并应用于课堂内外的实践活动。

第四节　影响学生学习的关键因素

学生是否愿意积累实践经验，这是一个特别重要的问题。准备（readiness）是指个人能够从他们的经验中所掌握的学习能力。这种意愿建立在个人已知的、能做的和有价值的事情上。因此，不仅仅是概念上的和程序上的能力，还包括他们如何选择和参与经验。从那些研究基金项目中，我们发现，是否准备就绪会受到这些因素的影响：（1）基础知识的范围；（2）学生的兴趣；（3）现实和认知的程度；（4）个体依赖；（5）情境感知。

一、基础知识的范围

在一些情况下，学习者达到心理成熟的特定状态时会进行充分的准备。也就是说，他们有认知能力去理解和利用所经历的特定经验。因此，例如 Piaget 的发展理论（Piaget，1976）通过一系列阶段以及发展中儿童的认知能力水平（即他们的思维和行为方式）对他们的生理发展阶段进行了初步的研究。然而，准备的概念在这里将不断增加。它包括学习者能够参与到新的经验，并在合适的范围内进行有效参与，因此学生参与这些经历的概念准备程度可能对他们的学习质量非常重要，并通过他们的经验来获得更好的结果。例如，对于新闻专业的学生来说，当他们面对一份需要拷贝和编辑的新闻稿时，他们要求在新闻稿中有主动语态和现在时。因此，他们的准备是在理解被动语态和主动语态，还有不同类型的时态之间的差异的前提下进行的。接下来，学生们对这些经验的概念性准备是提高学习质量的核心。

对于学生来说，在实践中执行和掌握任务所需的程序能力（例如：技能）也很重要。也就是说，他们必须获得特定的能力，才能在这种环境下高效工作。考虑到潜在经验的多样性、意向性和实践性的要求，确保这种准备的任务可能比进行一系列特定的职业程序要简单，例如有时在临床技能实验室中也会出现这种情况，护士和其他人员进入临床实验室并按标准的职业程序（即缝合、敷药、接种、治疗等）来提升程序能力。通常，在这些环境中，有一些经验可以帮助实习护士执行这一系列程序。然而，学生所从事的活动可能会有所不同。因此，在不同的工作环境中，这些能力的要求可能会有所不同，且人们意向的教育目标以及在实践环境中表现的意向会有所不同（Billett，2001）。例如学生从事实践经验以使自己适应职业（即护士所做的），或进行一些调整（即护士在不同医院病房所做的事情），在他们参与发展他们的程序能力时（即护士如何发展他们的能力时），可以参与一些不那么紧张的活动（即在对特定病人进行特殊程序之前，可先从孩子身上取血，再是成年人）。无论如何，这些能力的提升对学生的实践有着重要作用（即能力和信心），可能会使学生准备充分。此外，我们还需要开发其他技能，例如团队协作能力和跨专业团队工作能力。这些能力的发展可能需要特殊的准备（O'Keefe et al，2011）。虽然这些能力很重要，但在不同的课程中，它们并不总是易于理解和被有效结合在教育项目的经验中。因此，这些类型的能力可能会成为经验的重点，帮助学生充分准备，使他们能够有效地积累实践经验。

二、学生的兴趣

人类学习的核心是，当人们参与目标导向的活动和互动时，他们会在多大程度上展示其能量、兴趣以及意图方向，这些都是有意识学习和努力学习的必要条件（Malle et al, 2001）。这些品质会影响学生的学习能力，以及他们已知的事物和经验被应用、增强和扩展的程度。这些都是由学习者的兴趣、认识和信仰（Hofer & Pintrich, 1997）所塑造的。也许在教育过程中，学生会以相对独立的方式参与基于实践的经验，因此这些经验往往基于他们作为自主学习者所具有的能力和准备，而不是在接受教育时所获得的内容（Campbell & Zegward, 2015）。这是因为，这些经验使学生参与了与学习相关的活动，而这些活动独立于那些教学和教育机构，是熟练应用的过程。学生选择职业的兴趣程度和自我意识会影响他们在工作场所中参与特定活动的活力和参与度，因此，他们可能会有不同的学习方式（Newton et al, 2009b）。通过这种方式，学生为学习所做的准备将对他们在学习过程中如何运用，以及如何从实践经验中积累经验有重要的作用。最终，这种学习将由他们已知的东西、认识事物的途径，以及理解和建构所经历东西的方式决定（Billett, 2009a）。所有这些因素都与现有知识、兴趣和机构运作方面的准备程度有关。学生如果对自己在实践环境中遇到的特殊经历不感兴趣，或被其他优先事项分散注意力，或选择不努力地参与这些环境中提供给他们的工作，则可能无法有效参与，也可能无法像那些感兴趣，能力或理解更符合所经历的人那样，用经验丰富学习。

三、现实和认知的程度

准备工作也涉及合理公正地讨论这些活动的过程和结果：现实。无论是以学生自己的期望还是从他人的期望来看，学生们需要谨慎对待他们能实现和管理的事情。一方面，教育工作者需要给予学生高度的热情，使学生有效参与实践安排。那些有不切实际的意向或希望通过这些活动来获得成就的学生，可能会在实践中遇到不少困难和潜在的挫折。另一方面，学生有必要对他们参与的活动进行调整和管理，并对能力范围以外的问题做出判断。例如，在助产士的研究中发现：那些缺乏经验的学生所进行的一些任务（例如：在出生时抱着婴儿的头）可能超出了这些学生的能力范围（Sweet & Glover，2011）。在这里，现实的两面性都在起作用。首先对学生可能意向从事的活动进行讨论，以及向同事提出活动中遇到的麻烦，都是合理的。没有经验丰富的同事的直接指导，所有这些参与任务都可能超出他们的能力。所有的这些参与的个人基础都强调了充分准备的重要性，包括关于活动的合理范围和学生可能需要任何准备好谈判这些活动的简报，以及对学生在实践环境中可以取得预期的成就持现实态度的重要性。

四、个体依赖

学生的思维、行为和学习方式各不相同，他们的准备程度也因各自了解的、能做的、有价值的并且有兴趣的事物的差异而不尽相同。任何一个行业中都有各种各样的经验，包括一些职业活动。例如，在护理项目中，虽然许多学生是缺乏护理经验的离校生，但他们也是护理助理或注册护士，并且是完全合格的护士。两类学生经常有着截然不同的经验（Newton et al，2009b）。通常情况下，上述这类护士将在学校取得成功，并对其学习生涯充满信心，相信自己会拥有成为高等教育学生所需的能力。然而，他们对护理病人的任务可能信心不足。相反，注册护士拥有很多护理经验，但可能会担心他们的能力不能满足大学课程的要求，比如各类作业。这类护士往往会寻求在实践会议和技能实验等活动中展示能力，并试图弥补不足。因此，在同一个学生群体中，有不同种类和不同程度的准备来参与高等教育项目。

五、情境感知

如前所述，这些准备的差异可能导致某些特定群体的学生具有特殊经历，进而更有效地参与高等教育项目和实习体验。一种需要考虑的因素，就是他们的学习范畴。例如，在社会工作项目中，尤其令人关切的问题是，新的海外学生（社会工作项目）是否做好了相关的准备。这些留学生中有相当一部分来自没有社会福利制度或社会工作者的国家，因此，在他们的社会价值观以及对社会结构的认识中，关于社会福利、社会资助、支持社会福利供给的各种机构、社会工作者所扮演的角色等方面的理解极其有限。因此，学生对支持和管理社会福利的价值观和社会结构，现存支持社会福利的机构种类，以及社会工作者所扮演的角色了解有限。此外，在该高等教育项目中，学生在第一个学期第二周就开始实习。因此，项目主要集中在如何为这些海外学生提供体验课程，让他们了解社会工作者的角色和以后可能会从事的工作类型，着眼于社会工作实践和社会责任。因此，有必要进一步提升学生在实习之前的准备能力。社会工作者应该调整现有的体制结构和方案，以及在一个期望公民越来越少依赖国家的社会中，提供社会福利的精神。简言之，（这是因为）许多本土学生都来自几乎没有社会福利体系支持的家庭。

所有这些与学生在兴趣、现实、能力和以往经历方面的准备程度有关的因素，都应从为学生组织整体经验（即课程）的角度加以考虑，因为它们是富有经验的课程的核心（即学生对提供给他们的东西有什么感觉，以及他们选择如何参与）。此外，大学教育工作者和实践者可以利用特定的教学实践来培养学生的程序能力、理解能力和价值观，这些将帮助学生在实践环境中更有效地学习经验。

第五节　为"吝惜时间"的学生提供和管理经验的挑战

有效地利用学生的时间已成为当代高等教育的关键问题。研究项目的调查结果表明，在组织和执行教育规定时需考虑以下因素：（1）学生经常"吝惜时间"；（2）确保学生参与教育活动和互动。现在简要地介绍这两个方面：

一、学生经常"吝惜时间"

人们常说高校学生"缺乏时间（time poor）"。也就是说，由于他们需要花时间兼职工作、旅行和履行社会、经济与其他义务，因此，当代大学生留给大学学习的时间很有限。这种情况是导致学生没有充分参与大学生活的主要原因，而次要原因则是他们在互动和活动中缺乏参与。事实上，无论对错与否，人们的看法是：当代许多大学生只是在校园里学习，只参加那些受考勤监督或评估的讲座和课程，导致没有时间花在高等教育项目中。而且，这些课程对学生的时间有了进一步的要求，他们在实习期间需要积累工作经验并履行职业义务。同时，这些承诺也会对学生的时间产生更多的要求。因此，在学生时代，人们对实习和工作经验的意向与需求日益增长。一方面，学生希望并需要从事兼职工作；另一方面，他们也需要维持社会生活和兴趣。

此外，一些项目的调查结果表明，如今许多高校学生不仅仅是缺乏时间，更是急缺时间（如助产项目等）。也就是说，他们小心翼翼地保护和管理时间，包括分配给他们学习的时间。"缺乏时间"（即没有足够的时间）和"吝惜时间"之间的区别很明显。后者意味着学生可能更为积极且批判性地评估大学学业对时间的要求。然后，他们会从他们认为值得投入时间的方面或活动来回应这些需求。长期以来，学生们最有可能将精力集中在与完成眼前目标相关的任务上，比如他们的评估任务，而对不属于此类要求的其他任务给予较少的关注和重视。因此许多高等教育课程是由评估驱动的。同样，在这些项目中，要求学生在实践中表现出能力，这也吸引了他们的注意力并引导了他们的精力。然而，"吝惜时间"比这更重要，是学生分配学习时间、精力和强度的核心，即他们将学习什么和如何学习。这种时间分配很可能是为了取得非常直接的结果。此外，由于个人学习的质量最终来源于如何理解自己所经历的，然后努力从经验中构建知识，如果他们没有付出太多努力，只是在表面参与，那么他们的经验往往比较少。

学生"吝惜时间"的问题在许多项目中很明显，凸显了学生对这些活动的不满。例如，工程项目专业的学生需要积累 600 小时的工作经验，以符合学位（工程项目 1）的专业注册资格。因此，对许多学生来说，从事志愿工作的要求是以有偿工作为代价。对于一些人来说，这是一种必要的而非一种美好的生活。为此，学生"吝惜时间"在其中一个项目中表现得最为明显。在该项目中，三个专业的学生（儿科医生、足科医生和整形医生）被要求参加一个为期两天的培训项目，并在医院里从事实习工作。这个项目在迎新周进行。该课程内容是基于去年的物理治疗而实施的。然而，很多学生对该项目的反馈是非常不屑且批判的。学生们对不得不参加这样的见习周课程感到不满，并尖锐地表示，他们的出勤率是以其他承诺为代价的，主要是有偿就业和娱乐活动。任何超出个体特定原则的东西都认为不相关，不值得浪费时间去聆听或思考。当然，这些批判可能会有一些合理依据，包括这项活动是否应该在研究项目中早点出现。

如此一来，学生"吝惜时间"对高等教育的影响就相当深远了，包括学生在大学校内外参与学习经历的基础。因此，诸如通过实习等方式提供的经验往往是在为每门课程分配的时间之外提供的，很可能是学生在分配时间和精力方面更具战略性的目标。特别令人关注的是，学生们可能采取狭隘的和预见性的观点。虽然从他们的角度来看，这是可以理解的，但由于对他们的时间的要求，这可能不是高等教育产生更具适用性、更具扩展性的学习的最佳工具。此外，学生对任何额外要求的强烈和积极的反应很可能会导致课程目标在学生期望的内容方面的重塑，以及对那些对学生期望过高的老师的强烈批评。此外，这种参与方式和基础可能会影响学生如何参与为他们提供的服务，从而影响到他们在高等教育规定范围内的经验和学习。

二、确保学生参与教育活动和互动

学生根据个人需要和迫切需要分配时间，包括完成课程所需的时间，这并不是什么新鲜事。然而，专业人员的关键职业品质之一是需要更高层次的思维，这可能是所有工作的共同之处。事实上，这些特定职业所需的大量知识，可能与其他职业不同（Winch，2004）。因此，在学习诸多职业所需广度和深度的知识的过程中，毕业生必须努力学习，并愿意投入大量的精力、时间和意向性来实现结果。为此，高要求的学习需要那些从事学习的人努力参与。因此，如果学生不愿意或试图避免从事这种学习，就不太可能培养出有效从事这些职业所需的匹配的能力。

更广泛地说，"吝惜时间"现象是一个明确的"指示者"，除了表明学生可以在校内或工作场所获得经验外，也暗示最终获得经验的质量取决于学生如何选择参与和学习这些经验。值得注意的是，Ericsson（2006）回顾了三十年来人们如何发展其领域的专业知识，提出了"有意实践（deliberate practice）"，强调其对高水平的人类行为至关重要。也就是说，除了提供给个人的机会和经验外，那些非常擅长于实践的人所具备的一个关键素质，就是他们在学习知识过程中努力参与和实践的程度。这是一个由个人自愿承诺去锻炼的过程。因此，除非让学生理解必须努力学习的原因，否则他们的学习可能不那么有效。内容的目的性和重要性变得清晰，才可能成为关注的焦点。除非学生意识到需要学习的知识的重要性，否则不太可能将时间和精力投入到有意识的练习或其他专注的学习活动中。

因此，除非年轻人的情况有所改变，且无须从事有偿的兼职工作，不被社会和家庭生活分心，否则管理"吝惜时间"学生的学习，将可能成为高等教育教学的一个关键挑战。当那些包含一段实习时间的课程给学生其他活动时间带来压力时，情况尤其如此。此外，这种情况提醒人们要重视教育供给这一最基本的考虑要素，还明确地证明了为什么特定的学习是重要的，也要求我们找到最大限度利用学生时间和精力来帮助他们学习的方法。

第六节 "体验课程"的显著性：学生如何理解和参与

基于学生准备、能力和兴趣的探讨，我们可以得出这样的结论：除了教育工作者在大学和实践环境中制定的经验之外，还要求学生体验和学习高等教育的意图和提供的内容，后者构成"体验课程"（Billett，2011）。基于研究基金项目的研究发现，这里将讨论"体验课程"的重要性和学生参与的中心地位。

一、体验课程的重要性

对教育的一个基本且持久的关注点是，学生通过参与学习计划和自身学习而获得经验。这种经验对于任何教育的供给都至关重要，尤其是那些为达到特定教育目的而在不同环境中提供经验的教育。如前所述，为解释和评价高等教育中的学习供给，这里使用了三个课程概念：（1）意向课程——学生应通过一套经验的组织来学习内容；（2）制定课程——通过已经实施的课程来为学生提供内容；（3）体验课程——学生从提供给他们的东西和从中学到的东西中获得的意义，因此，第三个概念就变得至关重要了。学习者没有简单地像传播知识一样进行知识表达和知识建构（Lave，1993）。

相反，学习者（即学生）根据经验来理解和建构（即学习）（Billett，2009a）。这包括学生对正在呈现的事物的价值做出判断，以及如何处理他们所接触的事物，如何从所提供的这些事物中学习。在或多或少了解各种经验重要性的基础上，学生就可以参与知识的建构过程了。这些过程不受任何努力、机构和意图的影响,如学生选择学习机构的偏好。因此,"体验课程"成为学习内容的中心,连同个人认识论,一起塑造和指导着学生的学习。

在此必须提醒的是,教育供给只不过是一种对变革的欢迎,表明学生对变革的接纳程度,以及他们所做的与所学的核心内容的有关程度。这一考虑可能在教育供给中会发挥最有力的作用,能使学生参与到计划学习的一系列社会环境和物质环境中。每一种环境都有不同的行为基础,对学习者提出不同的要求,并以学生和老师没有预料到的和极具挑战的方式提出不同的要求,而且可能与他们的期望值,甚至课程要求不一致。所有这些因素都与高等教育的其他趋势略有相反,例如,学生意向学习的能力与国家职业能力说明中要求学生展示的能力不符(Grealish,2015;Hungerford & Kench,2015)。也就是说,教育机构以外的考虑和要求、学生的经验和期望必然成为教育目的的中心。因此,"体验课程"是学生理解和建构所提供给他们的东西的基础,比目前所承认的更为重要。正如外界支持者所理解的那样,当意向学习的知识被传授时,情况可能尤其如此。这就需要强调学生在学习中所起的中心地位。

二、学生参与的中心地位

学生如何参与所知道的、能够做的和有价值的事情,对于他们如何学习至关重要。因此,学生参与是任何教育供给的中心问题。然而,这种经验的过程在很多方面都是由个人认识论所决定的(Billett,2009b)。因此,经验的过程与个人的先前经验以及经验发生的方式有关,包括与他人参与经验的机会。当然,这并意味着学生的参与和学习超出了教育者的控制范围,也不单纯是教育工作者的责任。相反,它表明提供特殊经验的必要性,以使这些经验的价值对学生是合理的和可参与的。因此,特殊内容需要强调和管理,以确保学生积极参与其中。例如,一个常用的方法是评估任务,以处理那些在大学里需要学习的关键问题。这是一种实用而有益的引导学生注意力的方法。然而，也有必要采取其他手段，以明确的意图，努力地让学生参与进来。在学生的报告中显示，他们的工作经验非常丰富，并且有意识地参与到需要展示能力的任务中，公开执行，或以其他方式确保特定的结果。这些类型的参与可以成为意向课程和已实施课程需要考虑的一个关键因素。人们对学生的需求和准备程度了解得越多，就越有希望使所提供的经验与意向产生的学习类型相一致。

例如，在第二个基金的 20 个项目报告中发现，学生倾向于以循序渐进的方式参与工作和实践环境，以使他们能够在活动和环境的互动中逐步参与和学习。这是下一节的重点。

第七节　逐步参与基于实践的经验

在实践环境中，学生始终强调在实践经验中增加参与的重要性。也就是说，尽管让学生参与实践环境存在一系列不同的目的，但诸多报告倾向于在这些环境中逐渐参与。学生建议，应该逐渐增加学生参与活动的次数，逐步延长参与活动的时间，以及丰富参与的活动种类。因此，无论学生是否了解职业，是否发现职业实践的变化，是否具备有效的职业能力，增加学生对职业的参与对其发展都有一定帮助。在许多方面，这一发现使学生的要求合法化，即他们对基于实践的经验的参与是渐进的，是与其意愿相称的。这种逐渐参与工作场所活动的理由有四个方面：（1）经验的新颖性；（2）解决信任问题；（3）作为一项组织原则；（4）发展职业能力。

首先，对于大多数参加项目的学生来说，物质环境和社会环境的经验给他们带来了一些相当新颖的东西。一个促进逐步参与这些环境和活动的过程很可能被全新的经验和多方面的要求所淹没，从而导致不和谐学习而非有效学习。这种渐进式的参与可以帮助学生参与和理解环境，提高其对活动的准备程度，其中最重要的是，在教育环境中发现并协调这些经验。人们还了解到，在特定的社会环境和物质环境中，人们往往会通过模仿（即观察、仿效和实践）参与学习（Billett，2014b），这就需要有机会了解工作环境，了解表现要求，然后考虑如何实现这些需求。

其次，一些学生提到缺乏信心、感到焦虑的因素，以及对实践环境中的行为要求和实习要求。例如，某大学一名商学院的学生报告说，他们对实施工作场所项目（商业项目）缺乏信心。对许多学生来说，缺乏对病人或客户的执行程序能力是因为这些能力都超出了他们的先前经验。因此，这种渐进的方法为学生提供了机会，让学生熟悉未来需要工作的环境（即通过观察和参与外围任务），在不需要立即执行这些任务的前提下开始学习。这一过程使他们作为一个有效参与者，在参与之前能够更加熟悉完全陌生的环境。这种熟悉的过程包括对物理布局、社会关系和层次结构进行浅层次的理解，也包括对客户需求或其他工作场所要求的理解，而这些需求要求学生提前理解。信心问题也强调了学习者的准备能力和有效执行能力。

第三，工作场所渐进式参与也为在教育环境中组织干预提供了基础，这些干预措施在程序上为学生做好了准备（例如：学生完成特定任务所需的能力）。这些准备也包括了解这些环境中表现的要求，并在对他们来说是新颖的环境中获得自信。但这往往需要他们以相当公开的方式进行表现。通过逐步参与与工作有关的活动，可以很大程度上促进学生与职业相关的自我意识和效能感的发展。通过参与，他们的能力以富有成效的方式来提升，并对学习者的自信心、自我意识和职业愿望产生影响。众所周知，个人对新活动和新任务的有效参与，源自于完成这些任务的成功程度和能够有效运用它们的能力。关于教师专业发展的文献表明，致力于创新的具体实践是通过成功的应用而产生的，而不仅仅是热情（Mclaughlin & Marsh，1978）。作为职业准备的一个关键目标，个人将开始接受所选择的职业作为他们的职业（即他们同意且认同想做的事情）。因此，需要在学生经验（即所谓的"意向课程"）次序中强调以渐进、可衡量和更有可能成功的方式实施。

第四，这种渐进式参与从根本上说是一种发展职业能力的方法，这些能力已经在一千年或更久的时间里进行了持续实践（Billett，2010）。历史和人类学研究提供了明确的证据，说明渐进式和有分寸地参与职业实践，在跨越人性和文化的职业能力发展方面，已成为有效的课程原则（Billett，2014a）。从历史上看，制定职业所需的能力都是通过职业实践来实现的。例如，在希腊，个人准备从事医学职业是通过与更有经验的医生一起学习，并渐进式从事更艰巨的任务来实现的。医学生在参与有助于他们学习医学实践的工作中被分配了特定的角色，往往被定为助手角色（Clark，1971）。同样，人类学研究表明，学习课程是任何课程中使用最多的一种形式，本质上是由一条经验路径构成，而这种路径是以递增的方式实现的，逐渐使学习者参与越来越复杂的活动，这些活动与他们进行下一阶段活动的意愿相一致（Lave，1990）。因此，渐进式地向学生介绍职业实践并没有什么特别新奇之处。事实上，它是课程和教育学中的一个基本和实际考虑因素。因此，它与长期以来的信念和实践高度一致，即学生的职业学习需要得到支持才能有效地取得进展。也就是说，通过组织符合学生参与和学习意愿的经验，然后在这种准备水平上再接再厉。

总之，这种渐进式参与强调两个观点：第一是学生愿意进行有效的经验学习，使自身能够富有成效地参与；第二是将需要学习的东西与为学生组织的各种经验相结合。这两个观点似乎提供了一些经验，这些经验可以有效地将基于实践的经验与高等教育项目结合起来。然而，实现这些目标在工作—学校经验整合中可能更困难，因为那些在组织中提供和拓展经验给工作场所学生的人在很大程度上不受教育机构的控制和影响。因此，加强有效工作，综合学习经验的这两个最终观点，也包括试图使所有各方的利益在这类经验中保持一致。

第八节 实践经验中教育工作者价值和能力的多样化概念

在高等教育中任教者的行动和举止，以及他们支持将经验融入实践和学术活动的程度，很可能是影响其有效性的一个因素。然而，不仅是学生"吝惜时间"，那些高等教育工作者对时间的要求也越来越高，通常要求他们在如何参与工作活动和利用时间方面具有战略性。因此，教育工作者认为，花在组织学生实践经验上的时间，以及提供机会来增加和丰富学生通过这些经验学到的东西是值得的，这将会影响他们对这些活动的努力和意图。因此，除非教师相信基于实践的活动是有价值的和合理的，并且应该在整个课程中进行整合，否则他们不太可能为了实现这一结果而制定各种安排，进而使学生的学习经验最大化。研究项目结果表明，在某种程度上，教育工作者对这些经验的重视，对于他们为学生提供和积累经验的多少和质量来说，是非常重要的。这种对经验的考虑延伸到他们在与学生的交流中所花费的精力以及在实践中最有效地运用学生的经验的方法。在许多项目中最值得注意的是，项目团队的成员不仅了解这些经验的价值，还热衷于将其作为教学的一部分加以利用，并将其价值最大化。然而，如果认为这种方式在高等教育中被普遍接受，那就太天真了。

在另一个层面上，教育工作者也将对这些活动是如何参与、为了什么目的和通过什么方式进行不同的考虑。这种考虑很可能是由教育者对学习过程和结果的理解和程序能力所决定的。即使是最热情、最投入的教育工作者，也不可能充分利用和确保学生经验的最佳结果，除非他们能有效地为学生组织或举办学习活动。在制定课程时，这方面的考虑可能包括寻找将学生聚在一起的方法以便他们能够分享经验，包括考虑他们在实践环境中学到了什么，并确定这种学习与他们的大学课程目标之间的关系，当然还有他们正在准备的职业。明智和谨慎地对待所采取的措施以及如何管理这些干预措施，可能是通过对这类进程的知情和经验而产生的。例如，那些专注于教学或讲述的经验，无论是否出于好意，都可能无法为学习者提供机会来思考他们的经验，也无法有效地使其与高等教育的研究协调起来。并不是所有的教育工作者都有这样的兴趣或能力，也不可能每一位教育工作者都能敏锐地发现，允许学生参与同伴主导的过程和理解这些过程需要如何组织和管理这二者等问题。在一项着眼于同一学科内的大学教师看法的研究中，有一个例子向我们证明，对于基于实践的经验的价值，参与和利用这些经验努力的可能性，以及有效利用这些经验所需的能力等方面，人们有不同的看法。与教学经验（即概念超越程序性知识的发展）价值和高等教育目的（即关注通知和调查而不是教学职业能力）价值相关的基本问题，以及在高等教育机构中这些活动如何有所裨益的问题，都可能会影响教育者在实践经验方面的努力。

后面的章节将阐述：学生为实践经验做好充分准备与否，以及在从事实践活动时得到的支持的高低程度，是否分享和协调各自在该项目中学到的经验，这些对于提高实践经验的有效性是非常重要的。这也延伸到发展他们的理解力、意向性和遵循程序的能力。这将有助于他们毕业后在职业实践中有效地工作。

所有这一切都表明，高等教育的教师不可避免地会有截然不同的反应，可能需要进一步利用基于实践的经验和所学的知识来提升一些教师的能力，从而帮助学生调和这些经验的结果和方向。这些教育工作者有能力有效地利用这些经验，同时也要了解，光靠教学并不是帮助学生学习适应性职业能力的最有效方法。因此，虽然其中一些主张侧重于方案中提供的各种经验，包括在课程中提供学生在这些安排中的定位，并促进他们的参与，教育工作者的价值观，以及组织和安排有效经验的能力，提供适当的教学实践，这些都应该在实践环境中用于提高学生学习经验的质量，并将这些经验整合到整个高等教育课程中。

第九节　协调各方理解 WIL 的目的及其过程的重要性

虽然这是一个无法实现的理想，但是一个值得为之努力的理想，那就是在为学生提供高等教育项目实践环境的过程中，各方对目标、过程和责任的理解是一致的。当在工作场所的从业者和管理者、高等教育工作者与学生之间有一致的理解时，这些经验的目的、过程和意向的结果及组织学习经验的决策过程以及制定的方法都是很重要的。在利用以实践为基础的经验时，各方之间的共同理解可以使人们对提供这些经验的可行性和合理性以及如何在工作场所环境中支持这些经验有更大的信心。此外，这些经验将在教育和实践环境中实施的方式，也可以使人有更大的信心，并对两种情况下的期望、作用和活动更加了解。此外，对于那些实施和经历过的人，例如工作场所从业者、大学教师和学生来说，对团队角色和意向的共同理解是很重要的。

然而，确保这样的和谐是不容易实现的，这需要我们不断地进行维护，还需要与合作伙伴建立伙伴关系并制定相互合作的制度规定。例如，在德国的双重制度中，这种相互作用似乎是有效提供学徒制度的核心，即行业代表、特定企业的代表和教育从业者之间的关系是通过合作和共同理解而建立的。因此，能够在教育机构和工作场所安排特定类型的经历，了解学徒在其他地方的经历，以及在他们成长的特定时间点，他们可能会被期望成为学徒。这些都成了管理原则，并且通过这些原则，实践经验的提供和整合取得了进展，并在工作场所和教育机构得到了制度上的支持，且通过在重视技能发展重要性的基础上建立的成熟关系而受到重视和尊重（即合法化）。

由于历史上的先例、文化习俗和制度因素，这种安排的发展在某些职业中要比其他职业容易得多。例如，护士、法律、医疗和教师教育的传统常常导致建立良好的伙伴关系和实践，从而导致上述的理解。然而，在缺乏提供这类经验的职业和部门中，这类安排可能不那么明显，且可能存在更高的差别和分布。如果教育机构之间的这种伙伴关系最好是在合作的基础上协作、发展起来的。也就是说，虽不是其中一个支配另一个，但也是当每个合作伙伴愿意做出让步的总体教育计划。例如，在上文所述的德国双重制度中，工作场所提供有经验和有技能的工人，他们充当学徒的后盾，并经常对学徒的发展进行大量投资（Deissinger，2001）。此外，在接受和意向获得有效的学徒经验的同时，学徒们的报酬相对于他们的成年人来说较低。这些安排反映了工作场所与学习者之间的互惠关系：雇主在发展学徒能力方面的支持和承诺，以及学徒承认他们是学习者和正在进行精心准备。当然，并不是所有的这些安排都是理想的或按照意向进行的。然而，互惠原则似乎很重要。在研究教育机构和工作场所与社区其他组织之间的工作关系的研究中，发现每个合作伙伴都被认为是为了广大社区的利益而共同参与工作，并致力于提供教育服务的，都认为其所在的企业的实力是最强的（Billett & Seddon，2004）。

许多高等教育机构似乎都在考虑建立这类安排，因为他们寻求巩固与企业的关系，这些企业将接受他们的毕业生，并与大学建立其他类型的生产性关系，如科研关系。然而，它很可能处于最重视理解和约定的操作层面（学生即将参与实践的地方）。

第十节　组织、实施和体验工作整合学习的关键命题

总而言之，本章试图找到一些关键的发现，这些发现可以使高校教师通过基于实践的经验来督促学生学习。这些经验由 25 个项目构成，且这些项目包含了这些内容。本章除了提出一系列广泛的研究成果之外，还提出了一系列深入的建议。至于如何制定和采用经验的问题，可以在高等教育项目中进行应用和整合。以上的八个命题提出了各种学生应该通过工作经验的增加来弥补自己的不足。学生对这些经验的积累是很重要的，既要考虑到学生的参与和学习，也要考虑到学生主动学习的重要

需求。这样的考虑是很明显的，因为最重要的教育过程也许就是所谓的体验课程，即学生对提供给他们的事物的体验以及从体验中如何学习，学到了什么等。由于这一重要因素，我们有必要考虑和组织学生在实践经验中不断参与，以增加和提供积累相关经验的机会（即提升他们的有效参与度）。在学生感兴趣和参与的基础上，高校教师本身的能力和兴趣将被引导、参与、组织和利用这些基于实践的经验。最后，这里有一个重要的建议：无论怎样都需要努力使所有学生都参与、实践和学习。总的来说，这些主张为课程的考虑、教学实践以及学生个人认识的进步奠定了基础。

事实上，在接下来的章节中，对于更具体的研究结果和建议将集中体现在课程实践、教学实践和学生的个人认知上。另外，通过更细微的发现和这些因素的推论和建议，它将为实践提供更集中的建议。这些章节的报告结果经过汇总后有三个：（1）有原则地制定相关课程，包括课程考量：经验的整合（第七章）；（2）教师实践可能在组织实践活动之前、组织实践活动期间和组织实践活动之后，从而使学生更好地支持经验一体化的教学实践（第八章）；（3）引导和提高学生个人认识的方式，从而有效地发展学生的个人认识论（第九章）。

参考文献：

Bailey，T. R.，Hughes，K. L.，& Moore，D. T.（2004）．Working knowledge: Work-based learning and educational reform. New York: Routledge Falmer.

Billett，S.（2001）．Knowing in practice: Re-conceptualising vocational expertise. Learning and Instruction，11（6），431 - 452.

Billett，S.（2009a）．Conceptualising learning experiences: Contributions and mediations of the social，personal and brute. Mind，Culture，and Activity，

16（1）, 32 - 47.

Billett, S.（2009b）. Personal epistemologies, work and learning. Educational Research Review, 4, 210 - 219.

Billett, S.（2010）. The practices of learning through occupations. In S. Billett（Ed.）, Learning through practice: Models, traditions, orientations and approaches（Vol. 1, pp. 59 - 81）. Dordrecht: Springer.

Billett, S.（2011）. Vocational education: Purposes, traditions and prospects. Dordrecht: Springer.

Billett, S.（2014a）.Mimetic learning at work: Learning in the circumstances of practice. Dordrecht: Springer.

Billett, S.（2014b）. Mimetic learning at work: Learning through and across professional working lives. In S. Billett, C. Harteis, & H. Gruber（Eds.）, International handbook of research in professional and practice-based learning. Dordrecht: Springer.

Billett, S., & Seddon, T.（2004）.Building community through social partnerships around vocational education and training. Journal of Vocational Education and Training, 56（1）, 51 - 67.

Brown, J. S., Collins, A., & Duguid, P.（1989）. Situated cognition and the culture of learning. Educational Researcher, 18（1）, 32 - 34.

Campbell, M., & Zegward, K.（2015）. Developing critical moral agency through workplace engagement. In S. Kennedy, S. Billett, S. Gherardi, & L. Grealish（Eds.）, Practice-based learning in higher education: Jostling cultures（pp. 47 - 63）. Dordrecht: Springer.

Cartmel, J.（2011）. A considered curriculum for preparing human service practitioners: Structuring circles of learning and change. In S. Billett & A. Henderson（Eds.）, Developing learning professionals: Integrating experiences in university and practice settings（pp. 101 - 118）.Dordrecht: Springer.

Clarke, M. L. (1971) . Higher education in the ancient world. London: Routledge & Kegan Paul.

Deissinger, T. (2001) . Vocational training in small firms in Germany: The contribution of the craft sector. Education + Training, 43 (8/9), 426 - 436.

Ericsson, K. A. (2006) . The influence of experience and deliberate practice on the development of superior expert performance. In K. A. Ericsson, N. Charness, P. J. Feltowich, & R. R.Hoffmann (Eds.), The Cambridge handbook of expertise and expert performance (pp. 685 - 705) . Cambridge: Cambridge University Press.

Gherardi, S. (2009) . Community of practice or practices of a community? In S. Armstrong & C.Fukami (Eds.) , The Sage handbook of management learning, education, and development (pp.514 - 530) . London: Sage.

Grealish, L. (2015) . Professional standards in curriculum design. In S. Kennedy, S. Billett, S.Gherardi, & L. Grealish (Eds.), Practice-based learning in higher education: Jostling cultures (pp. 85 - 97) . Dordrecht: Springer.

Grubb, W. N., & Badway, N. (1998) . Linking school-based and work-based learning: The implications of La Guardia's co-opseminars for school-to-work programs (pp.1 - 30) .Berkeley: National Center for Research in Vocational Education.

Hodges, D. C. (1998) . Participation as dis-identification with/in a community of practice. Mind, Culture, and Activity, 5 (4), 272 - 290.

Hofer, B., & Pintrich, P. R. (1997) . The development of epistemological theories: Beliefs about knowledge and knowing and their relation to learning. Review of Educational Research, 67 (1), 88 - 144.

Hungerford, C., & Kench, P. (2015) . Standards and standardisation. In S. Kennedy, S. Billett, S.Gherardi, & L. Grealish (Eds.), Practice-based learning in higher education: Jostling cultures (pp. 65 – 83) . Dordrecht: Springer.

Lave, J. (1990) . The culture of acquisition and the practice of understanding. In J. W. Stigler, R.A. Shweder, & G. Herdt (Eds.), Cultural psychology (pp. 259 – 286) . Cambridge: Cambridge University Press.

Lave, J. (1991) . Situating learning in communities of practice. In L. B. Resnick, J. M. Levine, & S. Teasley (Eds.), Perspectives on socially shared cognition (pp. 63 – 82) . Washington, DC: American Psychological Association.

Lave, J. (1993). The practice of learning. In S. Chaiklin & J. Lave (Eds.), Understanding practice: Perspectives on activity and context (pp. 3 – 32) . Cambridge, UK: Cambridge University Press.

Malle, B.F., Moses, L.J., &Baldwin, D.A. (2001) .Introduction: The significance of intentionality. In B. F. Malle, L. J. Moses, & D. A. Baldwin (Eds.), Intentions and intentionality: Foundations of social cognition (pp. 1 – 26) . Cambridge, MA: The MIT Press.

McLaughlin, M. W., & Marsh, D. D. (1978) . Staff development and school change. Teachers College Record, 80 (1), 69 – 94.

Newton, J. (2011) . Reflective learning groups for students nurses. In S. Billett & A.Henderson (Eds.), Developing learning professionals: Integrating experiences in University and practice settings (pp. 119 – 130) . Dordrecht: Springer.

Newton, J., Billett, S., Jolly, B., & Ockerby, C. (2009a) . Lost in translation: Barriers to learning in health professional clinical education. Learning in Health and Social Care, 8 (4), 315 – 327.

Newton, J., Kelly, C., Kremser, K., Jolly, B., & Billett, S. (2009b) . The motivations to nurse: An exploration of factors amongst undergraduate students, registered nurses and nurse managers. Journal of Nursing Management, 17 (3), 392 – 400.

O'Keefe, M., McAllister, S., & Stupans, I. (2011) . Health service organisation, clinical team composition and student learning. In S. Billett & A. Henderson (Eds.), Developing learning professionals: Integrating experiences in university and practice settings (pp. 187 – 200) . Dordrecht: Springer.

Piaget, J. (1976) . Behaviour and evolution (trans: Smith, D. N.) . New York: Pantheon Books.

Richards, J., Sweet, L., & Billett, S. (2013) . Preparing medical students as agentic learners through enhancing student engagement in clinical education. Asia–Pacific Journal of Cooperative Education, 14 (4), 251 – 263.

Sweet, L., & Glover, P. (2011) . Optimising the follow through for midwifery learning. In S. Billett & A. Henderson (Eds.), Developing learning professionals: Integrating experiences in university and practice settings (pp. 83 – 100) . Dordrecht: Springer.

Valsiner, J. (2000) . Culture and human development. London: Sage.

Winch, C. (2004) . What do teachers need to know about teaching ? A critical examination of the occupational knowledge of teachers. British Journal of Educational Studies, 52 (2), 180 – 196.

第七章　课程考量：经验的整合

第一节　整合课程的考量

前几章将学生在学术和实践环境中的经验整合起来，构成了他们在两种环境中经历的过程。这一过程包括他们对这些经验的整合，是为了使学生毕业时能具备有效职业实践的知识（Billett，2014）。如此说来，提供经验以及让学生接受经验都是有意安排的。因此，要实现确保工作绩效所需知识的预期结果，既需要考虑两种社会环境如何做出特殊贡献（Eames & Coll，2010a；Ellström，2001），也需要考虑学生如何参与他们在两种环境中的经验意义化过程（Billett，2009）。这个学习过程的核心是组织和安排为学习者提供的经验（即"预期"课程），实际上是为学生提供经验（即"制定"课程），同样，学生的个人认识论（即学习方式、知识等）对于他们所提供的内容（即经验丰富的课程）也是如此（Brady & Kennedy，2003）。这些认识论已经通过认知经验（Valsiner，1998）塑造了学生的人生历程，以及通过安排为学生的持续发展做出贡献。这种发展支持着学生的知识领域，他们已经构建了这些知识领域，并且这些知识可能指导他们的兴趣和意图（Malle et al，2001），参与学习活动与互动。因此，考虑课程和教学实践是这个过程的核心，特别是促进和指导有意学习（Tynjälä et al，2003）。然而，他们不能仅仅依靠预期的经验和结果分析，还要考虑能够为学生提供什么，所以他们还需要延伸到学生如何参与课程活动和互动领域。

本章的重点内容是课程问题和课程影响。就课程而言，作为对社会和物质环境（即教育情况和工作场所）经验的组织，关键因素包括这些经验被用于确定预期学习类型，确定为学生提供特定经验，以及两种环境的经验的顺序和持续时间（即排序）。这些因素延伸到学生如何处理这些经验的排序。例如，他们是观察其他人正在做什么，还是他们部分或全部参与活动和互动？所有这些考虑都与课程的原始含义"课程进展"相关（Marsh，2004）。因此，制定课程的重点是确定经验路径，并吸引学生参与活动和互动，以确保利用这些过程安排学习的知识种类（Billett & Choy，2014）。例如，在参加大学课程之前，应该先从事实践环境来了解职业实践的要求吗？或者说，如果这种情况发生在这些课程的早期，而不是在学生获得一些基础知识之前，才能够理解并为这一环境中的活动做出贡献？最近我们思考了助产士学生在大学护理连续性和临床经验方面的经验(Sweet & Glover, 2011)，讨论了这样一个安排。我们的考虑是，学生是否只有在有足够的分娩经验或具备分娩过程的知识时才参与实践环境。也就是说，在对这些妇女进行评估和私密检查之前，应该了解助产士工作的目标，总结分娩妇女的相关观点。因此，这些经验的种类和顺序是重要的课程考量。

　　这些经验持续的时间也是相关考量因素，以及是否应该命令他们有意地为学生提供一系列的职业体验，或者只是在一两个环境中，但是这需要更长的时间。有时，教育目的（即学习目标）可能最适用于经验的连续性 ——开发执行特定任务所需的程序性能力。然而，为了其他目的，例如了解职业实践的多样性——可能需要多种经验。也就是说，学生是否有必要从事职业实践的监督工作，或者其他类型的经验是否适当。监督安排需要组织，包括与行业合作伙伴接触，这样成本往往很高，而在其他情况下，学生可以组织自己的工作经验，甚至可能不需要密切监督，因为出现错误后果的概率是较小的。因此，这里要考虑的是什么样的安排是适当的，以及是否应该以某种方式对这些安排进行排序。这里增加的是考虑学生如何参与这些活动。

以下是对学生如何参与这些活动的一些思考。在第二项研究中，学生反馈，他们强烈希望这是一个循序渐进的参与过程（Billett，2011a）。

也就是说，学生首先要逐渐地、间接地参与到工作环境中（即要求最低且可以容忍错误的任务中），并扮演与他们能力相称的角色（即最近发展区）（Valsiner，2000）。这样，他们就不需要完成实践的全部要求，除非他们有信心并有能力这样做。这种考虑是建立在教育基础上的，正如那些与工作相关的活动、客户和病人。在教育方面，尽管非常规或新奇的活动对于丰富学习和提高学习者的知识很重要，但如果这些经历超出了他们的需求（即超出了他们的最近发展区），那么消极的结果可能会发生在学生身上，除非他们受到更有经验伙伴的密切指导（Rogoff，1995）。因此，在学生的潜在发展范围内的经验是最有可能产生生产性学习的，因为这些经验是建立在他们所知道的、能做的和有价值的基础上的。

在实践和教育中组织、实施学习经验时，需要考虑和应对这些问题。这种考虑以及如何丰富或扩大这些经验，能够扩大其最近发展区的范围。总而言之，所有因素构成了一套广泛的课程考量，这就需要根据前面介绍的三个课程概念加以思考。也就是说需要考虑"意向课程"，即计划通过实施课程而实现教育目标（即需要学习的知识）；"制定课程"和"体验课程"，即学生体验学习的内容。我们应用这三个课程概念解决这一系列的课程问题，并讨论其对教育实践的影响。

第二节　意向课程

我们需要有意识地组织高等教育学生的经验，包括制定这些经验、与学生接触，从而更好地利用这一基于工作经验整合的方法（见第二章——高等教育目的：当前聚焦和未来重点）（Eames & Coll，2010b）。如前所述，意向课程预期发生和即将实现的内容（即知识学习）。有意规划经验是为了实现特定的教育目标或教育目的（Print，1993；Talar，1949）。因此，它往往侧重于需要实现的教育目标种类，在经验组织方面实现这类目标的手段，其中包括学生需要学习的内容，以及这些内容在学校环境和工作环境中将如何制定。当然，不能保证计划会被忠实执行，从而使学习内容与计划相一致（Marsh，2004）。

不可避免的是，制定课程的人无法充分理解、预料或知晓课程实施的情况。此外，还有一系列的因素在或多或少地影响着所要实现的内容以及某种独特的内容（Print，1993）。长期以来，校本课程开发过程一直意识到这一点，这些方法将针对当地的教育意图和教育内容的细节做出决定（Brewer，1978；Skilbeck，1984）。另外，如预料的那样，不能保证学生的经历会导致学习的种类和范围。事实上，很难预测学习者的学习范围如何与制定的课程相匹配，从而提供帮助他们学习的内容（Print，1993）。

然而，重要的是，课程开发是一个意向性过程（an intentional process），旨在理解和适应包含教育供给在内的一系列因素（Brady & Kennedy，2003），包括课程的制定、对学生的理解以及与所有这些因素相关的后果。所有这些可能的程度取决于与学生相关的可预测性问题。对这些因素了解得越多，前进的前景越大，这就是为什么情境课程发展如此重要（Skilbeck，1984；Smith & Lovatt，1990）。然而，当这些因素的范围延伸到未知或不可知（即学习的大部分情况）的领域时，确定有可能实现的意图会更难。工作经验的使用和整合包括与学生不同种类的工作经验相关联的一些不可知的意外情况，以及教育工作者对这些经验的有限影响。如上所述，预测学生如何参与和体验为他们提供的内容很难实现。举个例子，早些时候提到的许多当代高等教育学生"吝惜时间"。由于与"吝惜时间"相关的问题很可能与个人有关（即取决于他们的具体情况），所以很难制定出精确的计划。在联合健康项目（Allied Health project）中，一组学生坚决拒绝诱导实习的过程，另一组学生则认为是一种无关紧要的强迫。教育工作者认为有价值的经验可能不会被学生分享。例如，在与美国一所大学的医学生讨论教育过程时，他们抱怨说，通过"病例讨论会"（即由高级注册医生或专家主持的病房会诊）进行医学教学的标准方法在他们的实践里并不有效。这些经历的教育价值很快就降低了，除非它们是有趣且具有挑战性的案例。此外，他们倾向于更自主的研究学习，他们研究网络材料，用来了解特殊患者的情况和对这些状况的反应。当然，了解的因素越多，有意的规划就越能适应这些因素。

意向课程只能是实现什么目标。确定这些意图是为了实现明确的教育目的。因此，有必要考虑在高等教育中利用和整合实践经验的教育目的。

一、调整教育目的与工作整合进程

教育目的的核心是选择有意义的方案或干预，旨在确保特定类型的学习，如在第二章和第三章所阐述和讨论的。计划和利用基于工作的经验当然也不例外。因此，识别并描述出在经验中所要实现的目标和学习成果十分重要。第三章确定了一套广泛的教育目标，以便将高校教育项目中的工作经验纳入其中。这些教育目标是多样的，可能需要注意以下几点：

· 学习职业；

· 学习这种职业的各种形式；

· 拓展在大学环境中学到的知识；

· 针对性实施职业的场所；

· 培养职业能力（即规范性、概念性、程序性和倾向性），成为该职业的有效执行者；

· 发展特定职业所需的知识形式和特定实践环境所需的程序；

· 发展更具广泛适用性的学习，不仅限于特定环境的要求；

·满足职业或专业许可的要求。

这个教育目的虽然不够详尽，但有助于考虑通过高等教育项目来实现的教育目的的种类和范围。为实现这些教育目的，需要相当独特的方法和教育过程。例如，第三章中提到，可以通过观察或参与外部环境来支持学生了解首选职业的过程与正在开发职业特性能力的过程有很大不同。也就是说，需要开发和锻炼学生所需的经验，以便在一种或多种实践中有效地实践所需的程序技能。如上所述，教育意图中的差异所产生的影响会延伸到经验持续的时间和顺序，以及学生要参与到的活动之中。此外，一般性目的（即目标）也可用于识别指导教学和评估（即教育目标）所需的更加详细和具体的学习成果。例如，医疗保健专业人员可能需要了解不同类型的敷料，以及每种敷料可用于治疗的不同伤口类型、不同的受伤程度。虽然目标和目的可能对组织学生的体验结构最有帮助（即顺序、持续时间、时间安排、投入），但更详细地陈述目标可能有助于为特定的教育目的（即教育学）丰富体验（Brady & Kennedy，2003）。这些目标不仅有利于高等教育机构的发展而且有助于帮助教师为学生组织学习经验。它们还有助于选择如何在整个课程供给中组织和构建基于实践的经验。它们还可以在实践环境中告知个人（即主管、技术从业人员、临床主管、监护人）通过学生的经验实现的期望、要求和结果（Orrell，2011）。也许那些在高等教育机构中担任教师的人需要率先修改这些教育意图，这不足为奇，因为他们最了解规范和预期结果的因素范围（Skilbeck，1984）。

明确的意图陈述也有助于告知学生将通过这些经验学到什么，并证明学习目标的价值（Print，1993）。它们也可以引导学生努力学习以实现学习目标。因此，明确而详细的意图有助于为参与这些计划的所有人（即教师、学生、工作主管和导师）提供咨询，了解学生参与这些经验应该实现的目标。当然，鉴于高等教育项目的覆盖范围现在已经扩展到高等教育机构以外的实践环境中，学生的学习需要得到其他同学的支持，更重要的是要以明确的方式阐述课程要求，扩大视野（Cooperetal，2010）。表 7.1 试图将上述列出的教育目的与旨在实现不同结果的课程和教学法的考虑因素结合起来。

如此一来，该表将第三章中阐述的教育目的与本章中概述的课程问题并列起来，即需要考虑：（1）经验的时间安排和顺序；（2）经验持续的时间；（3）如何组织这些经验；（4）需要各种学生参与；（5）提供各种经验。每个栏目中提出的命题都源于两个研究基金的结果。但是，他们不一定是完整的、全面的，而是需要批评、争论和修改的。尽管如此，他们提供了一种方法，使特定的教育目的在顺序、时间、持续的时间和组织方面形成了经验并让学生参与其中。通过汇集这些目的和过程，将教育目的和教育过程结合起来，可以决定如何组织意向课程。

表 7.1　教育目的和教育过程模型

教育目的	时间和顺序	持续的时间	组织	参与	各种经验
了解职业	早期的大学课程	短，足够长时间观察	获得实践的变化	观察和参与外围任务	获得观察和体验职业的机会
了解这些职业的变化	经过一些初步的职业经历	短，足够长时间观察和倾听	获得实践的变化	有机会与工作场所以及其他工作人员互动	访问一系列工作环境
拓展在大学环境中学到的知识	在此知识受到影响之前或之后	可能短，但重点突出的工作	明确所学的知识并运用到实际中	努力协助将知识应用于新情况	参与各种真实的工作场所活动
针对性实施职业的场所	早期大学课程	足够长，以观察一系列工作环境	通过一系列工作场所轮岗，以了解实践如何制定	吸引学生对这些活动的了解	通过一系列工作场所轮岗，以了解职业的基本实践

续表：

教育目的	时间和顺序	持续的时间	组织	参与	各种经验
发展特定职业所需的知识形式和特定实践环境所需的程序	在实践环境中实习过一段时间	足够长的时间来参与当前的工作活动和开发具体的知识	参与多种形式的职业实践，获得分享和比较的机会	参与活动，获得观察和模拟的机会	在一段时间内了解实践的要求
满足职业或专业许可的要求	逐步参与跨项目建设	足够建立能力和理解能力	内置程序来开发所需的能力	越来越多地从事反映职业要求的活动	通过不同种类的环境和体验，逐渐参与和轮岗

第三节　意向课程的关键考量

意向课程的关键问题是：（1）需要实现的教育目标种类（即明白学生将要学习什么）；（2）组织实现这些目标的方法；（3）需要学习的知识。考虑到学生从实践环境和大学环境获得的经验以及研究基金结果的整合，我们提出了与意向课程相关的原则和实践。通过分析教育目的和教育过程，与意向课程相关的关键考量包括：

·明确需要学习的内容（即预期的学习结果），以确定哪些经验有可能确保学习；

·将为学生提供与预期学习成果相一致的经验；

·以实践经验为基础，循序渐进、分阶段地组织参与，能够符合许多教育目的；

·将特定经验持续的时间与其教育目的（例如方向与技能发展）相结合；

·实践环境能够提供经验，帮助了解实践的要求，而不仅仅是实践场所，在学习和实践环境中组合经验时需要考虑这一点；

·有意地安排准备经验的机会，以便在实践经验融入课程之后整合和调整学习。

具体的细节将在以下小节中进行讨论。

一、教育过程

无论提供和整合学生在实践环境中的经验到高等教育项目中的教育目的是什么，都需要理解这些目的，以便为实现教育决策提供信息。这些目的和与之整合的教育过程需要被视为学生学习经验的一部分。如上所述，这些考量因素延伸到为学生计划的时间、顺序、持续的时间以及为实现特定教育目的而组成的各种活动和相互作用之中。例如，如表 7.1 所示，拓展上述用于学习职业相关的经验，可能与发展具体职业能力有关的经验不同。前者包括参与一些不同的环境（例如：各种医院病房、印刷公司和电子媒体公司），学生主要观察那里员工的活动。后者可能需要学生积极参与真实的工作活动，并且需要时间培养有效的程序能力（即执行特定程序的能力，例如注射或缝合），提升敏感度。

值得注意的是，工作场所在某种程度上可能难以参与。因此，在规划意向课程时，需要仔细考虑交往类型、参与时间等。例如，在一些医疗机构中使用低水平的医院病房（即老年病和骨科病房），可作为发展学生职业特性能力的场所，虽然已经有很多专职职工在工作，但是也可以锻炼学生对患者的责任心，以及进行跨专业技能的练习。参与这种工作场所和参观工作场所截然不同。但是学生可能不会有参与工作场所的机会。因此，明确教育目的，可以考虑实践环境所需体验经验的种类、形式和持续时间，以及实践环境如何支持学生学习。

二、逐渐和分阶段参与

预期提供和整合实践经验的重点是逐渐和分阶段地参与这些经验，需要考虑这些经验的时间、顺序和持续时间。虽然可能无法都考虑到，但这种逐步参与的原则构成了组织学生在实践环境中经验的基础，它们分别被称为学习课程（Lave，1990）或工作场所课程（Billett，2006，2011b）。这种考虑可以延伸到如何利用其他类型的经验，例如学生利用兼职工作的机会，或者在受监督之前观察他人的实践。例如，对于法律专业的学生而言，观察法庭诉讼程序以及其他工作经验（如观察有经验教师的经验），不一定需要监督实习就可以了解就业方向或确定学生需要追求和学习的目标。所以，对替代经验的考虑，比如这种模拟法庭和学生主导的平面艺术工作室，可能包括如何对它们进行排序，以便让学生为他们可能遇到的、需要了解的，甚至是在实践环境中做出反应的体验做好准备。

三、时序和排序

基于实践的经验及其融合课程的时间和顺序是计划课程的关键因素。在研究基金项目中，在学习方案制定初期具有实践环境的经验得到普遍认可。虽有特例，但是无论目标是了解职业本身、了解职业变化、发展职业能力或了解对绩效的情境要求，早期接触实践环境通常都是有帮助的。当然,这些经验的种类和持续时间取决于预期的教育目的。例如，在一个项目中，"阶段性参与"被大多数（即81%）学生（第一个教师教育项目）所重视。这些学生提到参与的重要性，这些实践在课程早期就开始了，并使他们逐渐参与到工作环境和活动之中，尽管他们在外围，同时要考虑到参与的强度和形式。例如，要在学生学习的早期阶段让他们参与实践环境和活动，他们可以参与相关活动，但这并不是至关重要的。护理学生和医学生可能会承担医院的任务，教育学的学生可能会充当教师的助手，有些情况下，可能会对别人将要编辑的文本进行删减。

确定最有效的经验顺序需要考虑第一章的问题,概念或程序能力（第一个教师教育项目）。当然，与分阶段参与的理念一样，程序能力和概念能力需要连同与实践相关的其他能力一起得到发展。此外，在课堂上学习理论（即命题知识）主要依靠书籍的假设显然是错误的，因为这种形式的知识发生在实践环境中。同样，随着程序能力的发展，通过实践和学术环境中的活动和相互作用确定应用程序能力的发展，需要将两种环境的经验纳入"意向课程"。当我们以程序形式和概念知识的形式提供更有效和更准确的概念时，就不能将专业实践所需的学习视为"理论"和"实践"能力。这个问题出现在研究项目中，引起了研究或领导该项目的人的关注。学生关心的核心问题通常是在实践环境中参与任务的能力水平（Molloy & Keating，2011）。他们通常不希望出现能力不足和缺乏经验的问题，他们甚至认为那样看起来很愚蠢。所有这些都是为教育过程（法律项目）而考虑的。许多学生反映说，如果他们在实践中的参与需要执行职业任务，希望在此之前具备程序能力，才能在这些环境中完成任务。高等教育教师也关心学生的准备情况，所以筹划经验的要素在第八章中继续讨论（即支持经验一体化的教学实践）。这里还需考虑学习事件发生的时间（例如：法律项目中的两个会话之间），其中包括实习护士的临床实习（Newton，2011），社会工作专业的学生参与汇报会议，按摩疗法专业的学生用来探索不同职业方法、不同价值观的分享会议（按摩治疗项目）。这些项目很多都是重点教授职业知识，确保学生拥有参与职业的身份和能力。

四、持续时间

与顺序一样，所需经验持续的时间需要通过考量目的来确定（即通过这些经验寻求要实现的目标），同时还要确保这些成果的有效手段。如前所述，根据教育目标是针对职业的定位（即针对特定的角色或不同角色），还是发展特定的战略能力，来确定持续的实践是短期访问还是长期访问。比如，虽然护士教育课程一般安排在医院病房中一段时间，这段时间护士可能会在整个病房轮班，专门研究不同类型的条件和治疗。护士通常在取得护理学位后，在"研究生季"中继续深造两至三轮。而在前者中，新手护士可能会发展与专业相关的概念、程序和处理能力（例如：护理伤员、呼吸科、骨科、肿瘤科患者），后者寻求对专业进一步的理解和更加深入的理解，包括发展护理高级阶段的战略知识和概念知识的深度，这些都是相互关联和衔接的。

所以有必要在此基础上规划和组织学生的经验。例如，研究生教师教育项目以学生实践为基础，强调逐渐参与和分阶段参与的价值。在他们开始五周的实习之前，每周安排半天的时间进行为期五周的实习，并在八周内开展其他活动，作为整合两种环境中（第二个教师教育项目）经验的有效依据。因此，在不同的体验中，学生经验的数量或经验持续的最佳时间需要与教育目的相一致。例如，一项研究指出，跨工作环境的更换次数过多，似乎并不利于学生将知识从一个环境迁移到另一个环境，学生也需要时间面向新的环境（医学教育与第二个教师教育项目）。因此，短期实习（第一个项目中）使预备教师很难实现成为经验型教师助手的身份转变，如果希望学生能更好地工作，应当使特定环境中的新手从业者明确这一点。这种方法忽视了学生会把自己所经历的事情和从一个环境中学到的东西应用于另一个环境中的困难，即使职业实践相同。那么，如上所述，有些职业要求学生积累实践或特别的经验，从而得到职业认可或专业注册。在研究基金项目中，工程学的学生必须从事超过600个小时的工作，而助产士学生必须有对分娩妇女连续的护理经验，才可以申请专业注册。在这两种情况下，尽管从这些经历中能获得明显的教育收益，但绝大多数情况下经验持续的时间和对经验数量的要求最终与职业认证有关联。

因此，关于工作经验持续时间的决定需要以一套明确的教育目标为依据，并与教育目标保持一致。

五、参与

我们需要将学生准备参与实践环境的过程列为明确的教育目的。除非学生参与这些经验，并且这些经验与他们需要学习的东西（公共关系项目）保持一致，否则真实体验的价值很可能会降低。这种参与可能要求学生做好充分准备，以促进他们有效地参与和学习相关的活动。也就是说，拥有这种职业能力，使他们能够参与到环境中去，这是为他们在这些环境中工作而设定的。这可能使学生必须开发一系列程序技能，以便他们能够在工作场所中执行一系列具体任务，并以工作人员的身份参与任务的执行。例如，在护士教育项目中，实习护士试图在医院病房内实施手术之前，已经在临床技能实验室中实施了特定的程序，例如测试温度、放置敷料、插入支架以及缝线。在这里，需要注意学生们对于逐渐参与工作场所有强度的偏好。他们可以根据自己的能力和信心，以有效的方式工作和学习。这是完善课程的一个前提（Brady & Kennedy，2003）。

参与的一个方面是，在工作场所工作的学生可能难以确定如何参与这一工作场所并获得其支持，以及能够在多大程度上参与与他们经验和能力相符的任务。反过来，忙碌的工作场所可能不招收学生，这些场所对他们的敏感性、技能水平也不会感到满意。在这样的环境中，不一定要协助学生，而是要确定学生如何更好地参与、做什么和不做什么。工作场所可能会存在没有根据的、不知情的或者简单的错误假设，就是学生想要知道做什么和能够做什么。例如，在公共关系项目中，学生打算团队合作，以支持促进非专门机构的公共关系。但是，许多这样的机构并没有组织学生，因此，如何有效地与他们接触成为问题。此外，这些基本上是志愿者组织，缺乏与公共关系相关的专业知识或具体活动，所以，他们无法向学生提供如何在福利界进行公共关系的建议。在一些工作场所（即医疗保健、教学、法律），有完善的程序、清晰的结构、工作任务的组织和方法来吸引学生，但情况并非总是如此。另外，与公共关系学生一样，他们在工作环境（公共关系项目）中可能缺少可以学习的专业知识。在该项目中，这种情况引发了学生的不满，以及学生队伍的不团结。也就是说，群体学习活动开始使学生感到紧张和不满。

参与的另一个方面是，许多学生提到实习活动并没有出现在大学课程中。尽管花费时间和精力在这些活动上，但是作为研究活动的一部分，他们没有被提及、整合或评估。一些学生为了确定基于实践的体验而付出努力（Sweet &Glover，2011），令他们感到失望的是，学校并没有将这些经验整合到他们的课程中去，因为教师对这些经验（工程项目）不感兴趣。这些都与生产性的参与背道而驰，这表明，这些经验只是非常经济实惠，但其实并不重要。

六、导致特定结果的经验

如上所述，不同种类的实践经验可能会导致特定类型的学习（旅游项目）。例如，在一个旅游项目中，学生们的实习内容有三个选择，包括：（1）在工作中实习；（2）从事旅游项目；（3）开展一个大学调查活动。这三种不同体验的活动和互动可以导致不同的学习结果，然而，造成这种差异并不奇怪。例如，从事实习工作的学生累积了特定类型的学习经验。一名学生在某个大城市主要街道的信息亭工作，负责向游客提供交通、景点、住宿、饮食等方面的咨询，她就会了解游客心理及其需求，包括游客特定种类的咨询和不同类型游客的需求。另一名学生从事与旅游景点相关的项目活动，了解景点、主题、宣传以及参观者的种类。或一名从事研究活动的学生正在进行一个旅游、游客等方面的案例分析。所有项目都为学生带来特定结果。然而，这些学生的收获完全不同。在旅游信息中心工作的学生学到了很多关于游客的知识，包括如何与游客沟通，如何识别游客需求和提供咨询。参与旅游项目的学生收获了很多关于景点的知识、景点的优缺点以及如何用恰当的词做报告。但是，学生也要与业内人士会面，并通过工作与这些业内人士形成关系网络。参与研究项目的学生学习了很多关于研究活动的知识以及如何准备报告。虽然这些学习都很重要，但学习同一课程的学生会收获不同的经验，这导致学习成果截然不同。如果以上都是有目的的，那么这些差异都是有益的。这个特定的项目强调不同的学习可能会带来不同的体验。如 Rogoff 和 Lave（1984）所提出的活动结构认知的重要性。因此，不仅是学习类型，学生参与活动和参与互动的种类对学习（旅游项目）也会产生不同结果。

在相关研究中，信息技术课程的学生遇到了类似问题。大学主办方为海外学生提供工作有很大的困难。虽然国内学生能够在高端信息技术公司实习，但是海外学生并不能获得这样的实习机会。因此，大学将他们安置在非专业组织中，在那里协助组织处理信息技术相关的事务。然而，海外学生从事更为烦琐的事务，例如在慈善商店修复有一定年限的电脑，但他们在国内的同行已经运用新兴技术了。这两个例子提醒了学生参与特定类型经验所获得结果的重要性。更重要的是，除了为学生提供实习外，还需考虑这些经验可能获得的知识，以使实习人员的参与类型、持续时间和知识基础保持一致。例如，如果教育目标是制定一系列具体的职业程序，长时间的实习经验，即在同一环境中的经验是最合适的。然而，如果教育目标是让学生了解职业实践的多样性，这将有助于在一系列环境（新闻工程）中进行职业实践，并获得经验。例如，如果试图通过实习活动帮助学生（第一个教育项目）发展或改变他们的身份和自我定位，那么可能需要不同种类的经验以及利用这些经验的方法。

因此，不仅要在实践环境中提供经验，更重要的是了解这些经验的预期目的，并尝试使它与学生课程的预期教育目的保持一致，这样通过工作环境就能获得很多经验。另外，鉴于学生的时间和资源方面在工作场所中有重大投入，将经验与预期结果相结合，就有利于保证经验的有效性。也就是说，需要尝试使特定类型的经验与学生目标相一致。在工作场所提供的真实情景无法从外部进行管理，也不能由日常工作生活中预期的事情实现。

正如下一章所讨论的，教师的一个关键作用是通过有效的配置来最大化经验，并优化学生的经验。到目前为止，项目的关注点已经集中在意向课程、计划和识别教育经验的目的上（Marsh，2004）。然而，这只是意图陈述，意图的实施被称为制定课程，这是接下来要讨论的课程形式。

第四节　制定课程

制定课程是由教师和工作主管通过为学生提供经验并实施的课程。通常可以根据教师的专业知识、可利用的机会和资源以及学生的准备情况来制定课程。例如，在研究基金项目中，许多因素决定了工作场所提供的经验类型。这似乎表明不同大学获得的机会和提供经验的程度有所不同，地理位置似乎是一个公平的因素。例如，城市中心提供了一些特别机会，而区域提供一般机会。如果大学所在位置只有几个工作场所，可能会限制学生的体验范围。对于区域大学的创意艺术项目，只有几个创意艺术的工作场所，还有其他工作场所，在那里创意艺术是组织活动的一部分（例如地方政府），但可用于实习的工作场所与在市中心的工作场所十分不同。这个地区的创意艺术工作者是独立的贸易商：自雇艺术家或从业者。因此，教师采取的策略是为学生们开发一些特定领域创意艺术的作品组合，以增加了解创作者以及该地区创意艺术的机会。然而，如上节所述，学生在制定旅游项目和协助社会（第二个工程项目）沟通的工程项目方面的不同经历产生了多样化经验。另外，根据领导者的兴趣、经验和能力之间的关系，可以为学生提供各种各样的经验。

相关项目课程中提供的教育供给，包括学生学习课程和整合实践经验，如下所示：

·教师在实践环境中的学习兴趣及其有效的整合能力可能深刻影响课程的制定；

·这些功能可能辅导和协助学生整合经验；

·教师对校外实践环境的了解和参与影响如何制定课程，以及如何与这些环境沟通；

·资源的可用性和实践环境将调整学生的经验范围；

·需要增加或最大化可利用机会（例如在区域环境中）；

·监督的水平不应该只考虑可能发生的危害，还要保证学生的学习；

·需要考虑除监督的实习之外的其他选择，以确保预期的教育目的，包括学生有偿的兼职工作、专业就业、观察机会等；

·在制定特定类型经验时，需要考虑学生的准备情况（例如兴趣、能力、信心）；

·在学生参与实践环境之前，需要组织利用实践体验的机会，并为他们之间的共享和反馈提供空间；

·特定学生群体（例如海外学生）可能需要额外的或具体的经验；

·在实践环境中逐步和分阶段参与的经验与信任、能力和兴趣相一致。

在以下部分中，本书对与教师、资源和学生相关的一些重要发现进行了详细阐述。

一、教师

教师的兴趣和专业知识，甚至是人脉，可能会对实践经验的实施和高等教育课程中的整合产生重大影响。一个项目（第二个业务项目）会影响教育者工作经验的价值，理解假设产生的质疑。其他案例表明，即使有兴趣，教学人员在实践环境中有效制定和充分利用学生的经验的能力也会受到不同的限制。这里关注的是教学人员在实践中了解学生的潜力，积极参与丰富和整合这些经验的准备。高等教育的教师之前可能没有为学生提供基于实践的经验的惯例和预期。因此，即使他们组织和提供给学生这些经验，如不阐述其价值，他们可能缺乏整合经验（第一个业务项目）的能力。例如，在一个项目中，大学教师正逐渐成为学生的生活教练（通讯项目）。也就是说，通过实践经验之后，参与学生的生活，教师们可以将其与职业选择和职业偏好相关联的一整套学生问题纳入特定的实践形式，包括如何在工作场所进行职业角色方面的咨询。不过，项目负责人表示，这是非常有价值的工作，并开创了他以前在该领域从未经历过的高等教育教师角色。他评论说，作为一名前高中教师，这提醒他，很久以前当他在高中教学时就对学龄期的学生负责。

然而，与公共关系学生（公共关系）情况一样，当学生在工作场所缺乏特定的专业知识时，教师会支援学生。此外，教师的角色包括能够积极协助学生整合他们在实习中获得的经验。也就是说，有能力组织教学实践（例如课堂活动），有助于优化学生的经验，也可以尝试通过共享、讨论和批判性评估的过程来确保生产性成果。下一章将提到这些教学实践。在实践环境中，真实经验似乎可以：在需要指导的地方，以特定的敏感性为基础（按摩治疗项目——如文化能力），引导学生价值观的变化，使学生符合现有实践的要求（音乐项目），也能以变革的方式（法律项目）实现（Campbell & Zegward，2015）。然而，目标的实现将以教师如何能够提供和制定这些体验为基础，并有效地保障教育成果。

所以要求教师制定适当的目标、主题和重点问题，这些对于指导学生对工作经验的反映和工作经验的整合十分重要。例如，在商业课程中，教学是基于学生的工作经验，要求教师是一个复杂的角色而不只是成为讲师（第一个业务项目）。这需要学生讨论、分享和评估他们工作经验的开发过程，发展他们对商业运作的理解。这种教学方法和（例如：行业研究组合）教学设备的使用要求教师有能力使用这些策略，丰富学生的经验，并将其整合到课程之中。这意味着制定课程需要考虑高等教育教师的能力、兴趣和教学实践。

二、资源和选择

资源的有效性和使用也可以使学生获得经验，帮助学生调整学习经验和分享同龄人的学习经验。如上所述，从旅游项目和信息技术课程的例子中发现，不同类型的经验（即工作活动和互动）将导致完全不同的学习。因此，不仅要在工作场所为学生提供经验，还要使这些经验帮助学生在所学的课程中发展知识。然而，这些经验可能在特定地点或以学生访问的方式呈现，特别是呈现于大众化高等教育的许多供给之中。例如，像预期的那样，位于区域中心的高等教育机构可能获得与大城市环境不同的、有限的工作经验的选择。当然，对于这两个地方机构来说产生的效果是截然不同的。所以，有必要使经验与教育机构或特定地点保持距离。在某些情况下，这样的安排是可能的，而在其他情况下实现的概率更小。例如，一些大学在农村有基础设施，可以为他们的医学生提供实践场地、提供住宿和工作经验。然而，对于其他课程的学生，即使在同一所大学里，也没有一些实践安排。例如，在一个参与研究基金的机构中，一位教务处处长被问到如何组织每学期1500名学生的工作实习。这一案例中参与学生的范围和数量太多，影响了其他学院可用的资源和相关的安排。

当然，有一些方案需要优秀的学生在实践环境中进行监察和监督（如教育和卫生）。这种经验的可获性和获取经验的能力受限于高等教育机构的监督实践。因此，在某些方案中，实习的持续时间可能相当短暂。例如，在一个护士教育项目中，监督费用使护理专业学生获得临床实习的时间减少了2周。直至实习结束，很少有护理专业的学生能够在实习医院的各个部门实习。护士长、护士、教师或学生都认为实习时间太短了（Newton et al，2009，2011）。然而，现有的财政资源只能为学生提供短期实习。虽然，这种实习对工作或工作场所可能有帮助，但当学生需要拓展实践来发展程序能力时，这种实习就不太有用了。因此，重要的是要确保特定种类实践经验的资源和选择的范围。

除了有序的实践外，还有其他选择可用于确保实践经验。其中有一项就是利用学生的有偿工作，无论是兼职工作还是全职工作。现有的工作经验可以使工作在与学生学习保持一致性的情况下做出贡献。商学院教务处处长对如何为商学院学生提供实习做出了回应。

除了由教育机构组织的资源密集型监督和教师主导的实习安排，还可以让组织实践经验的学生自己选择。当然，在一个项目中，脊椎治疗学生通过与印度北部无国籍社区的合作解决实习问题。学生为了实习而筹集资金，并不是为了赚取生活费，他们通过脊椎按摩工作支持社区，帮助社区。

总而言之，存在与可用资源和选择有关的一系列因素，这些因素将会塑造可制定的课程。这些都是基于地点、经验可用性、学生人数、老师的兴趣与能力以及学生积极参与实践经验的程度等因素。虽然学校教学和获得工作场所的机会很受重视，但学生自身在政策实施中发挥关键的作用。

因此，需要注意以下事项：

·实习与学业相关的有偿工作；

·学生有薪兼职；

·了解即将开办的职业（例如观察法庭诉讼）；

·学生积累先前经验；

·组织模拟或替代活动。

为了回应高等教育学生获得工作经验的需求，除了监督学生实习之外，还应该考虑其他的选择。

第五节　实习的需求不断增长

随着对工作经验的关注，学生实习的要求和需求也在增长。高等教育关注如何满足工作安排和其他相关工作经验的要求，即定位、组织、持续和管理。高等教育正在解决大学和人才需求的重大问题，即通过教育目的和财务以及行政来解决这一问题。鉴于护理学院和教育学院提供监督实习的做法，可以将这种方法作为整合学习经验和规范风险的有效举措。然而，这种安排在短期内难以为继，更不用说长期持续。虽然教育目的要求这样组织（即照顾病人和学生），但在高等教育中所有与工作相关的经验（例如上述商学院学生的示例）并不一定适合学生。首先，对教育目的进行规划，然后通过安排学生的体验来确保教育目的实现。一旦确定这些，就要考虑获得经验的体验，重要的是将它们整合到可以实施的课程中。

当然，如果教育目的是让学生通过参加真实的实践来加深对职业的理解，就需要磨合特定职业、修正程序和调整价值观，那么可能需要实习和参与实际工作。事实上，这些能力最好通过实践发展。大多数情况下，这些真实的工作活动需要监督。如果这种参与对他人有潜在的危害，则需要谨慎和密切地监督。因此，教育机构和医疗机构往往会密切监督学生的实习活动，包括监督他们职业实践的表现。当然，不同专业所需的监督程度不一样。例如，医疗专业的学生或护理专业的学生在老年护理过程中获得医疗保健的经验，其工作强度和患者的敏锐度都比病房的繁忙程度小。因此，这种密切监测的程度在弱化。新闻专业的学生可能会准备一篇报道，将其提交到媒体机构或广播电视台。他们利用在大学里学到的写作技能撰写故事，了解如何准备工作，而这些过程都受到编辑的监督。

然而，如果教育目的是协助学生进一步发展他们在大学课程中对所学知识的理解，那么适合用实践的方法，除了大学组织的实习外，还可以通过其他选择进行这一活动。这些选择包括利用学生有偿的兼职工作、在不参加实际活动的情况下观察和反思实践的机会、为实习者提供志愿活动或由大学组织的实习，从而使学生参与到真实的实践活动之中。在下文中将简要地讨论这些选择。

第六节 监督实习的选择

一、学生有偿兼职工作

在很多国家，大学生从事兼职工作。这种就业形式为学生提供了一些教育机会。虽然这些兼职工作大多不是学生毕业后想从事的工作，但有偿工作能被用于各种教育目的。事实上，学生的兼职工作包括研究基金项目与兼职相关的一些项目（其中85％的学生从事兼职工作）采用的策略（第一个业务项目），75％的学生从事相关工作，所有学生都会参加实习型商务课程（第二个工程项目）。这些项目要求在高等教育课程背景下，学生思考、利用有偿兼职工作经验。这些经验可确保一系列教育目标的实现，包括一些职业特定目标，以及更广泛的教育目标。因此，从事兼职工作的商务专业学生要对工作场所监督过程提出看法，其中包括工作场所中的沟通、工作安排、广告流程、招聘、职业方向、人力资源开发和有效奖励等。也就是说，利用他们的经验发展与具体职业实践相关的理解和程序能力。

所以，有可能通过分享经验的过程来优化有偿兼职工作的经验或大多数学生群体的实践经验。这种兼职工作可用于帮助学生在不同环境中理解职业实践，并分析造成这些差异的原因。这些过程和经验可以有效地发展（即可转化）知识，这是高等教育的重要目标。特别是那些毕业后不知道到哪就业的学生，了解如何在各种情况下工作的方式，可以帮助他们顺利过渡到工作场所。也就是说，如果他们经验有限，他们对职业实践的期望和理解可能会只局限于这些经验。然而，如果能够与其他专业的学生接触并咨询经验，可能会拓展他们对该职业的看法和预期（新闻、法律和按摩治疗项目）。当然，这些经验的价值在一定程度上依赖于现有的资源，包括授课人的兴趣和能力。

如果教育目的是理解和评估工作活动或工作实践，那么学生的兼职工作就可以作为案例，让学生考虑、反思和比较这些活动或实践。上述商学院的学生可以利用他们有偿兼职工作经验为基点，来反映、管理、监督和营销人力资源管理活动相关的流程、实践和结果。学生可能会被要求关注和评估这些做法，他们还需要与其他学生一起展示并分享这些结果。这种在实例、案例中参与共享和比较实践过程和结果的做法可以产生适应性学习的经验。比较它们的特殊价值和明显的局限性，使学生可以了解活动的变化，从而获得应用能力和适应能力。这种理解方法可能比学生只拥有一套经验更有利于学习。此外，通过分享经验，不仅使学生能够拓展自己的经验，而且也让未兼职的学生了解同龄人的实践类型（新闻、脊椎按摩、护理项目）。

还有其他方法可以让学生参与有偿兼职工作，例如了解不同类型的工作流程和工作场所的需求，以及有偿兼职工作所需的有用性策略，有时也称为通用能力，这些包括与他人合作、交流和考虑他人的需求，了解短期和长期的工作目标，这是许多澳大利亚大学正在追求的学习目标，成了毕业生的主要特征。更具体地说，对于一些高等教育课程，如管理、人事等课程，这种方法可以了解学科的适用范围。在这些情况下，当学生有机会在各种各样的工作场所下进行活动时，教育价值被强化，有计划、有组织和有目的地组织，包括分享经验和与其他学生在大学论坛里进行讨论。例如，为实现目标而采用 20 世纪初在美国合作研讨会提出的合作教育模式的教学方法（Grubb & Badway，1998）。这些研讨会可以分享经验和学习，并进行对比，在当代合作教育供给中更广泛地整合和拓展这些环境的学习。另一个好处是，学生可以利用现有的非全日制工作来获得经验，而不是从事既花费时间又没有报酬的实习工作。

二、观察和反馈的机会

学生可以进行一些真实的实践，而不是仅仅从事监督工作。例如，行政法学的学生、新闻专业和法律专业的学生可以通过参加法庭诉讼来观察和了解法庭程序，尽管他们的目的完全不同。法律专业的学生、新闻专业的学生和医护人员以及参与司法系统的其他人员要在法庭上提供证据，并且提前了解一些法庭程序对于实现这些目的的价值。观察和考量这些经历会让学生通过了解法庭进程以及证人作证的程序，为自己将来在法庭上的角色做准备。新闻专业的学生可以了解法庭报告活动的要求，这一过程不需要进行实践。对于法律专业的学生来说，观察法庭诉讼程序可能会获得一些学习成果。首先，他们可以了解法庭诉讼程序的过程和法庭议定书的要求，以及裁判官和不同类型的法庭诉讼程序有何不同。第二，法律专业的学生可能会使用特定案件来讨论案情，他们会讨论法律的优点、如何使用法律以及他们在处理案件时可能会考虑的其他策略。第三，与同伴和老师一起反思和讨论这些经验，可以确定法律工作的基础，以及作为新手律师可能采用的特定策略和方法。其他例子，包括医学生观察尸体解剖，无须在医院或法医殡仪馆的实践。有了这个例子，我们学习这些经验之前，有必要向学生介绍活动的目的，并制定相关规定，以便最大限度地从观察经验中学习。总而言之，这些例子表明，利用机会观察实践的真实情况很有必要，它们可以最大限度地发展学生的理解能力和实践能力。

三、志愿活动

学生可以自愿地参加慈善机构的活动，这些活动可以提供真实的工作经验。这些经验可以使职业新手更了解实践（例如：做教学助手工作的实习教师），如果有能力从事更广泛的职业活动，可以进一步理解并更改职业程序。最近，一名物理治疗专业的学生报告说，她和另一名学生向偏远社区的诊所提供志愿服务。学生能够参与到物理治疗实践，这让物理治疗师减轻了工作负担，这些物理治疗师可以监督学生的工作，同时他们自己也可以处理记录的工作。这使学生能够进行广泛的专业实践，并以进一步发展专业能力的思想负责患者的护理，对治疗患者更有信心，同时由专业从业者对此进行监督。这些志愿活动可以发展即将毕业学生的能力，以及与校园相差甚远的专业实践形式。同样，法律专业的学生也可以通过在法律援助中心对律师工作的技能进行宣传，体育学和人文运动学的学生可以协助当地的宣传队伍进行宣传。这些经历可以用来呈现学习结果或提供实践机会，从而进一步发展学生的能力。

四、学生或教师组织的实践活动

上述许多活动不需要大学毕业生组织，因为学校或其教师有责任组织这些活动。在某些情况下，让学生自己组织这些经验是很重要的。例如，职业教师教育项目的学生必须去实践，与机构进行合作谈判，并遵守教师对他们的实习要求。这对于学生很重要，因为他们需要与职业教育学院的工作人员联系，了解教学的具体要求，以及确定他们将来可能工作的地点。其他专业的学生，例如表演或艺术创作专业的学生，也许还需要学习如何组织自己的表演或演讲（创意艺术品和音乐作品）。就应用知识的环境而言，一些工作人员组织实习或小组活动，让学生参加实践活动。那么，组织和经营小企业成为许多管理学校开展的活动形式之一。从教育的层面来看，在很多情况下，一些实习的要求是不恰当的。

第七节　超越监督工作实习

大学课程尝试为大多数学生提供有监督的实习工作，这可能是不可靠的，也是不切实际的。这里强调，考虑到大学生参与工作整合学习活动的程度，我们需要为工作经验提供一系列选择。这些经验需要与课程教育目的相一致，对于大学、学生和工作场所都有价值。因此，需要超越监督这些种类的实习工作，实习不是学校和特定实践环境中经验整合唯一可行的选择。相反，还有超越上述一系列建议的可能。上述内容的关键是，他们可以获得真实的职业经验，在这些活动中也能以不同的方式参与。在所有选择中，不仅要组织学生获得经验，还要让学生自己获得工作经验。

无论为学生提供或组织什么样的实习，必须将实习整合到大学课程中。因此，有必要为学生提供思考、分享、讨论和评估经验的机会。在参与经验之前，有必要说明经验的原理和方向，学生参与这些经验的同时，如何最大化经验的益处。在体验结束之后分享和比较经验，一个重要的考量因素，就是学生可以通过教学设备来展示这些成果。这包括使用合作研讨会，以及诸如临床监督、反思学习组（Newton，2011）和学习圈（Cartmel，2011）等策略来帮助学生相互分享、比较和批评自己的经验。实习阶段还需要明确在大学课程中教授知识的过程，以及与实践经验有关的过程。

这里重点要找出在大学环境之外的工作经验和生活经验融合的供给，这些供给在目前高等教育中具有可持续性教育意义。这些建议可能成为组织和利用工作经验和生活经验的一个新开始。

总而言之，提升工作经验的重要前提是：

· 确定经验的教育目的；

· 思考提供经验方式的范围；

· 思考哪些选择有能力为学生提供经验；

· 通过实习，学生自己或利用教师的指导组织这些安排。

成熟的人际关系是指承认并适应合作，并认识到不同需求和贡献的关系。实践经验不应被视为只是当时需要重视的问题，或被当作一个次要问题，而应成为教育关注的焦点。我们高等教育者面临的一个重要挑战是克服现有的正统观念，了解有效的课程和教学法在实践和教育环境中的不同构建方式。

一、学生

学生的理解力、能力和教育机构会对制定的课程内容产生影响。我们需要考虑学生的背景和能力的差异。利用学习经验和可行的学习方式在实践环境中学习，然后从学习内容中吸取经验教训，这对学习更有帮助（即将"丰富经验"嵌入课程中）。然而，也有其他方式可以让学生体验到所制定的课程内容。如前所述，为海外学生安排一系列实习活动，协助他们更多地了解社会福利制度和机构，并要求学生在社会工作中具备理解实践经验的知识（社会工作项目）。在这个项目中，这些学生大部分是来自没有社会福利制度的国家、机构的社会工作者。学生自身制定学习经验至关重要，但这永远不会超越他们在实践环境中、在教师的指导下获得的学习经验（例如：创意艺术项目）。如果学生有能力并乐意为学习经验（音乐项目）开展有关的实践活动，机构可能会制定不同方式的课程，这时学生就会犹豫不决。然而，学生（公共关系项目）可能无法有效获得这一机构的职能，因此，高等教育项目需要将为其发展而做的努力视为课程制定的一部分。当然，除非学生进行实践，并使用他们所学到的东西（公共关系项目），否则他们不可能实现真实体验的价值。如第六章（即经验整合的重要发现）所述，在这里，"准备"一词用于解释学生的参与。学生的准备活动和学习程度包括准备的主动性和与其他学生的合作。如果学生没有做好从事这些活动的准备，他们可以通过拓展能力和增强信心来进行活动，那么制定的内容可能会受到很大的限制。

此外，如前所述，在整个项目中，我们发现学生倾向于关注与自己相关的问题。这可能涉及在实践环境中有关学习的关注，学生对学习的预期可能是未知的。学生最有可能对进行相关活动的工作经验感兴趣，这些活动可以评估或展示他们（健康科学、教师教育、物理治疗项目）的能力。因此，需要组织和制定与学生的利益相一致（至少不会与学生的利益相矛盾）的经验。另一个为学生制定机会的要素是学生和经验之间的融合。某些（但不是全部）学科的重点是将学生与其参与活动的种类（新闻项目）进行匹配。部分课程的制定是对学生经验进行考量，在

第八章中我们会更详细地讨论。学生在实践环境中并不清楚自己的预期以及被允许做什么（即公共关系项目），这会影响他们参与活动的内容。例如，有人提议，工作经验要符合实习工作（工程项目）的要求，但没有这种经验的学生需要以其他活动经验作为课程实施的一部分。

通过这种方式，有一系列因素决定了教育项目的实施方式。这些因素有许多超出了那些组织该项目的人的范围，他们选择了经验、目的，并具体诠释了将要实现的结果。相反，与地点、资源、讲授课程的教师和课程参与者（即学生）相关的因素塑造了课程制定的内容。

当然，最终这是由学生来体验的，而且他们能了解教育供给的价值。也就是说，课程是学生通过体验而学到东西。

第八节　学生的体验课程

最终，高等教育中的学习由学生自己承担。这种学习依赖他们如何解释和构建经历，选择制定的课程给他们提供什么内容。因为学习过程是个人以这种方式调动的，所以学习程度将由他们如何参与制定课程的内容来决定。学生参与和融入大学提供的经验和实践经验是高等教育的核心结果。因此，需要将与课程相关的原则和计划作为经验的来源。尽管教育项目中可能发生某种体验的不可预测性，但是当学生参与实践经验时也是如此。如前一节所描述的，学生如何参与体验课程考量的核心是：（1）参与意愿；（2）参与兴趣；（3）在实践环境下参与实践的信心和能力。

如前两节所述，意向课程和制定课程都需要考虑学生如何体验计划和提供课程内容。这包括学生的准备、兴趣、能力和信心，作为他们如何从事实践经验的核心，因此，在这种情况下学习，然后将其与高等教育规划中的学习相结合。此外，应考虑到经验丰富的课程似乎与整合工作学习经验特别相关。经验和实践环境中的许多活动和互动都超出了教师能力和高等教育机构的能力范围。从某种程度上来讲，许多活动和互动不能只考虑教育过程，在实践中，它们还需要考虑学生的经历、承诺和学习意图。与体验课程相关的一些关键问题如下：

·据报告显示，针对国内和国际学生的项目缺乏有效参与实践环境的准备；

·不同种类的参与和准备水平有特定的影响（例如：国际学生对社会、制度和地方实践缺乏了解，国内学生涉世未深以及对职业的理想化）；

·当工作场所的需求和大学之间的要求有冲突或矛盾时，准备水平最为重要；

·需要将与准备工作相关的问题视为二元性的问题，其中包括学生的经验、工作场所和学术机构的要求；

·准备水平使学生对实践环境中经验的排序、持续的时间和轮换做出反应并整合经验；

·学生的兴趣是实践环境中参与和学习质量保证的核心，在学习过程中有助于整合经验；

·在实践环境中的直接关注点可能是学生兴趣的焦点；

·确定学生的兴趣和参与程度的前提对于实践环境中制定和取得有效的学习成果非常重要；

·学生的信心能够调整实践环境中参与的状态；

·前期参与和阶段性地参与实践环境可以提高学生重新参与和有效学习的信心；

·有效的组织流程可以帮助学生从挑战中获得自信，以及从实践经验中获得成就感，这一流程包括共享经验。

尤其在这里，我们要考虑到：（1）学生的准备情况；（2）兴趣和能力；（3）信心作为体验课程的核心特征。

一、学生的准备

实践环境中学生的准备水平以对工作场所的了解、开展的工作及参与实践的能力为前提。正如前文所述，在澳大利亚参与社会工作的国际学生的就业会受到制约，他们对社会和个人情况的（社会工作项目）要求相对较低。在国内媒体公司工作的新闻专业的学生也不愿意在这些环境中进行工作（通讯和新闻工作），而公共关系专业的学生也发现了小组工作的困难和冲突。有时候，参与工作实践可能是一种冲突性的经验，学生可能没有预先的支持和指导（公共关系项目）。因此，如果没有为这些经验做准备可能会让人勇往直前，也可能让人感到绝望。所以有必要解决或协调实践环境和大学对学生期望之间的冲突（商业项目）。

准备工作还有另一个方面。学生面临一个全新体验，他们需要理解并与他们已知的知识相结合。对于学习者而言，许多新奇的体验可以证明以上说法是绝对可靠的，学生不会为这样的体验做好准备（医学教育和第一个教育项目）。然而，这种准备是有依赖性的，因为它是建立在个人所知道的、可以做的和有价值的事情上。事实上，在急救中心的医生建议说，他觉得医院看似烦琐、无聊和常规的流程有时候完全是新颖的。因此，应考虑体验时间和体验机会可能有助于理解新经验。在最近的一项研究中，医生报告说，夜班为他们提供了一种体验，使他们比在忙碌的班次中更能有效地巩固学到的知识。也就是说，夜晚为患者治疗时，活动频率和速度与其能力水平更加一致。因此，他们将这些"时间以外"的体验称为学习的重要部分，因为医院对他们的要求越来越高（Cleland et al，2014）。此外，整合这些经验需要考虑双重要素：（1）通过跨职位提供不同类型的经验；（2）学生以不同方式解释提供的内容（例如新闻、公共关系、商业、法律项目）。因此，通过实践经验频繁地改变学生的课程安排，可能会压制学生，让学生感到困惑。例如，在某些学科中，阶段性地参与实践环境可能是必需的，事实上也是如此。

以上表明，学生的准备就是他们体验课程内容的形式（如在第九章——发展学生的个人认识论中有强调）。他们的经验越激烈、越冲突和越新颖，他们的准备就越有挑战性，越难体验有成效的学习。因此，考虑到学生参与的活动和互动方式，体验之前准备更合适的活动和互动，以及加强他们所经历和正在学习的活动可能会使体验更有成效。

二、学生的兴趣和进取心

鉴于学生有意地和有针对性地参与学习，学生进取心将是其参与和保证学习质量（创意艺术项目）的核心。然而，学生的进取心在一些项目（公共关系和音乐项目）中变化很大。如果学生不能有效地、努力地或有兴趣地参与，那么即使在最真实的学习环境和经验中，学习效果也会被大大削弱。他们的参与以进取心和学习意图为特征，决定了参与的质量和学习的目标。在研究基金项目中，学生似乎有兴趣，甚至渴望参与到实践环境中去（例如：音乐和新闻项目）。这很重要，因为参与实践的兴趣是让这些体验有意义，然后用批判性的方式将它们与其他方面的经验融合（即整合）。所有过程都需要学习者努力，然而这种努力可能不会出现，除非学习者的动机或兴趣很高。如上所述，指导学生参与实践往往是最直接的问题（健康科学、创意艺术、教师教育、医学教育项目）。因此，对于教师而言，什么是重要的，什么是教师制定的，什么是课程的目的，这些与指导学生的兴趣和进取心很不一样。

因此，学生的兴趣与主动性决定了如何参与学校为他们提供的课程（即制定的课程），从而强调了"经验课程"的重要性，并强调了寻找培养学生兴趣的重要性。

三、学生的信念和能力

毫无疑问，特别是在一个新的和不确定的环境中进行练习会使学生信心不足，并使其无法完成这些任务。虽然参与实践环境的一个关键因素是（商业项目）发展个人信心，但这对学生来说是个挑战。当不清楚学生的预期（公共关系项目）时，这种认识也可能被摧毁。如前所述，学生面临的矛盾问题包括实践环境和大学要求之间的差异。学生如何整合这些差异，要求以他们的能力和先前的经验为前提。

因此，我们需要建立学生的信心，使他们在工作中（通讯项目）更有效率和生产力。在实践环境（教师教育项目）中也展示了阶段性参与的重要性。从体验课程看，作为一项关键准则，课程的意图应该放在学生的经验和实践环境中，帮助他们与经验中教授的内容建立联系（即体验课程）（第二个商业项目）。个人的一些经历可能有助于帮助学生过渡到新的职业身份和角色（即他们如何到达）。

在这些方面，体验课程的概念是影响课程的因素，更广泛地说它是高等教育课程的核心，在这本书中，学生将参与实践经验，然后寻求与高等教育计划协调一致的经验。

第九节　课程考量

总而言之，本章提出的课程考量超出了旨在让学生参与和体验的学习经验的范围，这些课程通常被收录在大纲文件、课程大纲和专题文章中。即使是最完整的研究，也只是对意向课程的完善和更为详细的说明。

显而易见，我们对意向课程的了解和研究越来越多，学生的准备状态和参与的内容越接近，越有利于促使他们的参与。这样看来，意向课程不能只考虑个人、机构在制定与实施方案时的观点、贡献和偏好。相反，参与制定课程的人员需要了解学生的见解或直接与学生接触，从而发展意向课程，在制定课程和体验课程的过程中实现教育目的。有人提出，情境因素影响了课程的制定。这些因素包括教师的工作经验、态度和能力，以及学生的准备和兴趣，它们影响了实际制定的意向课程。最终，教育课程应该以学生学习为中心，重点在于学生如何解释和构建知识，而不是由意向或制定的课程内容来决定知识。相反，个人（例如学生）

参与，构建和有意参与会影响他们的学习体验。正是这一系列因素构成了课程的考量。

除了提供经验之外，教师、工作主管提供的具有教育性质的特定经验如何丰富学生的体验，这些问题会在下一章得到解决。教学实践可用于帮助优化实践经验，促进学习者在高等教育课程中整合其经验。

参考文献：

Billett, S. (2006). Constituting the workplace curriculum. Journal of Curriculum Studies, 38 (1), 31 - 48.

Billett, S. (2009). Conceptualizing learning experiences: Contributions and mediations of the social, personal and brute. Mind, Culture and Activity, 16 (1), 32 - 47.

Billett, S. (2011a). Curriculum and pedagogic bases for effectively integrating practice-based experiences. Sydney: Australian Learning and Teaching Council.

Billett, S. (2011b). Workplace curriculum: Practice and propositions. In D. G. F. Dorchy (Ed.), Theories of learning. London: Routledge.

Billett, S. (2014). Integrating learning experiences across tertiary education and practice settings: A socio-personal account. Educational Research Review, 12 (C), 1 - 13.

Billett, S., & Choy, S. (2014). Integrating professional learning experiences across university and settings. In S. Billet, C. Harteis, & H. Gruber (Eds.), International handbook of research in professional and practice-based learning (Vol. 1, pp. 485 - 512). Dordrecht: Springer.

Brady, L., & Kennedy, K. (2003). Curriculum construction. Frenchs Forest: Pearson Education.

Brewer, W. B. (1978) . School based curriculum development: Myth and reality. The Australian Science Teachers Journal, 24 (2), 51 - 55.

Campbell, M., & Zegward, K. (2015) . Developing critical moral agency through workplace engagement. In S. Kennedy, S. Billett, S. Gherardi, & L. Grealish (Eds.), Practice-based learning in higher education: Jostling cultures (pp. 47 - 63) . Dordrecht: Springer.

Cartmel, J. (2011) . A considered curriculum for preparing human service practitioners: Structuring circles of learning and change. In S. Billett & A. Henderson (Eds.), Developing learning professionals: Integrating experiences in university and practice settings (pp. 101 - 118) . Dordrecht: Springer.

Cleland, J., Leaman, J., & Billett, S. (2014) . Developing medical capacities and dispositions through practice-based experiences. In C. Harteis, A. Rausch, & J. Seifried (Eds.), Discourses on professional learning: On the boundary between learning and working. Dordrecht: Springer.

Cooper, L., Orrel, J., & Bowden, M. (2010) . Work integrated learning: A guide to effective practice. London: Routledge.

Eames, C., & Coll, R. (2010a) . Cooperative education: Integrating classroom and workplace learning. In S. Billett (Ed.), Learning through practice: Models, traditions, orientations and approaches (pp. 180 - 196) . Dordrecht: Springer.

Eames, C., & Coll, R. (2010b) . Cooperative education: Integrating classroom and workplace learning. In S. Billett (Ed.), Learning through practice (pp. 180 - 196) . Dordrecht: Springer.

Ellström, P. E. (2001) . Integrating learning and work: Problems and prospects. Human Resource Development Quarterly, 12 (4), 421 - 435.

Grubb, W. N., & Badway, N. (1998) . Linking school-based and work-based learning: The implications of LaGuardia's co-op seminars for school-

212

to-work programs（pp. 1 - 30）. Berkeley: National Center for Research in Vocational Education.

Lave, J.（1990）. The culture of acquisition and the practice of understanding. In J. W. Stigler, R. A. Shweder, & G. Herdt（Eds.）, Cultural psychology（pp. 259 - 286）. Cambridge, UK: Cambridge University Press.

Malle, B. F., Moses, L. J., & Baldwin, D. A.（2001）. Introduction: The significance of intentionality. In B. F. Malle, L. J. Moses, & D. A. Baldwin（Eds.）, Intentions and intentionality: Foundations of social cognition（pp. 1 - 26）. Cambridge, MA: The MIT Press.

Marsh, C. J.（2004）. Key concepts for understanding curriculum. London: Routledge Falmer.

Molloy, L., & Keating, J.（2011）. Targeted preparation for clinical practice. In S. Billett & A.Henderson（Eds.）, Developing learning professionals: Integrating experiences in university and practice settings（pp. 59 - 82）. Dordrecht: Springer.

Newton, J.（2011）. Reflective learning groups for students nurses. In S. Billett & A. Henderson（Eds.）, Developing learning professionals: Integrating experiences in university and practice settings（pp. 119 - 130）. Dordrecht: Springer.

Newton, J., Billett, S., Jolly, B., & Ockerby, C.（2009）. Lost in translation: Barriers to learning in health professional clinical education. Learning in Health and Social Care, 8（4）, 315 - 327.

Newton, J., Billett, S., Jolly, B., & Ockerby, C.（2011）. Preparing nurses and engaging preceptors. In S. Billett & A. Henderson（Eds.）, Developing learning professionals: Integrating experiences in university and practice settings（pp. 43 - 58）. Dordrecht: Springer.

Orrell, J.（2011）. Good practice report: Work integrated learning.

Sydney: Australian Learning and Teaching Council.

Print, M. (1993) . Curriculum development and design (2nd Ed.) . Sydney: Allen & Unwin.

Rogoff, B. (1995) . Observing sociocultural activity on three planes: Participatory appropriation, guided participation, apprenticeship. In J. W. Wertsch, A. Alvarez, & P. del Rio (Eds.), Sociocultural studies of mind (pp. 139‒164) . Cambridge, UK: Cambridge University Press.

Rogoff, B., & Lave, J. (Eds.) . (1984) . Everyday cognition: Its development in social context. Cambridge, MA: Harvard University Press.

Skilbeck, M. (1984) . School based curriculum development. London: Harper and Row.

Smith, D., & Lovatt, T. J. (1990) . Curriculum: Action on reflection. Wentworth Falls: Social Science Press.

Sweet, L., & Glover, P. (2011) . Optimising the follow through for midwifery learning. In S.Billett & A. Henderson (Eds.), Developing learning professionals: Integrating experiences in university and practice settings (pp. 83‒100) . Dordrecht: Springer.

Tyler, R. W. (1949) . Basic principles of curriculum and instruction. Chicago: University of Chicago Press.

Tynjälä, P., Välimaa, J., & Sarja, A. (2003) . Pedagogical perspectives into the relationship between higher education and working life. Higher Education, 46, 147‒166.

Valsiner, J. (1998) . The guided mind: A sociogenetic approach to personality. Cambridge, MA: Harvard University Press.

Valsiner, J. (2000) . Culture and human development. London: Sage.

支持经验一体化的教学实践

第一节　教学实践

除了在大学和实践环境中组织学生的经验外，还需要在讨论课程时，考虑如何增加和丰富这些经验。指导学生的学习以达到预期的学习结果，并确保这些经验具有教育价值是必要的。工作场所不是教育环境，是提供服务和生产商品的过程，不能促进学生系统学习（Eraut，2004；Marsick & Watkins，1990）。教育机构的意图在于促进学习，但学习不是工作场所关注的焦点。因此，虽然工作场所对学生的学习做出了许多贡献，但对学习类型（Eraut，2011）也不甚了解。此外，工作场所并不总是能提供各种机会去丰富学生的经验（Fuller & Unwin，2004；Newton et al，2009）例如，在处理错误时（Baumgarther & Sifried，2014）。然而，在一些工作场所，这种形式的支持或可用，或被嵌入工作实践中。例如，在一些工业部门，如卫生部门，就存在着帮助新手医生（Doman et al，2007）、新手护士（Newton et al，2011）、新手理疗师（Molloy & Keating，2011）和新手助产士（Sweet & Glover，2011）学习各方面知识技能的悠久历史。然而，即使这种情况下，也不能完全依赖于自己所学的经验（Richards et al，2013）。因此，尽管工作场所提供了重要而有益的支持和经验，但对于大学生学习而言，关键在于入学机构和负责促进学习的教师。

因此，除了在实践环境中确保大学生在机构和流程中的安置外，还要努力优化他们的教育价值（Cooper et al，2010；Eames & Coll，2010；

Orrell，2011）。这些措施包括：在参加实习前，将经历和环境中学到的知识纳入学生的学习计划，找到支持学习的方法。因此，需要对高等教育机构中的教学人员以及实践环境中的督学人员进行干预（即教学实践）。正如本书前面所介绍的，教学实践是那些能够增加学生学习经验的实践，其方式超越了组织和参与经验。在教育计划中，这种教学实践可能是面向学生的参与策略、活动等，教师旨在为学生提供丰富的学习经验（Diakidoy & Kendeou，2001；Vosniadou et al，2002）。此外，这种方法可以扩展到员工或主管如何丰富学生的经验和学习中（Billett，2000）。虽然增加经验通常被看作有意干预，但也可以被当作是促进工作场所学习的通用做法。例如，长期被认为具有教学意义的常规活动。这些活动包括医生和护士的交接、发病率和死亡率会议、生产率会议、规划与评估会议、大型会诊（Billett，2014）。还有一些活动，如同行焦点小组讨论，其目的很类似，但教师没有明确地组织（Newton，2011；Richards et al，2013）。因此，本章的重点是如何利用教学实践形式采取干预措施，不仅仅限于大学教师所制定的内容。

这里提出的是，干预有必要发生在学生参与实习之前，在这一过程中，重要的是干预之后的结果。这里有一个重要原则，这种做法和干预措施能够很容易地成为高校教师工作活动的一部分。也就是说，重点要确定教师可以采用的教学方式，并使其成为教学实践的一部分。这些教学实践可能包括有意识的努力，以特定方式和具体的教育目标来指导学生的学习。如前所述，这可能会为高等教育和实践环境中的学生做出特别的贡献，每种教学实践都有特定的优势和局限。因此，需要在大学和实践环境中确定、选择和利用适当的教学实践来优化预期学习，包括尽可能克服每种教学实践的局限性。例如，实习学生经常会发表一些言论，如"我在实习中学到的东西，多于我在大学课堂两到三年学的东西"。这种言论可能反映出实践教学的一些优点，但是学生需要批判性地参与，以便知道各种学习方式的作用（Marsick，1988；van Woerkom，2003）。

最重要的是,除了由教师、教育计划、有组织的经验等支持职业准备之外,大部分工作人员的继续学习都将以自己的努力、意图和能力为基础(即他们的个人认识论)(Cervero,2006)。因此,帮助他们学会反思,让他们了解如何在工作生活中有效地学习是职业准备的一个重要目标。

两个基金项目得到的一致结果表明,不仅要为学生提供经验,还需要通过以下方式来丰富这些经验:(1)为学生提供实习,强化他们的参与,并为学生制定反思这些经验的方式(公共关系、教育项目1和教育项目2);(2)通过不同的学生和多样化的实习经历观察工作场所经验的变化;(3)参加实习,例如参与会议(新闻事业项目)、允许学生分享自己的学习并且调整经验。因此,从不同学科领域确定了一系列要求,强调了学生在工作中学习的重要性。这包括将学生与预期所学的内容进行联系、链接和整合。因此,我们要采用适当的教学实践来确保这些经验的教育价值。

这里大部分的考量是基于教师对新教学实践的理解,结果表明,除非教师认同这种教学方法的价值,并在缺乏指导和支持的情况下有效工作,否则他们不太可能将这些方法运用于实践(Mclaughlin & Marsh,1978)。重要的是,这些做法对教师是有帮助和有利的。虽然高等教育越来越多地关注外部要求(Grealish,2015;Hungerford & Kench,2015)以及如何进行与教学活动有关的内部建议,但最终这些活动是由教师在课堂上实践的。因此,它们不容易受到外部监督,这是依靠教师来找到有益的实践教学方法。除此之外,这一观念在当代特别重要。在高等教育机构中对教师的时间和精力都有要求。所以,大学教师就像学生一样,很有可能会越来越"吝惜时间":如何利用时间和分配精力,这都需要有策略性。因为在高等教育大众化时代,大学教学越来越多地受到高强度的压力,并且在研究、教学和服务方面的绩效指标也日益增加。因此,教师就如何分配时间以及应该将精力投入哪些活动中,都需要做出战略性决策。这一切表明,这里提到的各种教学实践是以能够被繁忙的学者作为日常实践一部分的相关原则为前提的。

然而，教师的能力、时间和资源不是教学干预措施唯一的考虑因素。相反，如何有效利用和整合实践经验是主要因素。回顾 25 个基金项目（Billett，2009，2011）的研究结果，其提出了一些关于教学实践的建议。这些做法在三个主题下被确定、讨论和建议：（1）在学生进行实践之前；（2）期间；（3）之后，分别可以提供什么建议（例如：实践、临床安排、工作经验、兼职工作等）。除了作为一个简洁的和线性的组织方案，该部门承认，为了健全教育目的，在学生参与实践环境的体验之前，最好实施干预措施，如第六章（即经验整合的重要发现）和第七章（即课程考量:经验的整合）所讨论的。同样，这些发现表明，正如这些章节所述，学生可能需要在实践中支持或增加他们的经验。当然，也建议，当学生完成实践经验时，可能需要提供支持和指导，以便更有效地考虑、分享和优化这些经验的结果。下面将讨论这三个因素。

在概述中，教师实践项目中出现的数据如下。

在实践经验之前，有助于：

· 建立实践环境中的经验基础，包括开发或确定实践环境中的能力（即实践课程，相互作用）；

· 明确对目标、支持、责任等的预期（即学习目标）；

· 告知各方的目的、角色和预期（例如：提前组织者）；

· 让学生做好作为主观学习者的准备（即发展他们的个人认识论），包括对学习的观察、互动和活动的重要性；

· 制定实践所需的程序能力；

· 学生做好准备参加比赛（例如：建议忘记在大学学到的一切）。

在实践经验中，有助于：

· 接受有经验从业者的直接指导（即就近指导）；

· 活动的排序和组合（即"体验课程"，基于实践的课程）；

· 积极参与丰富的教学工作活动或互动（例如：轮岗）；

· 有效的同伴互动（即协同学习）；

· 学习者在工作环境中积极地和有目的地参与。

实践经验之后，有助于：

· 促进分享和吸取经验（即阐明和比较共同点和独特性，例如在实践中的规范和情境需求）；

· 明确与在学院中所教授的内容（学习）和实践环境中的经验联系起来；

· 强调实践（即个人认识论）学习的主观性和选择性；

· 对学生的工作和学习过程产生批判性观点。

如上所述，这些教学实践适用于特定的职业。此外，上述内容提供了在大学和实践环境中经验整合的起点。其中一些表现很明显，另一些几乎不值得一提。也就是说，即使有些东西显而易见但并不总是被实践。这样的活动可以用多种方式组织。例如，他们可以指导实践的发展，作为支持学生学习的基础，以及评估经验的过程和结果。考虑到这些目的，要为学生提供与特定的预期结果相一致的经验。因此，下一节考虑了特定教育目的和教学实践之间的一致性。

第二节　教育目的和教育实践

第三章详细描述了一系列教育目标与高校教育计划中的工作经验的整合。这些目标涉及：

· 学习职业；

· 学习职业的各种形式；

· 拓展在大学环境中学到的知识；

· 针对性的职业实施；

· 建立必要的职业能力（即规范性、概念性、程序性和倾向性），成为该职业的有效从业者；

·制定特定的实践环境所需的知识和程序的特定形式；

·更广泛地进行时效学习，不仅限于特定环境的要求；

·满足职业或专业许可的要求。

虽然不是详尽无遗，但教育目的的罗列可能有助于实现实践经验特定类型的教育意图。同时，这还表明，为实现教育目的可能需要不同的教育方法和教育过程。如在第三章讨论的，为实现特定预期结果而进行的经验规划是审慎的。因此，教育过程应以明确的教育目标为指导。然而，人们发现，这些教育目标与我们打算实现的目标不相上下（Brady & Kennedy，2003）。我们不能保证经验为我们提供了更多的机会（Eisner & Vallance，1974）。它们只不过是意图。然而，由于担心教育意图的实现，教学实践将考虑学生如何参与。通常，教师对学生的了解、教师的教授内容以及如何更好地实现预期的学习成果，这对于教育决策者是最重要的（Brewer，1978；Skilbeck，1984）。然而，教师也意识到什么样的经历可能会产生什么样的学习结果。例如，旨在协助学生的教育过程：需要就首选职业或职业专业化做出决定，包括学生在实践中观察职业的机会，然后与其他学生和教师进行讨论（Billett & Ovens，2007）。对小组讨论的教学干预与旨在发展学生的职业能力的干预截然不同。也就是说，后者的目的与发展的技巧相关，这不可避免地需要机会去观察其行为，并对行为进行模仿，然后进行润色和磨炼，使之精益求精（Fitts，1964；Sun et al，2001）。通过这些方式，学生可以在工作环境中以有效的方式发展职业特定程序。

因此，教育意图的差异对于选择可以支持这种学习的教学实践具有明显的指导意义。回到上述有不同教育意图的例子，前者需要获得工作场所和让学生考量、评估经验的机会；后者需要指导实践程序，然后以良性的方式来确保实践的机会。因此，在医疗保健工作中，这些具体程序通常在临床医学上表现为使用人体模型、人体组织替代品，评估某些做法是否适用于不同职业。

实现教育意图的一种方式是分层考虑这些预期结果。这些通常在目的、目标和意向方面被审视（Brady & Kennedy，2003；Print，1993）。目的和目标可能对于组织学生的体验结构（即排序、持续的时间、时间安排和参与度）最有帮助，如对意向课程和制定课程的考虑。然而，详细的目标陈述对于特定目的的实现（即选择教学实践）非常有帮助。因此，这些教育意图有助于学生选择和组织学习经验，包括确定哪些教学实践有助于实现预期结果。因此，基于教育意图（即目标）的一般性陈述对学习广度和学习经验排序做出决策，基于具体学习成果相关的意图进行指导和评估（即教育目标）。教师还可以向实践环境中的个人（即监督员、熟练从业人员、临床监督员、教职人员）介绍通过学生的教育经验实现的要求、预期和期望结果，以及教学实践如何有助于丰富学生的教学经验。

表 8.1 列出了在第三章中所陈述的教育目的，以及与教育目的相匹配的教学实践。教育目的在实践之前、之中和之后都是适用的。因此，这张表适用于第一章所阐述的教育目的和第三章及本章概述的一系列教学问题，即考量到：（1）学生实习之前；（2）实习期间；（3）实习之后，分别需要什么支持。每个方框中提出的命题都来自两个研究基金项目的结论。然而，这些命题并不是完整的、全面的或详尽的，只代表一系列建议。通过将这些目的结合在一起提供的汇总表，可以通过特定类型的教学活动加以处理。

例如，只考虑其中一个命题——拓展在大学环境中学到的知识，提出有助于学生在工作经历之前、期间和之后实现这一目标的教学实践。因此，在本表中，建议学生在进入工作场所之前，需要提示他们考虑所学到的哪些知识可能适用于环境及其工作活动。在这个特定工作场所当工程师意味着什么？在一个项目中，如果只有很短的时间用于实习（即临床实习），就需要采取一种深思熟虑的策略，使学生在进入医院病房时，能够了解其空间布局，知道医院的诊断室以及药物名称（Newton et al，2011）。

表 8.1　教育目的和教育过程模型

教育目的	教学策略		
	实习之前	实习期间	实习之后
了解职业	适当地了解参与的职业及职业规范要求	专家指导、学生提问和提供进一步了解的机会	反思职业机会，以及如何满足预期和爱好
了解职业变化	根据个人常识和通过访问回顾已知经验	明确专家与合作伙伴职业实践中的差异和区别	提供职业实践变化的机会，并就特定的要求提供咨询
拓展在大学课堂上学到的知识	考虑知识对职业的适用性	由更多的专家合作提供指导，敦促学生与学院学习的知识建立联系	聚焦小组活动，为学生分享和比较对职业适用性的经验
对职业实践环境的定位	提供工作实践的机会和支持，超越真正的体验	积极进行比较和对比职业环境	组织学生对比体验过程
获得成为有效从业者所需的能力	指导和引导学生了解要学习的知识种类	参与有效实践所需的各种知识	有机会向其他人反馈和分享经验，使其生成强大的职业知识
开发特定实践环境所需的特定知识	了解每个工作场所的不同要求以及工作环境之间的差异	了解和发展与特定工作环境相关的程序性能力	反馈并与同行分享实践环境之间的共同点、差异及要求
满足职业或专业许可的要求	明确要学习的知识种类以及如何学习知识	提供间接和直接指导的机会	对了解的内容进行反思，并根据要求与他人进行比较和分享

通过这种方式，学生们被"提前组织起来"（Ausubel & Novak，1978），以便在相对较短的临床经验中最大限度地提高他们的学习能力。关于学生在参与实践期间所提出的建议，表 8.1 提议鼓励学生积极了解在医院病房工作的不同职业（例如：护士、医生、物理治疗师、社工和医院秩序员）的实践范围。也就是说，为学生分配的特定任务可能是区分实习的不同领域，以及跨越不同从业者工作的交叉点。这样的任务可以帮助学生了解实习的内容和参与一些合作任务（Molyneux，2001；

O'Keefe et al, 2011）。那么考虑到学生完成实习后会发生什么变化，有人建议，作为拓展大学课程知识的一种手段，学生可以参与个体活动或团体活动，在这些活动中，他们可以比较和对比自己的实习经历，以及如何在一系列实践中进行实习（新闻学、商业、按摩治疗项目）。这些过程必须由教师建立和指导，才能有效参与，并取得知情结果。因此，在这种情况下，这个表格可以用来考虑教学实践如何支持7种不同教育目的。

以下部分描述了学生在实习之前、实习期间和实习之后可能采取的教学实践。这里的教育目的有两个方面：（1）最大限度地利用通过实习而产生的学习经验；（2）把实习学到的知识整合到高等教育计划的学习中。所以，首先要考虑学生在实习之前可能会制定什么计划。

第三节　参与实习之前

如前所述，所有项目都有明确的协议，其中包括这两个研究基金项目，这比提供或让学生在实践环境中参与活动需要更多的学术奖金。人们普遍认为，有必要通过预备性经验来丰富他们的经验（公共关系、教育项目2）。实现该目标的一种方法是在学生从事实践活动之前制定干预措施。学生报告说，这些准备过程最有价值，因为，在实习之前：（1）着重于特定学科的信息和程序，而不是他们认为不相关或不及时的内容；（2）有效地利用时间；（3）借鉴现有的经验；（4）提供发展程序能力的机会（即如何做事情）（联合健康项目）。

这些考虑每一个都来自于学生提出的具体观点和对其所提供的东西的观察性反应。重要的是，教师和有经验的从业者认为，很多工作信息是新手无法获知的，比如，向学生介绍如何在工作场所采取行动、如何穿着得体、对工作的预期态度以及工作场所的其他方面等实际信息，都有助于提升实习经验的成效和获得学习成果的机会，这一点在新闻项目中显而易见。在适当情况下，这些准备可以扩大到行动规划和模拟的使用中，这些行动计划和模拟包括在应用项目中，或者在一些可能对学生来说有困难或有特殊的要求的工作中，例如人工服务项目（Cartmel，2011）。此外，使用替代活动有助于培养学生的有效执行能力，如"街头法律"项目中发生的那样，并帮助他们为各种特殊活动或互动做好准备。事实上，在医疗保健部门，学生在从事实习之前，培养他们在临床技能实验室进行医疗保健实践所需的许多程序能力，这几乎已成为标准。通常，这种发展与实践、放置敷料、缝合和其他特定的实践程序有关，为学生的特定行为或互动做好准备。它还可延伸到帮助医学生学习使用听诊器，其中使用助记符被用作一种教学实践，通过听诊器发出的声音来判断心脏是否有疾病，从而进行有效诊断（Rice，2008）。在这种情况下，我们关注的是培养具有实际操作能力的学生。然而，在这些情况下，这种初步准备仅仅被理解为是基础性和预备性的。在病人身上放置敷料与在人体模型上进行临床实验室的敷料放置是非常不同的。要想用听诊器诊断心脏状况，还需要与病人协商，并试图忽略身体发出的许多其他声音，以及通过听诊器放大的声音来诊断。然而，这些都是重要的基础技能，从而为医疗保健领域的实践提供了有效的基础。也就是说，扩大学生潜在发展区的范围，使他们能够参与和扩展该区域。

众所周知，教学活动对学生预期的职业方向是有帮助的。许多学生在现实中没有经历过职业选择。所以，观察职业的机会可能是一个非常重要的教育过程，不仅要体验职业本身，还要了解职业的一些变化。例如，报刊新闻工作的业务类型可能与广播新闻工作所需的业务类型有很大不同。同样，大型或小型的广播或报刊工作场所需要的新闻类型也可能相当不同（新闻项目）。因此，在学生就职之前，提供更多了解职业情况的机会，可能有助于学生就业。然而，职业观察并不简单，因为很多人不容易观察到。例如，在创意艺术项目中，学生们组织了一个专业研讨组，帮助他们了解这个行业。这被毕业生认为有助于顺利地过渡到工作中去，这种情况下，创意产业主要由个体经营（创意艺术项目）。因此，了解这一行业并不是进入大型工作场所（不存在）去观察工作人员的情况，而是通过收集从业人员的工作方式以及如何进行工作来了解该行业的工作。

此外，学生可能有自己的安排，并有效地准备自己的实习。在医学专业的项目中，老师组织了案件讨论小组。然而，根据学生的要求，这些被替换为相关问题的学习策略。第一个方案中提出了这一要求，讨论小组成员要考虑信息、反馈，并提出诊断、问题和管理策略（医学教育项目）。这种教学策略被看作是发展临床推理程序能力的有用方式，包括结合一系列程序和测试命题的要求，从而发展了学生所需的战略性能力。这项活动包括能够利用特定形式的知识来考量和评估患者的整体状况，并确定治疗的方案。

影响预备过程的一个关键因素是学生在实践环境中有效表现的需求。特别是，如果他们被要求以新手专业人员的身份工作（例如：亲自接待病人），人们可能会担心他们是否能够胜任这些程序，这很可能是他们学习的一个首要挑战。虽然他们可能在大学活动中（例如：写作业、考试、参与课程）已经完成了任务，但在实践环境中往往缺乏自信（Molloy & Keating，2011）。事实上，为学生建立有效学习经验的关键问题包括提高对这些环境的认识和提高在这些环境中的有效能力。在这些环境中，学生显然需要有一系列能力；每一种情况下需要这种发展的程度取决于他们在实践环境中被分配的角色。当然，从事职业观察的学生和在工作场所工作的学生以及积极从事职业实践的学生，这些学生所需的能力会有明显差异。但是学生需要积极参与才能从实践中得到更多的学习经验。例如，深入了解有效的日常实践，从而使学生能够理解和锻炼他们的专业技能，据报道，这在教育和媒体课程中受到学生的高度重视。这些经验有助于提高人们对必须具备程序能力和概念能力的认识，就像"街头法律"教育项目的情况一样。这个项目要求法律系学生向高中生解释法律概念，并提供适当的例子。这些学生认为，协助了解表现性要求，特别是当他们不了解这些要求时，是非常有帮助的。

因此，了解职业实践和实践能力（即具体的程序知识）的准备工作受到欢迎，因为它明确了学生即将实习的适用性，这一点在关于护士准备的研究中较为明显（Benner，2004；Henderson et al，2006）。其他能力也可能需要学生在参与实践之前开发。人们发现，许多学生缺乏管理有效的客户或工作场所关系的水平或个人技能，公共关系和媒体项目就是如此。因此，当要求学生履行具体职责时，学生的能力在实践活动之前的发展至关重要。此外，如上所述，学生的自信心也与这些技能的运用（应用戏剧和商业项目）有关。所以，我们有必要建立学生的信心，提高他们的程序能力，使他们的工作经验（新闻工程）富有成效。如果一个部门具有任务重、时间紧的特点，那么该部门的工作人员需要有相当强大的自信。因此，自信和生产力对于学生融入这些环境中非常重要，面对这些挑战的学生可能会采纳有助于他们准备练习的策略。

学生需要了解在工作场所从事工作的合理和不合理的边界。这一点越来越重要，因为越来越多的工作场所有越来越多的学生从事工作，其中许多工作场所对这种安排几乎没有经验。所以，有的学生参与实习（例如医疗保健）的传统行业，有明确的指导方针。然而，即使在这种情况下，学生也可以从事超越其职权的工作。例如，在助产士项目中，有时候实习生被要求直接帮助孕妇分娩（Sweet & Glover，2011）。所以，学生们可以发现，自己从事的业务超出了他们的能力水平（即最近发展区）。此外，考虑到学生的背景、工作经验和工作实践的多样性，以及在工作安置之前的职业实践，关于学生队伍准备情况的简单假设（即在第一年的护理或社会实践中，学生可以做什么）可能是错误的。相反，学生可能会在匆忙中选择不参加实习，因为他们认为这不重要。如果没有理解实习准备的重要性，他们可能越来越难以从实习中获得有效的成果，并且很难有效地处理自己与组织的关系。

还需要其他准备来协助学生进行实践经验。也就是说，管理整合和进行实践。不幸的是，工作场所通常远离良性环境，而侧重于生产和服务目标。因此，学生可能会面对不愉快的经历，包括直接争议。大多数情况下，产生负面经历的因素都不在高等教育机构教学人员的控制之中。例如，在更早前的一项护理专业学生的研究中，一位教授在她的临床教学开始时说："我不知道你在接下的两周要做什么，但我不会帮助你。（Newton et al，2011）"更常见的是，学生将面临诸如"忘记你在大学里学到的垃圾，这是我们在这里做事的方式"的说法。因此，让学生接受可能面对的批评，不屑一顾或被不公平地对待的情境是有用的。在第二个例子中，要让学生学会定位，这样他们就可以对正在经历的事情做出有效判断，还要认真评估他们在高等教育机构和工作场所中学到的内容（Richards et al，2013）。准备好应对这些情况的思想和策略不仅在短期内对学生有帮助，就长远来看，这些事情不仅局限于学生的经历。在之前的一个项目中，学习圈被用于服务学生（Cartmel，2011），以应对他们在该领域发生的各种争论。在干预中，学员在安置之前会面并讨论这些问题，然后在实习期间以讨论小组组员的身份对这些问题进一步进行反思。

因此，有必要考虑为学生准备这样的环境和经验。第一，一些工作场所可能难以接触，而且可能并不总是具备适当的专门知识，更不用说具备支持生产性经验的能力，这在公共关系课程中是显而易见的。因此，学生们需要做好积极主动和探究的准备，并确定他们应该以何种方式最好地参与工作场所的活动和互动。例如，在小型或非营利性企业获得工作经验的学生可能比那些正在进行咨询的人员有更多的知识。在这种情况下，他们能够在有专门知识的情况下获得专家意见和指导。因此，学生必须依靠他们的最近发展区（Valsiner，2000），这种做法可能正确也可能不妥。例如，一个公共关系课程的学生与非营利组织的志愿者一起工作，他们对公共关系不太了解，也不了解如何为他们的机构适当地使用公共关系。因此，不仅缺乏专家指导来支持这种学习，而且学生还需要在这些安置中发挥有效的特殊技能，而这些技能还没有得到发展。

第二，工作场所和大学之间的需求或要求可能存在冲突，就像从事商业项目的学生在工作场所中发现的那样。大学课程的要求并不总是与学生参与工作场所进行的活动相一致。在这种情况下，学生可能需要适用的策略，包括预先提示可能发生的事件。随后，他们可以考虑解决和处理问题的最佳方式，包括如何恰当地应对，并有助于他们的进步和发展。

第三，他们将获得什么样的环境体验，包括竞争，还可能被告知这些体验将如何通过个体或私密的方式展现出来。对一名学生来说，这是富有成效和有价值的工作经验，但对于另一名学生而言，这种经验可能是相当无益的，甚至是有反作用的，产生的影响取决于种族、性别或族裔等问题。因此，学生如何对这些经验进行理解和学习，将由他们的目标和目的，以及已知的、可以做的和经验的价值所决定。这一切表明，需要以不同的方式支持学生实践，对于一些学生来说可能是不需要的，而对其他学生而言必不可少。项目中提出的其他策略包括角色扮演，在教师教育计划中使用明确的策略，将学生已经学到的知识与其在实践中的要求联系起来，以及学生为此目的而参与"阅读圈"。

实施教学实践的另一个重要考虑是如何更好地吸引"吝惜时间"的学生，以最大限度地发挥其实践经验。如前所述，人们发现，在整个项目中，学生非常重视自己的时间，小心翼翼地保护自己的时间，只想参与与他们目前或即将开展的活动（包括评估）直接相关的经验。在之前提到的医疗保健项目中，学生们为自己的实习提供了一个备用方案，他们强烈地抱怨时间安排、组织方式以及大部分与安排相关的内容。该计划已经提供给另一个保健学科（即理疗）。然而，健康联盟（the Auied Health）的学生强调，这不是积极的经验。在他们的反馈意见中，他们认为这些经验可能为自己所用的一些方法包括：

（1）为已完成安置的学生提供机会，对没有进行安置的学生提供咨询和建议；

（2）使会话具有互动性；

（3）使用电子手段提供课程内容；

（4）有更多的机会进行讨论；

（5）参与实习之后为学生提供参考笔记和材料；

（6）更明确地说明会议的目的及其实际应用（健康联盟项目）（Auied Health project）。

当学生的需求得到实施时，通过特定的教学实践来增加准备经验，这有助于实践经验变得更有效。值得注意的是，大部分反馈意见强调，这些经验不仅仅为学生提供信息，例如对学生实践经验的要求。相反，学生们强调有机会讨论和考虑可能影响学习经验质量的各种情境，以及这些情境如何与他们的教育目标保持一致。此外，这一过程中的经验为实习期间和实习之后的协作活动提供了基础。

总而言之，在开始实践经验之前，与学生接触可能有助于：

·使他们适应有效参与工作的要求；

·为实践经验建立基础，包括开展或确定实践环境所需的能力（即实践课程、互动）；

·澄清各方在实践环境中的目的、支持和责任等方面的期望（即学习目标、如何参与）；

·告知不同各方（如提前组织者）的宗旨、作用和期望；

·让学生了解并准备好成为主观学习者（即开发个人认识论），包括认识到观察的重要性，参与工作场所的互动性以及参与学习性活动的重要性；

·若有必要，要发展在实践环境中对任务有帮助的程序能力；

·为他们准备在实践环境中可能出现的争议（例如：被告知要忘记在大学学到的一切）。

考虑到学生参与工作场所环境和活动之前可能组织的经验，下一节将介绍这些环境如何增加学生的学习能力。

第四节　参与实习期间

在两项研究基金项目中，学生们报告说，实践经验是重要的且必要的，在大多数情况下，它是有益的学习经验。事实上，在许多项目中，参与真正的工作实践将产生一系列显著的学习成果。这些成果涵盖了职业准备所需的一系列知识和其特殊贡献。例如，发展学生可以做的事情（即程序能力）、能理解的事（即概念能力）、价值观（即处理能力），包括转变观点，这些在法律和脊椎治疗项目中被明确提到。据报道，这些实践总体上让学生观察和体验首选职业的实践活动，并了解职业的构成、工作方式及其核心价值观。此外，在重点发展职业的具体能力方面，研究发现，这些经验为在实践环境中从事活动和互动提供了机会，从而使学生能进一步发展在工作中的程序能力。也就是说，通过参与职业实践，他们了解了职业在实践中的意义以及职业需要什么样的能力。更重要的是，通过接触这些经验，得出这些结论的主体是学生，而不是教师告诉或教导的结果。

我们还发现了工作经验的种类和变化导致了不同的学习成果（即旅游项目）。在这个项目中，学生可以选择三种不同类型的教学实践，按程度不同，他们在旅游工作场所和教育机构中从事不同的活动组合。显然，旅游专业学生获得不同种类的结果源于这些不同的实习。在许多情况下，学生获得真实经验的机会必须由该机构组织。因此，学生的经验是由机构的教育计划所提供的。然而，在其他课程中，学生必须自己组织实习，并根据他们组织的实习来管理学习（助产学和音乐项目）。例如在现代音乐项目中，学生们习惯性地认同自己的音乐天赋。在某些情况下，他们的参与必须在工作环境中得到认真的管理和监控，而在其他情况下，学生在很大程度上必须是自我导向的，独立的，并且是行动的，进而获得并运用他们的实践经验，从而引导他们找出就业所需的流程。还有其他情况，学生要从事与学业相关的有偿工作，或者有偿的兼职工作有可能与专业相关。这里的观点是，学生的实习能够获得不同种类的经验，而学生在工作实践中所处的位置也是完全不同的（Bailey et al，2004）。

然而，重要的是，无论他们的贡献如何不同，上述的实习经历都可能受益于教师的能力和教学手段的提升。提升的部分原因是这些经历可能是混乱的、不全面的、不适当的，或导致无效（即不适当和不全面）的学习成果，因此需要指导和协作才能进行有效学习（Diakidoy & Kendeou，2001）。如上所述，学生没必要进行完全独立的学习，这是毫无帮助的，因为学生需要相互依赖的学习。也就是说，从别人那里以及依靠在工作中的观察和感觉进行学习（Forsman et al，2014；Smith et al，2015）。此外，他们需要学习的大部分内容是已知的和正在实践的。因此，与他人互动和相互依赖地进行学习是初步职业准备的重要手段，也是整个工作生涯中工作能力持续发展的方式。所以，与专业伙伴的相互交流很重要，因为这些活动可以有效地提供活动所需的知识，并扩大学生的最近发展区。此外，与同龄人接触可以明确地、公开地阐述这些学习的概念和程序，而且，这些经历对于教育机构的教学或课程管理而言，要有效控制非常困难。因为它们不能被预先指定或预先确定。因此，教学手段可能被作为实习活动的一部分引入，这些活动有意地指向丰富学生的学习过程。在这些项目中，很多教学策略被试用和评估。这些教学策略被案例讨论组所运用，例如在新闻工作项目中。在整个学期，该项目还提供了医学生正在进行（医学教育项目）的学生研讨会。这一过程向他人提供了有关工作的见解，并提供了一种在医疗实践领域刷新工作经验的途径。同时，该过程提供了具体的策略，如引导学生反思学习日志，提供每周一次的会议。教学实践有助于更充分利用实习经历所产生的学习经验，然后将其与高等教育计划中学生应该学习的内容联系起来

（Bailey et al，2004）。

因此，情况允许的话，需要鼓励或者安排学生与更有经验的工作人员接触。如上所述，这种参与有一系列好处，学生能够感受到他们在工作中被督促和指导（Edwards，2005）。这种直接参与可以提供与专业人员接触的机会，而他们可以解释概念、流程以及有效地演示程序。然而，这些经历并不总是可行的，正如医学生在忙碌的医院病房中发现的那样。工作场所工作者（例如护士、工程师、教师、医生）的贡献可能会对长时间实习的学生产生特别有力的影响，不仅在公开情况下，而且在获得令人满意的结果时，这些在教师教育项目（教师教育项目 1 和教师教育项目 2）中得以发现。因此，当学生从事大量的实习时，与之相关的人（如经验丰富的从业者）会对他们的学习产生影响（Billett & Sweet，2015）。因此，需要考虑如何组织或塑造这种影响，进而促进教育目标的实现。

在这种情况下，学生在开展工作时可能需要识别和寻找这些专业人士并尝试直接或间接地与他们接触。此外，当学生不确定如何进行工作时，建议他们去寻找一位可能有助于个人工作的工作场所专家，就像教师助手准备成为课堂教师的项目一样。然而，指导和反馈的质量在内容和风格方面有所不同，这在医学教育项目中再次被发现。因此，对高等教育机构的教师而言，需要建立工作环境中同伴支持的程序、学生间同伴支持的途径，以及学生实习返校后进行讨论和分享的机制（Orrell，2011）。

学生是否愿意成为主观学习者，即是否愿意"参与、谈判和学习"，是否愿意利用提供给他们的学习机会，这些将是他们"如何通过参与工作场所进行学习"以及"通过工作场所学习什么内容"的关键所在（Smith，2005）。学生的参与越是积极的、有针对性和有意图的，学习成果就越是丰富，因为建设性过程非常强大（Malle et al，2001）。这种意图尤其指学生的个人认识论以及学生如何自主地进行运用。然而，就教学实践而言，可能需要建议、准备、支持和促使学生成为积极的学习者，以便在实习中可以最大限度地利用学习机会（Cartmel，2011；Newton et al，

2011）。例如，在法律项目中，法学专业的学生作为积极倾听者，需要了解他人的观点，这是他们学习过程和专业活动发展的关键技能（法律项目）。如上所述，在全部项目中，人们经常提到，引导学生充分参与非常紧迫。也就是说，学生最有可能参与他们认为能培养其能力的活动，例如有效进行实践的要求（Molloy & Keating, 2011）。因此，提醒学生在实习中参与的重要性可能对于他们潜在的学习至关重要。这种提醒也可能延伸为长期的战略目标，以及在实践环境中参与和学习的目的。由于正在完成之前从未完成过的任务，以及与陌生人进行交流互动（Smith, 2004），学生很容易忽视组织这些活动的目的。所有这一切，学生对实习中学习潜力的认识，如发展实践、完善和修正程序的价值，以及丰富相互关联的概念基础，并在这些经历中积极参与，会对学生的学习有所帮助和促进。

然而，学生也可能意识到实习过程中组织和提供支持性实习的重要性。在一项较早的研究中，护理专业的学生报告说，忙碌的医院病房对他们而言象征着孤独的环境。因此，医院组织了每周讨论小组，并由教职员工提供协助（Newton, 2011）。然而，一段时间后，学生们不仅开始品味这些会议的价值，而且还发展自己独立参与的能力。因此，当教职员工退出这些会议时，学生们继续以自己的力量组织和开展这些会议。学生似乎需要一些初步的支持和指导来建立同伴群体，然后在临床实习工作中通过他们自己的方式取得进步。然而，另一项研究显示不需要这样的鼓励。组成小型支援小组的医学生，不断参加会议，有助于分享学习经验和接受共同考察，这样可以团结远离城市并已经开始实习的学员，并在学生学习预备课程和临床方面内容遇到困难时对学生提供支持（Richards et al, 2013）。这里重要的一点是，这些教学实践是有意的、有潜力的，但最终，教育目的在于教会学生如何娴熟地与工作人员相处。这一要求很可能受到诸如学生的适应能力、教师的亲和力等因素的影响。可以说，教师在学生进行实践活动的同时可以做很多事情来建立和支持这些活动。

在这些方面，在学生参与实习时为他们提供支持性的经历将有助于积累实践经验。第二次研究的 20 个项目的调查结果显示，在实习中如果出现以下情况时进行有效的整合可能会得到更好的支持：

- 娴熟的从业者直接指导（即就近指导）；
- 活动排序和组合（即"体验课程"，实践课程）；
- 积极参与丰富的教学工作活动或互动（例如：轮换）；
- 有效的同伴互动（即学生的协作学习）；
- 学生在工作环境中积极、有目的地参与学习。

第五节　参与实习之后

如上所述，除了为学生提供实习经验外，还需要丰富和扩充这些经验，包括寻找方法帮助学生理解、调和并参与不同的实践过程，进而强化、磨炼、扩展或重塑所学或所经历的东西（Bailey et al, 2004）。因此，协助学生实现这些成果的最佳时机是，在他们有一些实践经验之后，通过教师制定的小组或个人去实践。这样他们就可以把经验作为评估所学知识的依据，并且与他人分享经验，彼此交流经验。基本上，这些经验提供了在活动中有关职业的一系列洞察力、观点和评估，并将其作为一种潜在的教育资源。当通过与其他人的交往进行实践时，可以优化资源，从而通过比较、对比和语境化的过程做出贡献。这些过程、练习、表达和评估能产生丰富学习的方式（Vosniadou et al, 2002；Voss, 1987），并认识到高等教育中提供这类机会的重要性。旨在积极整合学生学习经验的方法之一——合作研讨会，在美国的合作教育运动中使用得相当广泛（Grubb & Badway, 1998；Smollins, 1999）。其往往发生在学生完成实习并返回其教育机构之后。这种方法使学生们聚集在一起，分享和讨论他们的经验，通过教师指导来丰富这些经验，而前提就在于认识到他们所学到的东西不应该局限于它所发生的环境。这些活动通常会产生所谓的"教导时刻"（Bailey et al，2004）。本节重点介绍教学实践如何支持学生评估和整合实习中学到的知识。

实习之后，至少可以实现四个教育目的：（1）发展理解和程序能力；（2）确定什么是强大的知识；（3）整合学生的经验；（4）使实习经验转化为学习经验。

第一，实习后的干预措施可用于发展学生的理解力和程序能力（Bailey et al，2004）。这将学生的经验与通过经验产生的学习和发展之间建立明确的联系，包括将所学到的知识应用到其他情境之中。要达到这个目的，就需要协调学生的经验，并明确关注可能会用到的更广泛的相关经验，例如实践练习那些他们钟爱的职业所需的规范性知识。在这里要补充的是，虽然有规范的概念、实践和做法，在一种情况下起有效的作用但在另一种情况下可能无效。因此，广泛适用的做法和这些做法的变化以及它们如何与不同类型工作场所的需求保持一致，这对学生非常重要，特别是当他们毕业后顺利过渡到工作的时候。

第二，确定什么是可靠的知识。为了丰富学生的学习、分享经验和使用经验的过程，确定什么是学生共同和不同的经历，可以帮助学生发展有用可靠（即具有广泛的适应性）的职业知识。这一点似乎尤其重要，因为分享并了解其他学生在一系列情景中如何制定职业实践，为其适应性提供了坚实的基础。也就是说，出于不同的目的会有不同的进展方式，而影响决策和反应的因素往往由一整套方案或局部因素所决定（Goldman，2003；Greeno，1989）。这些理解和对职业定位与法律的了解对学生毕业并就业非常有帮助，因为它们体现了某些特定情况中有效的理解、实践和价值判断。因此，如果他们对职业实践的预期和理解只是通过学生的直接经验而产生，那么这些经验不能通过更广泛的实践和其他学生的观点来获益（Brown & Palinscar，1989）。与其他学生的经验有效地融合，可以丰富学生的知识、能力、价值，从根本上来说这些都不能通过自己的实践来实现。所以，为了教育目的有效性，还要充分利用学生在实践环境中的经验，重要的是要积极地分享、比较和分析经验。显而易见，教学可以更好地实现这些过程，并将这些过程引入到学习成果中去，以达到课程要实现的目标（Rogoff，1995）。

第三，在整合经验时，学生在实习中可能会有不同种类和不同质量的经验。因此，分享经验的机会能帮助一些学生整合人人都可能会面临的问题。通过与有不同经历的人接触，他们可以更多地了解工作的复杂性和工作要求，以及可能获得的经验。例如，在新闻项目中，学生在同一个工作场所会有不同的经验，这导致一些人质疑自己的能力。然而，通过分享经验，发现与性别相关的工作场所因素会影响学生参与活动和互动的布局。因此，将学生团结在一起，并拥有能够分享和评估他们经验和成果的手段，然后将它们与教育计划联系起来，可以产生非常有效的干预措施（按摩治疗项目）（Cartmel，2011；Newton，2011）。所有这一切在教育上都是重要的，但除非特殊的干预措施被组织，让学生有机会以富有成效的方式聚集在一起，去分享和评价经验，而不是毫无意义地对抗，否则不太可能实现。

第四，实习后得到的经验可用于转换学习。也就是说，它可以作为一种明确地让学生反思扩展和改变目前知识的有效策略。特别是，这些干预措施以有效的而不是瘫痪的或潜在消极的方式来管理。如上所述，脊椎治疗和法律项目的生产效果是明显的。重要的是，在两种环境下，学生进行了很多活动。然而，正是因为有教师对教学进程进行主导把控，才使人们得以评估和讨论职业实践的重要方面，得以充实对职业实践的理解，使之富有成效，并得以尽可能地避免潜在的负面结果和徒劳的经验浪费。特别是，将学生经验、个人经验与他们预期的课程成果更好地结合起来，教师的某种干预可能关注这一点，这也是教师时间有效投资的一种参照。

因此，教学实践（如实习后的学生论坛或讨论组）可以用来分享经验，帮助学生从自己的经验和他人的经验中受益。这可能包括那些消极经验，如新闻项目的情况。当然，在一系列项目中，实习后进行的经验分享被师生认为是一个有效的、受欢迎的、可取的反思过程。在某种程度上，它们使学生发掘自己的经验，并了解更广泛的职业背景。它们还提供了一种方法，能明确地将学生遇到的体验与通过课堂提供的命题、程序进行连接。在另一个实用层面上，它们能使学生了解一些没有亲身体验的特定职业。许多项目就是如此，包括新闻、脊椎按摩、媒体和教育项目。陈此之外，据报道，这些活动还能促进更丰富的学习。这要求学生考量他们的经验，并以书面形式详细地说明他们的经验（如音乐教育项目的情况一样），或同他人进行述说（如脊椎按摩项目的情况一样），这种干预为学生提供了一种体验，使他们能够对这一领域有更充足的了解。如上所述，这些经验还为参与管理转换学习的发生提供了一个很好的平台，没有这些经验，转换学习很可能就不会发生。讨论组也被证明是链接学生遇到不同经验的一种有效方式。脊椎治疗项目中组织的会议被描述为"一个结构化的后置研讨会……让学生听、辩论和个人反馈"——从而发现"扩大和改变他们对脊椎按摩的理解，并促进其概念性、程序性和倾向性能力的发展"（按摩治疗项目）。在法学界学习儿童法的学生也给出了类似的发现（法律项目）。

这种参与也承认学习的个人依赖性、分享个人的观点和个人的发展可以产生更多的共同理解（即互为主体性）。由于不同种类的工作经验会导致不同类型的学习，因此分享经验很重要，可以帮助学生从同伴的经验中受益，并促进他们对共同适用的经验的理解，发展有益的学习程序（步骤），强化与他们有效从事目标职业相匹配的价值观。因为学生的个人背景和历史不同，而且提供的经验可能与他们的实践情况相差甚远，所以他们需要整合经验，并使其具有教育价值。体验的差异性使经验的二元性增强。一方面，为跨学科的学生提供了不同经验，然后在新闻、公共关系和法律教育方面确定了学生如何对所提供的内容进行解释和参与，并以不同的方式呈现出来。

没有经验丰富的合作伙伴进行指导（例如：教师、工作主管、有经验的学生），这些经验可能会产生不同的个人理解，然而这一现象不可避免。所以，我们要对诸如职业知识的规范应用，需要教师干预的某些学生须知、须做及价值观进行关注，因为学生可能无法通过发现来解决问题。这些干预措施能帮助具有不同优势、不同能力和不同经验的学习者（Billett & Ovens, 2007）。例如，低绩效的学生可能处于不利地位（例如：拒绝获得，而不是有效地参与实践经验，因为这是为高绩效学生提供的）。另外，在限制获得特定类型工作经验的情况下，为这些经验提供机会哪怕是间接的，也很有价值。分享和总结学生的工作经验的另一个主要原因是，这些经验往往不是良性的或有支持性的。因此，教师有必要部署特定的教学实践来协助学生去整合经验，并使他们的经历具有积极的和有建设性的作用，否则可能会令人感到困惑或消极，因为它超出了学生的最近发展区。由于学生的体验过程不能被预定或预测，所以重要的是要有机会克服负面经验和不适当的学习。因此，尽管教师无法控制导致消极的或无益的实践经验的因素（新闻与公共关系项目），但实践指导过程可以帮助学生评估这些经验，从而使他们受到积极的教育影响，这在新闻、法律项目中是显而易见的。另外，如上所述，工作场所不能为学生提供全方位的经验或情感体验。因此，有必要通过分享和讨论其他学生遇到的问题来增强和丰富这些经验。

总之，通过教学干预措施，允许学生分享、比较和对比他们的经历，在教育上是非常重要的。最大化这些过程及其各种活动的选择性，有助于学生维持工作和在所选职业实践中学习所需的各种能力。在结束本章之前，或许还可以考虑将北美合作研讨会的"融合工作经验"的方式纳入总体课程计划中。

一、合作研讨会：目的和实践（案例研究）

北美合作教育模式（或合作社）是一种成熟的模式，把工作环境中的学习与大学课程中的学习联系在一起。这种模式在北美得到广泛推行。这种合作模式起源于二十世纪初的辛辛那提工程学院，在那里人们担心学生在课堂上学到的东西远离实际工程的需要（Smollins，1999）。在教育计划中依然广泛使用的方法是"合作研讨会"，并且往往是强制性的。这个研讨会安排在学生实习的结尾，给学生们提供机会，最大限度地从实践中汲取营养，与其他学生分享经验，并与在课程中学习的内容明确地联系在一起。合作研讨会着眼于"将原本可能只是就业相关的经验转变为丰富的教育经验"（Grubb & Badway，1998）。通过回顾纽约市拉瓜迪亚社区学院的研讨会，Grubb 和 Badway（1998）为这些研讨会提供了8 个教育目标。这些目标是：

1. 在日常实习中有所收获；

2. 加深对理论概念的理解，让它们适用于现实生活；

3. 深入了解工作中的本我与更广泛社会中的自我的关系；

4. 了解个人价值观，加深对差异的认识和尊重；

5. 了解职业流动性与终身学习的职业决策中所需的步骤；

6. 发展个人与专业的技能和策略，这是生活取得成功的必要条件；

7. 为事业的成功提供多种技能学习；

8. 鼓励为社区做出贡献，成为多元文化社会中负责任的公民。

这些目标可以直接针对不同的教育目的：（1）职业探索和决策；（2）为工作生活做准备；（3）为具体职业做准备；（4）为工作的具体需要做准备。因此，这些研讨会可以实现这样的目的：非常符合当前利益，给学生们提供机会去整合实习中学到的知识。有人指出，这些活动显示，拉瓜迪亚学院的学生需要参加一系列合作研讨会，讨论工作的普遍性问题、一般性职业以及工作所需的能力。这些研讨会通过提供将两个学习场所联系起来的活动，被认为将教育和工作场所学习成功地联系起来

（Grubb & Badway，1998）。

如上所述，这些研讨会主要针对学生，很大程度上分析和评估他们的工作经历，堪称实地实验室。学生们采取一些策略，如系统地观察、确定关键事件、采访和文件审查，来收集这些工作经历的数据。合作研讨会上有各种各样的课堂活动，包括在团队活动中学生们确认特定话题；使用案例学习来对经验进行评估和反馈；集思广益；模拟生产练习；以及用外勤任务来反映特定的经历。这些活动用于评估理论性概念的应用；确定关键性实践的方式方法（例如：团队合作、物理线索）。Grubb 和Badway（1998）报告说，最初，这些研讨会是相当松散自由的，但学生们抱怨说研讨会结构欠缺，无法察觉到这些安排的好处。他们经常安排好了晚上或周末的时间，避免其他事情干扰学生工作周计划。

这些研讨会的重点是强调组织经历的重要性，让学生们评估和积极地调整他们在实践环境中所学到的知识，以实现教育规划的目标。有了这些经历并从中学习，学生们因而被告知可以用建设性的方式参与这种经历。总而言之，许多重视学生经历的项目的结果表明，基于实践的经历，有助于：

·促进分享和从学生们的经历中吸取经验（即阐明和比较共同点和独特性的一个机会，以了解实践中的规范性和情境中的要求）；

·在学院函授的内容（学习的内容）与实践环境中的经验之间建立联系并进行调节；

·强调学生在实践当中学习的代理性和选择性（即个人认识论）；

·生成学生关于工作和学习过程的批判性观点。

第六节　协助整合工作经验的教学实践

我们在考虑大学和实践环境中的学习经验时，将教学法问题视为教育项目的重点，这和扩展课程概念一样重要，本章节已经提出了这一点。

在此，教学法可视为通过参与教师组织或学生自发组织的师生互动，来增加或拓展学生经验。学生在实习过程中与工作经验中得来的知识要比组织有序的活动重要得多。这种知识锻造学生所需要的能力，使他们毕业后能顺利过渡到就业状态，并在工作生活中具备继续学习的能力。广而言之，教学法可视为支持和促进学生在学校和社会两种环境中学习的方法。教学法在两种环境中有着独特的作用：一种是以学生学习为中心而设定的环境；而另一种则是以实践为中心而设定的环境。所以很明显，教学实践能让学生了解并储备经验，并在教学过程中让经验与学生充分接触，协助学生进行反思，这些都大有裨益。特别是在已经发现的诸多方法中，例如学习圈（Cartmel，2011）、"后续经验"的衔接（Sweet & Glover，2011）、合作研讨会（Grubb & Badway，1998）、使用日志和学习小组（Newton，2011），都包括这样的教学实践，可以帮助最大化和有效地实现不同环境下学习经历的连续性，可以促进有效的学习实践以及利用和发展学生机构。然而，这两种教育观念都关注为学生提供经验并与之接触。它们各具优势，关键就在于将这两种观点进行有效的整合和互补。正是这些教学实践为学生在社会和大学环境中获得的经验的二者协调发展提供了帮助和支持。

参考文献：

Ausubel, D. P., & Novak, J. D.（1978）. Meaningful reception learning and retention. In D. P.Ausubel, J. D. Novak, & H. Hanesian（Eds.）, Educational psychology: A cognitive review（pp.114 - 160）. New York: Holt Reinhardt and Winston.

Bailey, T. R., Hughes, K. L., & Moore, D. T.（2004）. Working knowledge: Work-based learning and educational reform. New York: Routledge Falmer.

Baumgartner, A., & Siefried, J. (2014). Error climate and the individual dealing with errors in the workplace. In C. Harteis, A. Rausch, & J. Seifried (Eds.), Discourses of professional learning: On the boundary between learning and work. Dordrecht: Springer.

Benner, P. (2004). Using the Dreyfus model of skill acquisition to describe and interpret skill acquisition and clinical judgment in nursing practice and education. Bulletin of Science, Technology & Society, 24 (3), 188 - 199.

Billett, S. (2000). Guided learning at work. Journal of Workplace Learning, 12 (7), 272 - 285.

Billett, S. (2009). Developing agentic professionals through practice-based pedagogies. Sydney: Australian Learning and Teaching Council.

Billett, S. (2011). Curriculum and pedagogic bases for effectively integrating practice-based experiences. Sydney: Australian Learning and Teaching Council.

Billett, S. (2014). Mimetic learning at work: Learning in the circumstances of practice. Dordrecht: Springer.

Billett, S., & Ovens, C. (2007). Learning about work, working life and post school options: Guiding students' reflecting on paid part-time work. Journal of Education and Work, 20 (2), 75 - 90.

Billett, S., & Sweet, L. (2015). Understanding and appraising healthcare students' learning through workplace experiences: Participatory practices at work. In J. Cleland & S. Durning (Eds.), Researching medical education. Oxford, UK: Wiley.

Brady, L., & Kennedy, K. (2003). Curriculum construction. Frenchs Forest: Pearson Education.

Brewer, W. B. (1978). School based curriculum development: Myth and reality. The Australian Science Teachers Journal, 24 (2), 51 - 55.

Brown, A. L., & Palinscar, A. M. (1989) . Guided, cooperative learning and individual knowledge acquisition. In L. B. Resnick (Ed.), Knowing, learning and instruction. Essays in honour of Robert Glaser (pp. 393 - 451) . Hillsdale: Erlbaum & Associates.

Cartmel, J. (2011) . A considered curriculum for preparing human service practitioners: Structuring circles of learning and change. In S. Billett & A. Henderson (Eds.), Developing learning professionals: Integrating experiences in university and practice settings (pp. 101 - 118) . Dordrecht: Springer.

Cervero, R. M. (2006) . Professional education, learning, and continuing education: An integrated perspective. In P. Jarvis (Ed.), From adult education to the learning society: 21 years of the International Journal of Lifelong Education (pp. 170 - 184) . London: Routledge.

Cooper, L., Orrel, J., & Bowden, M. (2010) . Work integrated learning: A guide to effective practice. London: Routledge.

Diakidoy, I.-A. N., & Kendeou, P. (2001) . Facilitating conceptual change in astronomy: A comparison of the effectiveness of two instructional approaches. Learning and Instruction, 11, 1 - 20.

Dornan, T., Boshuizen, H., King, N., & Scherpbier, A. (2007) . Experience-based learning: A model linking the processes and outcomes of medical students' workplace learning. Medical Education, 41 (1), 84 - 91.

Eames, C., & Coll, R. (2010) . Cooperative education: Integrating classroom and workplace learning. In S. Billett (Ed.), Learning through practice (pp. 180 - 196) . Dordrecht: Springer.

Edwards, A. (2005) . Relational agency: Learning to be a resourceful practitioner. International Journal of Educational Research, 43, 168 - 182.

Eisner, E., & Vallance, E. (1974) . Five conceptions of curriculum: Their roots and implications for curriculum planning. In E. Eisner & E. Vallance

（Eds.），Conflicting conceptions of curriculum（pp. 1‐18）. Richmond: Mc Cutchan Publishing Corporation.

Eraut, M.（2004）. Informal learning in the workplace. In H. Rainbird, A. Fuller, & A. Munro（Eds.）, Workplace learning in context. London: Routledge.

Eraut, M.（2011）. How researching learning at work can lead to tools for enhancing learning. In M. Malloch, L. Cairns, K. Evans, & B. O'Connor （Eds.）, The SAGE handbook of workplace learning（pp. 181‐197）. Los Angeles: Sage.

Fitts, P. M.（1964）. Perceptual‐motorskill learning. In A. W. Melton （Ed.）, Categories of human learning. New York: Academic.

Forsman, P., Collin, K., & Eteläpelto, A.（2014）. Practice professional agency and collaborative creativity. In C. Harteis, A. Rausch, & J. Seifried （Eds.）, Discourses of professional learning: On the boundary between learning and work. Dordrecht: Springer.

Fuller, A., & Unwin, L.（2004）. Expansive learning environments: Integrating organizational and personal development. In H. Rainbird, A. Fuller, & A. Munroe（Eds.）, Workplace learning in context（pp. 126‐144）. London: Routledge.

Goldman, S. R.（2003）. Learning in complex domains: When and why do multiple representations help？ Learning and Instruction, 13, 239‐244.

Grealish, L.（2015）. Professional standards in curriculum design. In S. Kennedy, S. Billett, S. Gherardi, & L. Grealish（Eds.）, Practice‐based learning in higher education: Jostling cultures（pp. 85‐97）. Dordrecht: Springer.

Greeno, J. G.（1989）. Situations, mental models, and generative knowledge. In D. Klahr & K. Kotovsky（Eds.）, Complex information processing: The impact of Herbert A. Simon. Hillsdale: Erlbaum.

Grubb, W. N., & Badway, N. (1998) . Linking school-based and work-based learning: The implications of LaGuardia's co-op seminars for school-to-work programs (pp. 1 - 30) . Berkeley: National Center for Research in Vocational Education.

Henderson, A., Twentyman, M., Heel, A., & Lloyd, B. (2006) . Students' perception of the psychosocial clinical learning environment: An evaluation of placement models. Nurse Education Today, 26 (7), 564 - 571.

Hungerford, C., & Kench, P. (2015) . Standards and standardisation. In S. Kennedy, S. Billett, S. Gherardi, & L. Grealish (Eds.), Practice-based learning in higher education: Jostling cultures (pp. 65 - 83) . Dordrecht: Springer.

Malle, B. F., Moses, L. J., & Baldwin, D. A. (2001) . Introduction: The significance of intentionality. In B. F. Malle, L. J. Moses, & D. A. Baldwin (Eds.), Intentions and intentionality: Foundations of social cognition (pp. 1 - 26) . Cambridge, MA: The MIT Press.

Marsick, V. J. (1988) . Learning in the workplace: The case for reflectivity and critical reflectivity. Adult Education Quarterly, 38 (4), 187 - 198.

Marsick, V. J., & Watkins, K. (1990) . Informal and incidental learning in the workplace. London: Routledge.

Mclaughlin, M. W., & Marsh, D. D. (1978) . Staff development and school change. Teachers College Record, 80 (1), 69 - 94.

Molloy, L., & Keating, J. (2011) . Targeted preparation for clinical practice. In S. Billett & A. Henderson (Eds.), Developing learning professionals: Integrating experiences in university and practice settings (pp. 59 - 82) . Dordrecht: Springer.

Molyneux, J. (2001) . Interprofessional teamworking: What makes teams work well？ Journal of Interprofessional Care，15（1），29－35.

Newton，J.（2011）. Reflective learning groups for students nurses. In S. Billett & A. Henderson（Eds.），Developing learning professionals: Integrating experiences in university and practice settings（pp. 119－130）. Dordrecht: Springer.

Newton，J.，Billett，S.，Jolly，B.，& Ockerby，C.（2009）. Lost in translation: Barriers to learning in health professional clinical education. Learning in Health and Social Care，8（4），315－327.

Newton，J.，Billett，S.，Jolly，B.，& Ockerby，C.（2011）. Preparing nurses and engaging preceptors. In S. Billett & A. Henderson（Eds.），Developing learning professionals: Integrating experiences in university and practice settings（pp. 43－58）. Dordrecht: Springer.

O'Keefe，M.，McAllister，S.，& Stupans，I.（2011）. Health service organisation，clinical team composition and student learning. In S. Billett & A. Henderson（Eds.），Developing learning professionals: Integrating experiences in university and practice settings（pp. 187－200）. Dordrecht: Springer.

Orrell，J.（2011）. Good practice report: Work integrated learning. Sydney: Australian Learning and Teaching Council.

Print，M.（1993）. Curriculum development and design（2nd Ed.）. Sydney: Allen & Unwin.

Rice，T.（2008）. Beautiful Murmurs: Stethoscopic listening and acoustic objectification. The Senses and Society，3（3），293－306.

Richards，J.，Sweet，L.，& Billett，S.（2013）. Preparing medical students as agentic learners through enhancing student engagement in clinical education. Asia-Pacific Journal of Cooperative Education，14（4），251－263.

Rogoff，B.（1995）. Observing sociocultural activity on three planes: Participatory appropriation，guided participation，apprenticeship. In J. W.

246

Wertsch, A. Alvarez, & P. del Rio (Eds.), Sociocultural studies of mind (pp. 139 - 164) . Cambridge, UK: Cambridge University Press.

Skilbeck, M. (1984) . School based curriculum development. London: Harper and Row.

Smith, R. (2004) . Necessity in action: The epistemological agency of the new employee. (Master of Education), Griffith University, Brisbane.

Smith, R. (2005) . Epistemological agency and the new employee. Australian Journal of Adult Learning, 45 (1), 29 - 46.

Smith, J., Shaw, N., & Tredinnick, J. (2015) . Practice-based learning in community contexts: A collaborative exploration of pedagogic principles. In S. Kennedy, S. Billett, S. Gherardi, & L. Grealish (Eds.), Practice-based learning in higher education: Jostling cultures (pp. 141 - 157) .Dordrecht: Springer.

Smollins, J. P. (1999) . The making of the history: Ninety years of northeastern co-op. Northeastern University Magazine 24 (5), Article 9905.

Sun, R., Merrill, E., & Peterson, T. (2001) . From implicit skills to explicit knowledge: A bottom-up model of skill development. Cognitive Science, 25, 203 - 244.

Sweet, L., & Glover, P. (2011) . Optimising the follow through for midwifery learning. In S. Billett & A. Henderson (Eds.), Developing learning professionals: Integrating experiences in university and practice settings (pp. 83 - 100) . Dordrecht: Springer.

Valsiner, J. (2000) . Culture and human development. London: Sage.

van Woerkom, M. (2003) . Critical reflection at work. Enschede: Twente University.

Vosniadou, S., Ioannides, C., Dimitrakopoulou, A., & Papademetriou, E. (2002) . Designing learning environments to promote conceptual change in science. Learning and Instruction, 11（4 - 5）, 381 - 419.

　　Voss, J. F.（1987）. Learning and transfer in subject matter learning: A problem—solving model. International Journal of Educational Research, 11(6), 607 - 622.

第九章

发展学生的个人认识论

第一节 个人认识论：准备和学习

高校学生的个人认识论是他们在教育和实践环境中学习的核心。这些认识论由他们所知道的、可以做的和有价值的事物组成，是将两个环境中所经历和学习的内容联系起来的基础（Billett，2009b）。在促进有意学习的教育计划（Vosniadou et al，2002；Voss，1987）方面，理解学习者个人认识论的一个有用概念就是考虑他们学习的意愿，以及接受并学习他们经历的概念性、程序性和倾向性上的能力。也就是说，学生意愿的程度和种类是由其在教育和工作环境中参与活动的能力和学生的互动能力组成的。如果没有这方面的准备，学生可能无法有效地学习课程和毕业后所需的东西。这种意愿也构成了每个人的最近发展区。也就是说，他们在不需要帮助的情况下所能达到的学习程度和范围。这样，虽然学生参与活动会产生不同的学习，但学生的意愿程度可以作为学生参与方式的预测因素，因此学生也可以通过他们在教育机构或工作场所中的活动来进行学习。这一结论可以通过两个教学团体的25个项目的反馈结果而得出。例如，80%的工科学生报告说，他们的工作经历为大学学习提供了相关的经验；93%的学生报告说，这些经验对他们的专业准备很重要（第一个工程项目）。据报道，通过参加正式的工作活动，学生的进取意识和责任感将得到加强（商务和演出项目），从而强调了倾向性意愿对学生在工作场所中进行有效参与和学习的重要性。医学专业的学生报告说，他们从临床实习中明白了需要了解学生的角色是什么以及如何最大限度地学习，从而成为积极的学习者（医学教育项目）。

更具体地说，学生以实践为基础的实习激发了学习的动力，而且直接促进了对学习和教育计划的参与（商业项目），使学生能够更多地了解个人发展水平或信心，并根据能力制定更明确的职业目标和学习目的（新闻项目）；因此，这就体现出了兴趣（Tobias，1994）或学习者意图的重要性（Bruner，2001）。同时，这些经历也为学生提供了一系列发展就业能力的机会（音乐项目）。因此，这里的贡献（contributions）与概念性、程序性和倾向性意愿有关。也就是说，这些学生了解什么、可以做些什么、重视什么会影响以后的教育环境和工作环境。这就是为什么学生需要实习，因为只在教育环境中的学生不会为他们所选择的职业做好实践的准备。最终，如 Vygotsky 提出的（Valsiner，2000），这种意愿将学生置于最近发展区里，支持他们的学习并且激发他们在实践中运用该知识的潜力。因此，不仅仅是考虑到最近发展区的普遍概念——学习者通过与更为知情的合作伙伴进行合作来解决问题——这里所提到的学习和发展就是学习者在被其他人辅助的时候，通过自己的努力来扩展所知道的、可以做的和有价值的能力。本章讨论了个人认识论、学习者意愿以及教师的行动对个人认识论发展的影响等方面的问题。

对两个团体进行研究的结果（Billett，2009a，2011）强调了学生在教育和实践环境中采取积极、专注和努力（即主观能动）的方法来学习的重要性。这影响学生整合他们与其他学生的经历和学习目标。基本上，对学生参与以及实习经验的主要考虑是如何最好地将它们进行整合（Billett，2014）。学生们也必须将实践环境中体验到的知识与学习方案相结合。因此，实践中的学习主要是基于学生在这两种环境中对活动的积极性和批判性的参与，以及整合这些经验的积极尝试。

所有这一切都在 25 个项目中得以显示，研究结果强调了学生个人认识论的中心地位，并表明，单独考虑以课程和教学法为前提的教育经验是不完整的。另外，学生的个人认识论需要被引领至最前沿。例如，在项目中发现，学生的代理机构是可变的，这决定了他们参与实践经验的有效性（例如：创意艺术、音乐、公共关系项目）。许多学生，如音乐项目的学生，有能力（并愿意）开展相关的工作活动，进行体验式学习。然而，学生多样化的个人经历使他们以不同的方式参与工作（例如：社会工作项目），包括从事工作的熟悉度会影响理解课程内容以及有效参与实习的意愿。因此，参加研究生社会工作计划的国际学生，他们缺乏社会工作者应有的理解能力、语言能力和区域知识。学生报告显示，实习经历提供了他们需要的有关职业的见解，并让他们明白从事这种职业（创意艺术项目）需要做什么。通常地，利用学生所掌握诸如现有工作经验的教学策略，使得当前在全职（第二个商业项目）工作中或在不同类型的兼职工作中实习的学生差异很大，并且这种就业往往并不直接与学习专业相关（即第一个商业、第一个工程和音乐项目）。事实上，本科生比在相应职位经常进行实习工作的研究生（即第一个工程项目）更不熟悉实习职位。即使这样，实习经历也是个人的，学生在工作中的学习方式也是因人而异的（例如：旅游项目）。

然而，除了早期的实习意愿之外，显然还有学习者的意向性（Bruner，2001；Malle et al，2001）。例如，关注的紧迫性是驱动学生参与和主观能动性的核心要素。学生最可能会积极参与和他们直接关切以及项目兴趣相呼应的活动，例如对他们有效实践能力的关注（物理疗法项目，第一个和第二个教师教育项目，联合健康项目）。当学生专注于应对或成功地进行与即时表演相关的活动时，学生可能非常主动地、努力地参与这些活动（例如联合健康项目，第一个和第二个教师教育项目）。例如，Molloy 和 Keating（2011）指出，在为理疗专业学生的实习而准备的讲习班中，这些学生对工作场所的成人学习理论非常不感兴趣，但他们非常感兴趣并专注于了解即将到来的实习和如何评估其发展能力，这将促使他们有效地进行实习。他们如何与病人接触，怎样将手放在病人身上，以及所做的工作是否符合实习安排主管的要求，这些是他们关心的首要问题。而成人学习理论不那么有趣，所以不重视。

所以，学生的兴趣和进取心，虽然是以个人背景和个人认识论（Baldwin，1894；Brownlee & Berthelsen，2006）为特征而建立的，但是更多地针对某些目标。他们如何参与、协商和学习，并提供给参与的机会，尽管有不同的方式（即公共关系和新闻工作项目），以及行使个人认识论（例如：积极倾听）是参与者关注的核心，并将这些经验与他们作为新手实践者所需的知识联系起来（Smith，2005）。考虑到这一切，新闻专业的学生可以考虑他们的个人背景，以及这些背景如何有助于学生过渡到新的职业身份和角色（即他们是如何来到这里的，他们曾经去过哪里）（交通项目）。

一、个人认识论：学习经历和经验的整合

鉴于学生在协调经历的过程中所扮演的中心角色，本节阐述了个人认识论的概念和作用，因为它们通过教育和实践环境中的经历而发展和运行。这些认识论在大学生学习中发挥着重要的作用，尤其是在协调发展其职业能力的经验时。这些认识论发展本身就是一个重要的教育目标，它延伸到学生愿意参与学习。它们不仅对于职业实践的初步学习至关重要，而且还需要在从业人员的整个工作生活中进行练习，以适应不断变化的工作要求和工作方式。事实上，这些个人特质和能力塑造了他们不断学习的能力（Billett，2009b），包括其进一步发展职业知识的程度。如第二章所讨论的，所有这一切都是针对个人的职业意识，他们同意把他们选定的职业作为他们的主要职业（Dawson，2005；Hansen，1994）。在阐述这些认识论的品质、目的和性质的过程中，首先从心理学、社会学和哲学以及工作经验的角度解释其主张。

这里的一个目标是超越认识论信仰的概念（Brownlee & Berthelsen，2006；Hofer & Pintrich，1997），包括程序性（即个人可以做什么）、概念性（即他们理解）和倾向性的（即价值和信仰），将个人认识论看作是

活跃的、有意义的并且在个人生活史中以特定方式衍生出来的。事实上，这里的解释性目标是要了解这些认识论如何通过学生参与高等教育实践进行和发展。这必然包括工作经历和解释心理的过程（即人与世界之间的人际关系），包括个人在两个环境中从事活动和互动的过程，然后整合他们在每个环境中学到的知识，旨在满足两种环境和发展职业能力的预期（Eames & Coll，2010）。

个人认识论总体上来说是必要的，以确保社会的连续性和重塑（Donald，1991；Valsiner，1998）个人的发展及其职业。也就是说，它们在不断重塑我们在特定时间点面对特定问题时如何参与活动，并根据需要，在职业实践中实行变革（Billett et al，2005）。因此，通过个人认识论行为的质量，可以了解个人和文化的变化。这些个人认识论被定义为个人的知识和行为方式，由他们的能力（即他们所了解的、可以做的和有价值的）、早期的经验和与社会（Billett，2009b）的持续谈判而产生，通过工作活动参与和学习，整合各种经验。因此，像一般的心理过程一样，这些互惠过程的发生方式是单独制定的，尽管依赖于个人的独特方式。然而，这不应视为完全个性化和高度个人化的结果。个人在他们生活中的经历通过社会在规范（Smith，2012）。考虑到上面的例子，与国内同行相比，成为社会工作者的是来自没有社会福利制度国家的学生和从事研究生学习的社会工作者。这样，每个人和他们的认识论都是社会塑造的，通过社会衍生的特殊组合产生。早期，Baldwin（1898）提出个人将社会经历内化成自主权，这种自主权本身就是社会促使形成的。他声称，自我的社会基因不能被视为仅仅是社会经验的内化，而是个人心理现象。因此，他提出：

……发展中的人越来越多地用自己的知识系统反思社会；而在自己内部出现了一种与社会需求基本相协调的私人标准。个人拥有自己的准则，进行自我判断，为真相而战，表现出独立的美德和固执的罪恶。但他已经学会了选择性地控制社会环境来做到这一点，在他的判断中，他只是对社会成果有所感受（Baldwin，1898）。

因此，这些认识论形成了个人如何识别学生和工人以及他们如何解释、构建活动和互动，以及以何种方式行使其职业能力的准则。此外，这些认识论通过锤炼，有助于修复、加强和改造个人的有偿工作，这需要让学生了解各种工作环境下的学习目标和学习过程。

因此，在阐述个人认识论的性质、作用以及如何在个人参与和整合教育与工作环境方面，都会发现概念和程序上的显著性。这些认识论有助于理解个人对学习的贡献和社会对学习的贡献之间的关系，这些关系在人类发展的许多叙述中出现（Edwards，2005；Eteläpelto & Saarinen，2006；Hodkinson et al，2008）。工作场所与教育环境的经验有助于学生将认识论作为他们的目标导向活动，构建个人（即学习和工作之间）与社会需求之间整合的基础（即发展教育机构和工作场所提供的职业知识）。这一重点也产生了重要的教育目标，即帮助个人学习的进取行为，以确保其初次参与职业所需的各种结果，而且，也许在他们的职业生涯中也同样重要。

在阐述这些命题时，本章首先进一步讨论了个人在知识建构中的作用。然后，概述了什么是个人认识论，以及如何通过认识论进行学习和发生改变。再然后，考虑如何通过教育过程来促进这些认识论的发展。正是这些认识论形成了微观发展或即时学习（Rogoff，1990），包括个人如何参与日常活动和互动。这种微学习正在进行中，因为个人对实习的内容进行了解释、构建和协商。然而，没有完全相同经验的两个人（Valsiner，2000），因此，即使有人想，也不存在能够以完全相同的方式同时解构和构建知识的两个人（Billett，2003）。所以，除了以某种方式形成的经验之外，所有这一切都强调个人认识论在学生学习中的核心作用，以及它们积极参与意识形态过程的重要性。因此，除了课程和教学法的考虑之外，如设想的那样，个人认识论需要考虑到教育规定，例如本书的重点。

第二节　个人认识论的阐释

因此，个人认识论的概念被用来捕捉、塑造这种积极的、有指导性的意义创造和学习过程的属性。这个概念旨在超越其他人所提出的认识论概念（Hofer & Pintrich，1997），并提出一个更全面的和更有代表性的个人认识论概念。认识论概念作为个人观点的学习实践的方法，包括知识是什么、知识的获取方式以及所掌握知识的准确度（Brownlee & Berthelsen，2006）。在这里，对个人认识论更全面的阐述被提出，它们包括个人的认知和行为方式（Billett，2009b）。这个概念包含了个人认识论的协商过程，与认识论的观点相反，它认为以特定社会定位为前提（例如 Belenky et al，1986），尽管这些因素决定了社会形式和社会规范对这些认识论的贡献，正如 Kelly（1955）所建议的。它涉及个人如何实现目标，而不仅仅是创造这些目标和概念。

所以，考虑到这些概念的重要性，有必要对本章提出的个人认识论概念做出一些明确的论证。这种认识论不是在一些认知理论中发现的那种过于神化的观念，也不是与社会世界不同或对立的，像有些人认为这些术语的使用诸如个体想象的一样（Ratner，2000）。相反，它是一个以社会为基础的概念，通过与社会和整个世界的联想来学习展示了解决、建构和实践的特定过程具有内在心理学意义的结果。例如，尽管具有主观色彩，但在阐述过程中还有许多客观性。正如 Searle（1995）所言："这不仅仅是我的意见或评价，这也是客观上可以确定的事实"（第 10 页），从而尊重世界，就像 Kelly（1955）所提出的那样。因此，这种个人认识论的概念不是相对主义的"怎么都行"的形式。相反，它表明个人认识论通过社会经历以及个人或私人接受总体上产生的压力和影响。所以，在依赖个体或私人的同时，对这一概念并不会产生其他影响，这一概念不与别人的经历相关。

如上所述，在程序上强调的是维持目标不变。因此，阐述个人认识论的性质和作用及其主观基础，对于理解个人如何从事以目标为导向的活动，如学习、有偿工作，如何通过这些经验学习，以及如何在实践中安排自己的工作活动，都是至关重要的（Donald，1991; Smith & Billett，2006）。通过这种方式，个人认识论也可以帮助理解前两章概述的课程和教学法。例如，第七章所提到的课程的三个概念：意向、制定和体验课程，在学习方面后者是最重要的。换句话说，除组织安排实习外，老师的关注和偏好是学生如何开始参与、体验和学习。即使是最详细的课程纲要和课程计划也不能保证学生学到预期的课程内容，而且，为学生提供实习机会并不能保证他们参与进去并学习想要的内容。进一步来说，如第八章所述，虽然在学生实习之前、实习期间和实习之后都有一系列的教学干预措施，但这些干预措施所产生的学习过程和学习结果的质量也依赖于学生如何选择以及如何参与实习。所以，在一系列的实习和教学干预中，学生们获得的不仅仅是他们如何参与这些的可能性。

第三节　吝惜时间的学生

如上所述，在两个团体之间确定了一个调整学生参与度的特征："吝惜时间"。也就是说，现在澳大利亚大学的许多学生或者说大多数学生似乎正在认真地规划如何在高等教育课程学习时分配时间和精力，同时他们将这些责任与对有偿工作、家庭和社会活动的责任相平衡。工作经验或实习需求往往来自学生已经参与的大学活动，所以他们并不总是重视其他活动，特别是那些不被高等教育机构评估的活动（例如：没有信用或没有评估价值）。所以，这些学生不是"没时间"，而是非常小心地吝惜自己的时间。这里强调的是学生如何管理他们的精力和意图是学习质量的关键（Bruner，2001）。表面参与可能导致所学知识掌握得不牢固或学习不深入。充分的参与可能产生全面的或牢固的学习。那么，学生重视并且认为值得去做而且有目的性地参与实习，可能对学习方式和学习内容都有重要的影响。一位同事最近提到了一批被迫进行短期农村实习工作的医学生。有些学生因为个人目标与成为高级医疗专家有关，造成他们对一般的实习或区域性医院的工作不感兴趣，所以对这次实习安排感到不满。因此，尽管在这次实习中会给予引导或辅导等，但是学生们彻底拒绝了为他们提供的实习机会，并且明显地带有怨恨地从事相关活动。

因此，概述了个人认识论在个人经历、初识和学习与发展过程中的核心地位之后（学生的发展过程当然不例外），考虑到良好的教育经历能够帮助学生在短期内在学习生活中进行有效学习，而且也能为他们提供能力，帮助他们在整个工作生活中继续学习。这些考虑因素包括通过实践参与和学习，以及整合他们所学到的知识的重要性。在此基础上，提出并讨论了与促进学生准备和认识论能力相关的具体建议。

第四节　推动教育与职业生涯中具有代表性个人认识论的发展

在本节中，一些有关如何最有效地促进有代表性的个人认识论发展的考虑被提出来。虽然最初的关注点是如何开发和利用这些基于实践的学习经历，但还有一个问题是如何为他们提供在职业生涯中所需的各种能力。为了说明上面的论述，Molloy 和 Keating 在 2011 年题为"有针对性的临床实践准备"一文中，从物理治疗专业的学生的以下引述开始：

这周我得到的关键信息是在临床学习中要积极主动地进行批判性反思，而不是让导师给反馈意见。对自己正在做的事情表现出兴趣，要专业化，要准时，要做好笔记。把注意力放在病人身上，而不是放在我的测试上，并且要提前了解我不是患者的事实。在社会方面要有群众意识，并且适应监管者的教学风格……（Molloy & Keating，2011）

物理治疗专业的学生的这个例子说明，他们的关键角色和责任不仅仅是参与以实践为基础的实习，而是利用和优化这些学习经验，以促进自己的学习和发展。给学生的建议是学生需要采取一系列做法：乐意、积极主动、专注于正在进行的任务，而不是关注自己以及他们治疗的准备情况，这是实践的中心原则。这是 Molloy 和 Keating（2011）研究反馈的一部分，以帮助物理治疗专业学生有准备地并乐意地参与实习经历。他们的实习经常是长期的（达到 3 个月），学生可以在已经学过的知识或已经有临床经验的地方和社会环境中找到自我。在这个引例中强调的是，学生意识到需要乐意参与实习工作和帮助病人。

事实上，这里提出的是学生乐意参与这些计划的重要性。广义上，乐意与 Vygotsky 所说的最近发展区有关（Valsiner，2000）。也就是说，学习的范围可以通过个人的能力、精力和进取心（即个人认识论）来促进，这可以将他们带入最近发展区。下文将提出一些应对学生实习之前出现差错的具体建议，也提出了如何通过实习提升他们的个人认识论。

一、准备的维度

兴趣是指个人有效地参与和从实习中学习的能力。因此，它涉及个人知道什么、可以做什么和关注什么。这些能力使他们能够参与诸如在工作场所或大学环境中遇到的新活动和互动。如果学生不具备有效参与课程或实习经历所需的知识，这些教育实习的预期结果是不可能实现的。作为一个体验职业的机会可能被认为是一个令人紧张的遭遇，将他们的注意点集中在不同的关注点上，例如确定不适合哪种职业。在一项不相关的研究中，渴望成为一名外科医生的年轻女医学生如何面对这份工作的方方面面和外科医生在她实习期间的表现行为，会使她将自己的偏好转移到完全不同的专业上去（Cleland et al，2014）。作为一个来自外国的年轻女性，她的经历使她对专业化的偏好或原来的目标有所动摇。

问题是，能否在这种经历中得到有效的协助和支持，结果是否会有很大的不同。这里的关注对象不仅限于这名学生，因为她来自一个缺乏专业外科医生的国家。因此，有效地参与特定实习的兴趣对于有意学习

（例如：在教育计划和临床环境中提供的经验）是重要的。对于在工作场所工作的学生来说，这可能包括让他们意识到他们所要达到的目标，并提升各种能力或加深理解，使他们能够对实习产生更加浓厚的兴趣。在团体中发现，学生没有提前准备，对实习经历（公共关系、第二个教师教育项目）抱有不切实际的预期，使他们没有兴趣去学习这些经验。此外，由于学生的实习经验（应用剧院、社会工作、第二个商业项目）之间的差异，发现参与工作实习的兴趣程度是多样的。然后，许多人对于参与职业实践（音乐和商业项目）的能力缺乏信心，从而影响了他们的兴趣。因此，这些学生的最近发展区可能需要由更有经验的或专业人员的近距离指导来扩大或延伸。

当然，兴趣是与人类学习和发展相关的长期概念。也许最值得注意的是，这个术语被用于皮亚杰的儿童认知发展理论（Piaget, 1976），认为儿童的认知发展是以一系列发育阶段的逐渐变化为前提，以他们的成熟为前提的。这种发展来自于儿童的思维并依靠感官的输入，通过他们操作和利用实习的能力，包括匹配不依赖于具体实例的抽象概念。在这个理论中，假设儿童参与活动的能力仅限于生理发展阶段，这些生理发展使他们乐于参与所经历的事物。也就是说，如果他们不乐于在发展阶段执行任务，那么这个任务就超出了他们的最近发展区。在这里，准备状态与认知能力相关联，正如使用和操作知识所需的认知能力一样。

不管这种具体发展理论的真实性，坦白地说，它从未试图解决成年人的发展问题，因为其影响范围在青少年阶段已经结束，准备的概念有助于了解大学生的能力，以及从中学到什么。也就是说，因为他们认为这是值得做的，所以不管个人认识论如何，都会引导自己付出努力和精力去创造意义，也不管他们是否有效地参与和拥有实现预期成果的理解能力、程序性能力。

第五节 学生兴趣：概念、程序和倾向的维度

所以，不仅仅要具有必要的概念性理解水平（如皮亚杰认知发展的焦点），还要有乐于学习的能力（即程序性能力），以及参与完成任务的意向和兴趣。因此，考虑学生参与、学习和整合这些经历所需兴趣的一种方法是，根据工人在这种工作形式中可以学习什么、了解什么（即概念）、做什么（即程序）和重视什么（即倾向）来考量他们。这样，上述个人认识论的要素与这种由学生兴趣支持的经验认识论之间存在着相似之处。

概念性知识是指事实、概念和命题，它们是人们可以陈述的知识：如前所述，它们是公布出来的知识。你可以谈论它们并写下来，例如，它们往往在教育课程中最容易被关注和评价。通过概念之间的联系和关联，这种知识和事实知识一起被划分出一定的层次结构，事实知识被认为是在最低层次的结构（例如：与个人的健康相关的因素范围）（Glaser，1989）。概念性知识的深度（即深刻理解）与概念之间的随意联结和联系是有关系的，而并非与个人拥有的知识量的突飞猛进有关（即记忆事实的能力）。例如，概念知识可能是关于人体解剖结构部分的名称或一系列情况，深层次的概念性知识包括理解或影响健康相关状况的各种因素所需的联系和关联（Vosniadou，1991）。这些联系和关联可能是无限的，因为影响健康相关状况的一系列因素可以在这些因素内或跨越这些因素被详尽地说明。也就是说，伴随着这些因素无休止地扩大其范围和因素之间细微的差别，关于特定主题的知识程度，更不用说知识领域，很可能是无限的。所以，如本书讨论的学习过程，可以根据它对个人外在的和内在的作用来把握。此外，这两部分作用之间的关系也很重要。鉴于人们在社会规范、形态、实践和预测方式方面来自个人外部的贡献范围，以及个人解释和构建它们的方式，是充分理解个体学习过程的最基本的平台。

例如，在此之后，是个体在其生命历程中所经历的一系列特殊经历，以及这些经历如何影响他们后来的学习。考虑到这些可能是人的依赖性程度决定的，因此需要了解影响自我依赖性学习的一系列因素。因此，很容易看出概念和概念性的联系和关联是如何开始形成的，并且在这种情况下可能以无法计算的方式形成。了解预防一种常见疾病的原因和需求可能包括一系列广泛阐述的复杂因素。然而，只有当概念被接受以及建议的关联被理解时才能获得深刻理解。

程序性知识与我们用来实现目标的程序有关（Ryle，1949）。这些程序也按照等级进行排序，从单一任务的特定程序（例如：编写备忘录）到用于实现更为苛刻的目标的策略程序，例如准备更复杂的文档（例如：评估提出的想法，用于提出这些观点的案例及其理由的力度）（Anderson，1982；Scandura，1984）。有时被称为元认知的高阶程序有助于进行这些任务，包括监测和评估我们的绩效（Sun et al，2001）。特定的程序（即与实现一些任务有关的程序）通过开发子程序和演练来学习，并且几乎自主地执行而不需要有意识地思考（Stevenson，1991）。也就是说，他们通过反复和十分有意义的操作得到学习（Anderson，1982）。然而，策略性程序不仅通过演练，而且通过不同的实践，能够监测和磨炼他们的表现并预测可能产生的后果。此外，我个人也认为这值得投入努力、参与实践和磨炼他们的程序能力。对于可能通过参与和执行程序相关的各种活动而产生的高阶战略程序也是如此（Evans，1991）。因此，通过对不同年龄、不同体质、不同健康水平的患者进行治疗，细微差别的程序性能力很可能会产生。然而，发展这种能力的准备可能是以磨炼特定程序为基础的。也就是说，通过发展一系列特定程序的能力，同时能够执行其他活动，诸如监测患者并与他们讨论高血压或低血压的影响。

然后，它们包含态度、价值观（Perkins et al，1993a，b）和个人意图（Malle et al，2001）这些倾向。这些是重要因素，主要是因为它们驱动和引导有意识的思维和行为。倾向性影响个人如何思考和行动，其中包括如何引导他们去参与活动和学习（Perkins et al, 1993a）。有两个方面的倾向：（1）社会和职业的特性；（2）个人的特性。前者与从事特定职业的个人的预期、态度、规范和做法有关。在一个层面上，这些是与大多数人互动相关的礼仪和工作场所要求的标准模式。但是，也有与特定职业相关的倾向（即价值观、规范和个人习惯），包括教学、咨询和医疗保健的职业（强调患者护理、患者咨询和对患者的需求产生敏感性）。这要求从业人员保密、小心谨慎以及将学生 / 客户 / 患者的兴趣放在首位的做法。

　　然而，和服从个人理解一样，这三种形式的知识以及各种层次和各种维度都是紧密的、相互依存的，这一点是非常重要的。这种相互依赖也是由个人影响造成的。学生如何重视或观察（即处理）特定的想法或实践（即概念知识）可能会影响其如何响应该特定任务（即程序性知识）。同时，它们提供了这样一个基础，即设想学生们乐于理解所经历的事情，并利用他们所知道的、可以做的以及有价值的事情。

第六节　工作中的兴趣

　　鉴于这三种不同形式的知识构成了学生参与工作场所活动和互动的能力，有必要以与阶段相关的不同方式来考虑学习者的兴趣。相反地，个人兴趣就是从以前的经历和学习中产生的一类知识。如果实习护士不知道如何执行特定程序，那么他们便不会即时地考虑如何更好地适应不同类型患者的需要。例如，这些学生可能正在学习特定的程序（例如：采集血液样本），尽管了解总体任务要求（例如：与病人交谈和宽慰病人），但是也可能无法在完成任务的同时还学会采集样本。也就是说，他们着重于采取血液样本的任务，有意识的思维和行为是针对这一活动的。然而，经过多次实践，这些学生将能够执行一个程序，如采取血液时并不需要有意识地思考，然后他们能采取血液，同时也可以与患者交谈，宽慰他们。然而，如果他们仍然从事程序化过程（即执行任务时仍然需要自觉集中注意力的能力）（Anderson，1982），他们将无法同时参与其他行动。当他们进入程序化阶段，能够在无意识的情况下执行特定的程序时，他们就能够同时执行其他任务。就这个例子来说，一项复杂的任务，如以一种对作者而言新颖的体裁进行写作可能会给作者带来特别的挑战，这就要求个人把注意力集中在如何有效地利用这种体裁写东西，还要使用与这种体裁相称的字词和句型。在这种情况下，兴趣可能来自个人对语言和对他们想要表达的内容有明确的理解，但要使用特定的词汇。

同样的问题与概念性的兴趣有关。也就是说，虽然学生可能会了解一系列概念，但他们可能不了解这些概念之间的联系和关联，这些概念使它们变得强大并构成了深刻的理解（Novak，1990）。因此，他们的兴趣只限于他所知道的，这可能不会扩展到对命题和因果关联与联系的理解。因此，预期拥有这种水平的学生能够建立这些关联和联系是不合理的。相反，这些学生可能乐意参与建立这些关联和因果关系的经历。这将是他们下一阶段职业发展的关注点。

上文提到，学习者乐意从事特定类型的活动是由与特定领域相关的概念性和程序性知识的层次和种类决定的，然而，也存在着倾向性选择的问题。如果学生对活动不感兴趣或反对这些活动、反对这些活动的互动或反对特定的学习课题，那么确保学生参与丰富的学习活动是不可能的。这种特定形式的兴趣在许多方面都证实了上述的论述。个人参与有目的性活动的原因和方式对于他们的行为和学习内容至关重要。除了表面上的和强制性的方式之外，没有任何外部力量、压力、监控和监督能控制人的兴趣。

总之，了解学生的概念性和程序性阅读水平有助于安排学生的实习，以便进一步发展其能力。此外，对工作任务和知识的兴趣也将使他们乐意采取不同的方式进行学习。

第七节 促进学生个人认识论的发展

在许多方面，学生个人认识论的提升已经通过第七章对意向课程、制定课程和体验课程的各种考量毫无保留地展示出来了。然后，发生在学生实习之前、实习期间和实习之后的各种教学实践已经在第八章进行了概述和讨论。当然，如上所述，当在高等教育计划中提供一体化实习经验的教育目的被列出时，很明显，许多教育目的与上述学生个人认识论的发展相一致。正如本章所述，与在教育和工作环境中整合经验有关的教育目的是多种多样的，可以与如下内容相联系：

- ·了解一种职业；
- ·了解一些形式多样的职业；
- ·拓展在大学中学到的知识；
- ·熟悉这种职业开展的工作场所；
- ·发展成为该职业有效从业者所必需的职业能力（即规范性、概念性、程序性和倾向性）；
- ·为特定实践环境开发特定职业形式的知识和程序；
- ·发展更广泛的可适用的学习行为，不限于特定环境的要求；
- ·满足职业或专业许可的要求。

在整理这个列表的过程中，与学生选择的职业相关的理解、要求和价值观更多是被假定为个人认识论的要素。这一发展过程建立在教育过程的基础上，使他们感受到兴趣并支持持续发展。同样，理解职业实践方式的变化的可能性只能通过直接或间接经历这些变化以及这些变化如何成为这些认识论的一部分来实现。同样，将大学活动中所学到的知识扩展或协调到实际活动中的积极过程是基于个人在这些环境中所经历的理解和建构。然后，首先面向实践环境，然后建立有效实践所需的能力，只有通过练习和进一步发展学生的个人认识论才能实现。与这一参与相关的是产生足以适应其他情况的足够有力的理解、程序和价值观。发展这些职业能力所需的能力、兴趣和能动性是建立在个人如何回应他们所经历的事物并引导他们有意识的思想和能动性的基础上。所以，虽然前两章概述了课程和教学实践是提供学生学习经历的核心，但没有学生的努力参与、意向性以及有意识地利用所知道的、可以做的和有价值的，所有这一切都会显得没有价值（Salomon，1997）。所以，正如本书多次论述的那样，学生个人认识论的持续发展是高等教育项目的核心。

在以下章节中，对课程和教学实践可以用于发展学生个人认识论的论述提出了一些简要的评论。这里详述的是第七章提到的各种课程和第八章提到的多种教学实践。

第八节　与发展学生个人认识论相关的课程考量

采用在第七章提供的列表，与旨在支持学生个人认识论的意向课程相关的一些关键考量因素包括：

·明确需要学习的内容（即预期的学习成果），以确定哪些实习有可能产生有效的学习经验；

·组织渐进且分阶段地进行实习参与，这似乎符合许多教育目的；

·使这一期间的特定经历与其教育目的相结合（例如：与技能发展相对的定位）；

·在提供经历来了解实习要求的同时确认实习环境，而不仅仅是实习的地方，并且要在学习和实习环境中对经历进行排序时考虑到这一点；

·有意识地排列预备的实习和机会，以便将实习经验融入课程后巩固、联系学习环节。

如本章前面所述，在对 Molloy 和 Keating（2011）的引用中，重要的是让学生知道要学习什么。正如已经提出并被广泛接受的关于学习和发展的建构主义文献中，以个体作为意义创造者发挥着关键作用，或者，正如本书所述，在知识的解释和建构（即他们的学习）方面也是如此。

人们在生活中学到的东西远远超过了他们被教导的（Sticht，1987）。因此，如果有意识的学习得到保障，那么学习者就能清楚自己应该学习什么以及为什么要学习，所有这些都是教育和教学的基础，值得在这里详细地阐述。同样重要的原因在于高等教育，特别是基于实践的学习，大部分并未受到教师的悉心指导。明确需要学习的内容和目的，为学生解释和构建他们的经验（即学习）提供了一个重点和动力。如前所述，如果学生对学习的兴趣不足，这个学习过程可能会是糟糕的。重要的是，Vygotsky 提出的学生的最近发展区与他们需要学习的内容之间的距离（Valsiner，2000），对于他们是否能够拓展所知道的知识并进行有效的参与和学习非常重要。因此，组织教育学习（目标课程）的明确目标是组织学生的实习。在 25 个项目中，很多学生都强调了逐步参与并以与兴趣程度相称的方式参与工作场所活动的重要性。

在一个教师教育项目中，81% 的学生提到了参与实习的途径，即尽管无关紧要，也要早些开始并逐渐在工作场所和活动中进行参与（教师教育 2）。在这里，从事某种实习工作的学生以其个人表现为前提（即作为教师），重视早日接触不同类型学校的机会，以便遇到一些不同种类的学生，这种实习生可能被那些学校当作教学内容和教学工具。后来，他们会在更有经验的教师的指导下从事实践教学的准备。他们提出的这种逐渐和阶段性的参与是为了满足作为新兴实习者的需求。有趣的是，所有这些学生都亲身经历过学校生涯，且大部分时间是作为在校生。然而，对学校和学校教育环境的这种熟悉似乎并不是那么重要，因为他们面临着需要以教师的身份来参与各种活动。同样，在另一个教师教育项目中，重点是培养当地的实习教师成为正式教师，学生们进行了一个活动，在活动中将他们可能已经了解的内容与课堂教师的职责相比较。通过这项活动证明学生能否扮演教师的角色，但他们目前可以做的工作和作为课堂教师将被要求做的工作之间存在很大的差距。因此，通过开展这项活动，明确地了解了他们的兴趣和学习过程。该计划中确定的课程考量是，短期实习难以确保身份上的转换，因为发展学生作为教师的自我意识和付出的努力可能会由于短期的实习而变得分散化。在教育过程的某个时刻，更长时间和更多地参与安排对学生的发展而言将是重要的，不仅发展程序性能力和概念性能力，而且作为新兴的实践者，自我意识也同样重要。所有这一切都是以学生的个人认识论为核心的，都是通过学生的个人认识论来体现的。

特别是在实习中遇到困难的情况下，帮助学生做好准备的一个方法是利用学生已经知道的关于工作和生活的知识。在其中一个商业项目中发现，与许多其他学科一样，大多数学生（85%）从事有偿工作（商业项目1）。同样的，在工程项目1中，有报道说75%的学生都在工作。音乐专业的大部分学生以某种方式或在音乐演奏方面的工作都被认为是理所当然的。因此，这些经历可能被用来在有偿的兼职工作和与教育计划相关的教育目标之间建立联结和联系。这样可以协助学生利用他们在实习和工作生涯中已经知道的、可以做的和有价值的事情。在第七章提到的与教育规定相关的一些关键考量因素包括学生在课程中整合实习经历，具体如下：

· 教师在实习中的学习兴趣及其进行整合的能力有可能深刻影响所产生的经验；

· 这些能力可能会延伸到辅导和协助学生整合他们的经历，或者可能不会；

· 教师对大学以外的实践环境的了解和参与也可能影响他们如何进行实践，包括与这些环境的互动；

· 资源的可用性和基于实践的环境将会调动学生已有的经历；

· 可能需要增加或最大化可利用的机会（例如：在区域环境中）；

· 监督的程度不仅要以潜在的危害为前提，而且要保证学生的学习；

· 除了监视实习以外，还需要考虑确保预期的教育目的，包括学生的有偿兼职工作、专业就业机会、观察机会等；

·在开展特定类型的实习时，需要考虑学生的准备情况（例如：兴趣、能力、信心）；

·在学生参与实习之前组织培训，在实践经验的基础上利用实习机会，并在实践结束后提供休息时间进行交流和反思；

·特别的学生队伍（例如：海外学生）可能需要额外的或具体的经验；

·在实践环境中逐步进行实习看似与建立信心、能力和兴趣相一致。

为了发展有效从事其职业所需的能力，学生们反映上述建议特别有效。例如，他们建议将真实的活动、一些指导和有关这些实习的互动相结合最有帮助。这些经历是通过教学实践提供的，例如基于案例的讨论组（医学教育项目），以及参与增进实践知识的实习（即程序性），并且还引导学生找出他们知识上的差距，指导他们参与大学学习（商业项目）。

第九节　与发展学生个人认识论相关的教学策略

据教学实践支持学生学习方式的相关重要发现表明，一些与发展学生个人认识论相关的具体策略如下所述。如第八章所示，从这些团体中确定的各种教学实践可以分为在学生参与实习之前、参与过程中和参与实习之后可能有益的教学实践。

第十节　在实习之前提升学生的个人认识论

首先，就学生个人认识论的发展而言，从开始实习之前确定的这些经历来看，与学生接触可能有助于：

·使他们适应有效参与工作场所的要求；

·建立实习经历的基础，包括实践环境所需的发展能力或辨别能力（即基于实践的课程、互动）；

·澄清对实习中各方目的、支持和责任的预期（即学习目标、如何参与）；

·告知各方的目的、角色和预期（例如：推动组织者）；

·通知和使学生准备作为主动学习者进行参与（即开发他们的个人认识论），包括他们观察、参与工作场所互动以及学习活动的重要性；

·如果需要，在实习中提高有效完成任务所需的程序能力；

·使他们对实习中可能出现的争议有所准备（例如：忘记在大学里学到的一切）。

在这个列表旁边，是学生在强烈地批评为他们提供的实习和临床实习的计划之后提出的建议。这些学生说，专门组织的准备会议在以下情况中对学生来说是最有价值的：（1）他们未有过实习经历；（2）这些经历强调专注于特定学科的信息和程序，而不是学生可能会认为是不相关或不及时的内容；（3）有效地利用学生的时间和提供建议，并为实习做好准备；（4）利用他们现有的经验（例如：他们所了解的、工作经验、有偿工作等）；（5）他们为其提供程序性能力（即如何做事情），以便他们能够有效地执行。新闻工作项目从后期经验汇报中确定了类似的列表。然而，这份列表包括为学生介绍如何采取行动，如何穿衣服，以及他们的预期态度，因为学生们认为所有这些品质都有助于他们的实习产生积极的影响（新闻项目）。在应用表演项目中，行动计划和模拟被添加到列表中。此外，从与学生对法律和法律制度的了解拓展到另一个相关领域，在实习之后，法律专业学生要求的准备工作包括替代活动（例如：会议）和其他准备活动，以发展其有效执行的能力（法律项目）。这里一系列潜在的因素正为学生的一系列新的经历做好充分的准备，其中大部分经历将非常陌生，或者要求他们应用所熟知的和可以做的事情。因此，至少在一个项目中学生希望有实践证明的案例，以及理论应用于实践的案例（教师教育项目1）。实际上，在学生没有为之做好充分准备而去实习后，他们会很快地进行自责。问题的关键是他们发现了自己缺乏有效参与实习的兴趣。

如上所述，关注的即时性往往是学生参与并判断什么是重要的基础，通常与需要表达紧迫关切的信息程序有关（教师教育 1、法律、商业、联合卫生项目）。因此，这一重点重申了上述关于让学生了解要学习什么以及为什么是重要的。学生并不总是清楚对他们的预期以及被允许做什么。例如，公共关系专业的学生由于缺少关于公共关系策略的专门知识，加入了非营利组织。学生们必须向非营利组织的志愿者们解释公共关系的重要性，以及这对组织有何帮助。然而，他们没有意识到或者没有预料到公共关系在这些组织中是必需的。此外，一些人缺乏有效管理客户关系（公共关系项目）的个人技能，这也在通讯专业的学生在把握职业机会中被提及。所以，这些学生缺乏有效参与各种职业环境的兴趣。这些技能可能是在实习之前通过模拟活动或者学生对职业环境的考虑而发展起来的，从而促进了他们的兴趣以及最近发展区。同样，在法律项目中，学生需要做一个积极的听众，需要意识到参与和理解他人观点的必要性。

另外，在公共关系项目中，尽管学生们在团队中工作，但是许多人声称他们有其他的兴趣和优势而没有履行对队员的义务。这是团队应该如何工作的一部分。因此，再次强调什么是必需的及团队成员如何合作才能实现目标的重要性。在整个项目中，被其他优先事项明显分散了注意力。因此，一部分学生的个人认识论是对他们将如何质疑这一时间和目的做出战略性的判断。如上所述，这导致当代学生被贴上"吝惜时间"的标签。因此，值得考量关于这些"吝惜时间"学生的项目报告。

就联合卫生项目的经历来看，学生提供的一些建议是：（1）已经完成工作的学生可以与其他学生讨论并提供有关工作的建议；（2）要使学习更具互动性，从而使学生能够清楚地表达自己的疑虑，并就关键问题寻求建议；（3）使用电子手段，而不是以面对面讲授预备课程的形式来提供课程内容；（4）学生之间应该有更多的讨论机会，以便考虑和回应即时被提出的和预期了解的内容；（5）提供给学生以后可以参考的笔记和资料，使与我们实习相关的问题变得真实而显而易见；（6）更明确地说明会议及实际应用的目的（联合卫生项目）。在其中一个项目里，所有学生都被雇佣（商业项目2），但老师并没有从课程目的出发，而是从学生的经验和实践环境中学到的东西开始授课，然后利用这些经验来教授内容（即以体验课程为中心）。通过这些考量，了解学生的准备情况，以及如何定位他们的个人认识论，以便通过基于工作的经验最大化他们的学习，并使其与课程的重点保持一致。所有这一切在于为学生拥有认识论而做准备，在他们目前所知道的、可以做的和有价值的事情内，使自己作为意义制造者并积极参与这个角色，而且还要促使他们通过与他人交往来扩大最近发展区。

第十一节　在实习期间提升学生的个人认识论

从类似的角度看，全部的项目表明，学习者如果要实现有效发展和认识论的整合，需要在实习期间得到最有力的支持：

- ·有经验的从业者的直接指导（即就近指导）；
- ·活动的排序和组合（即"学习课程"，基于实践的课程）；
- ·积极参与丰富的教学工作活动或互动（如交接工作）；
- ·有效的同伴互动（即学生的合作学习）；
- ·学生在工作环境中积极地、有目的地参与学习。

所以，这种支持在于通过与他人和更多的专业合作伙伴一起，有效地利用经历来扩展学习者的最近发展区。虽然直接或间接地与更多专业合作伙伴接触是一个非常重要的指向，但学生也可以通过以促进学习的最好方式来鉴别和利用实习经历，从而发挥其重要作用。例如，在第一个研究团体的护理项目中，学生们选择在医院组建讨论小组，尽管最初是由一名工作人员协助的（Newton，2011）。然而，该工作人员能够以适合其目的的方式取消和允许学生继续这些过程。此外，一个相关项目的医学专业学生组成了独立小型研究小组，以帮助他们在本学期取得进步、准备考试以及应对医疗准备中的困难时刻（Richards et al，2013）。也就是说，他们选择自己信任的个体组成小组并一起工作，这样可以依靠他们提供支持。以这种方式，无论是需要在这个角色上得到帮助，还是鼓励参与，学生都为自己的学习打下了有效基础。因此，根据他们的特殊需要和偏好是适切的，可以引导特定的教学干预。在医学教育项目中，根据学生的要求，案例小组讨论被替换为以问题为基础的学习方法，然后该小组有时间考虑信息、反馈信息并提出可能的诊断、问题和实现策略。事实证明，这对于医学生来说是一个特别重要的策略，一年内他们在临床进行了多次轮换。因此，通过参与这些案例，他们能够借鉴、互相提醒、反思、比较和联系先前获得的知识。

第十二节 在实习之后提升学生的个人认识论

从许多侧重于实习项目的结果来看，就开发学习者的兴趣和个人认识论而言，有助于：

· 促进分享和吸取学生的经验（即这种阐明、比较共同点和独特性的机会，从而了解规范的和符合情境的实践需求）；

· 明确地联系和整合大学教授的内容（学到的）与实习中的经历；

· 强调学生通过实践（即个人认识论）学习的主动性和选择性；

· 在学生的工作和学习过程中产生具有批判性的观点。

在整个团体项目报道中，他们认为应该赞赏、表扬、比较他们的实践经历（公共关系、新闻、商业、通信、商业 2、法律项目），反思所做的工作，并通过这些了解有效执行所需的能力。例如，在脊椎治疗项目中，一个重要的结论是，"系统实习后，研讨会让学生参与聆听、辩论和个人反思，可以扩展和改变对脊椎按摩治疗实践的理解，并促进概念、程序和性格的发展"（按摩治疗项目），法学院学生（法律专业）也是如此。同时，学生作为实习从业者的自我意识和自我观察在某种程度上建立于从事实践经历的能力之上，在实习之后他们和其他人一起考察、评估、比较和整合各种实习经历。然而，与脊椎治疗项目一样，这些转变通过教学干预来指导可能是必要的。例如，考虑到当地教师助理在成为课堂教师时所需的转变，需要有意识和有针对性的活动来指导学生身份和学生自我转变，通过实习工作（教育项目2）来协助他们重新定位为教师。同样，另一个教育项目表明，由于工作场所的变化，教师教育学生需要相关的目的，以及如何更好地从事教学活动的指导；通过学生不同而多样的实习经历来提升自我。在新闻项目中也是如此，参加实习后，同行反思会议有助于学生比较和对比经历，并更多地了解新闻工作的多种方式（新闻项目）。在公共关系的项目中，我们发现需要这些实习后的活动来帮助学生在实践环境中所经历到的、学习到的内容与课程目标（公共关系项目）之间建立明确的关系。此外，在通讯项目中发现，有必要为学生在实习后分享经历的活动制定明确的指导方针。通过考察实习所制定出的体系对学生非常重要，能为他们提供一个评价经历和成果的平台（通讯项目）。

第十三节　发展学生的个人认识论

总而言之，本章提出，仅考虑教育供给是不够的。例如，就课程教学而言，还要利用且融合高等教育学生的实习经历。另外，有必要对学生作为意义创造者进行解释说明，他们不仅仅是那些教育供给重点服务的对象，而且也是那些从课程安排和教学实践中进行学习和发展的人。有人指出，个人认识论是理解和促进学习的核心，如此便强调了学习者兴趣的重要性。用Vygotsky的话说，也就是学习者的最近发展区（Valsiner，2000）。正是这个区域允许学生通过自己的努力进一步拓展所知道的知识，在突破这些限制时，他人协助和学习整合的重要性就会显现。因此，当了解所选择职业时，很多学生通过可以做的事情以及必须做的事情来拓展他们所知的、可做的以及有价值事情的范围。但是，教师的干预措施也应该为发展学生的最近发展区服务。在讨论中，有人指出，学生认识论的要素依赖于他人，而不是从他们所参与的世界中抽象分离出来。然而，这些认识论可能不仅仅是单纯的描述或说明，因为它们是建立在学生之前的经历上，包括他们重视的和感兴趣的事物。所以，单一的、统一的或标准的教育供给可以满足所有学生的需求，这一点是不确定的，但这并不意味着课程和教学法的考察不能实现明确的目的和目标。

显然，一些特殊的实习可能导致特殊类型知识的发展，而这些是教育计划的目标。明确了解这些目标对于选择和开展学生的实习工作至关重要。因此，意向课程和教学实践至关重要，也是教育供给的必要部分。然而，这些虽然是有意的，但只能专注于预期成果。这些成果的质量最终将由学生如何参与承担的事情所影响。

鉴于个人认识论的中心地位，有人提出，有一些课程和教学实践可能特别有助于学生的发展。这些在本章最后一节被列出并做了简要讨论。毫无疑问地，现实中仍存在更多类型的课程考量和教学实践。

即使是最粗略地阅读的读者也将注意到，很多与整个高等教育项目相符并且是其核心的内容在本书的章节中呈现。这一点很重要，不仅在工作环境中提供经历，而且将其纳入高等教育计划，与主流高等教育进行划分。也就是说，教育项目的实施方式不限于教育机构、教育课程和实习中发生的事情，而且还包括学生遇到的和参与的全部实践，这些构成了一部分高等教育计划。

参考文献：

Anderson, J. R. (1982) . Acquisition of cognitive skill. Psychological

274

Review, 89（4）, 369 - 406.

Baldwin, J. M.（1894）. Personality-suggestion. Psychological Review, 1, 274 - 279.

Baldwin, J. M.（1898）. On selective thinking. The Psychological Review, V（1）, 1 - 24.

Belenky, M. F., Clinchy, B. M., Goldberger, N. R., & Tarule, J. M.（1986）. Women's way of knowing. New York: Basic Books.

Billett, S.（2003）. Sociogeneses, activity and ontogeny. Culture and Psychology, 9（2）, 133 - 169.

Billett, S.（2009a）. Developing agentic professionals through practice-based pedagogies. Sydney: Australian Learning and Teaching Council.

Billett, S.（2009b）. Personal epistemologies, work and learning. Educational Research Review, 4, 210 - 219.

Billett, S.（2011）. Curriculum and pedagogic bases for effectively integrating practice-based experiences. Sydney: Australian Learning and Teaching Council.

Billett, S.（2014）. Integrating learning experiences across tertiary education and practice settings: A socio-personal account. Educational Research Review, 12（C）, 1 - 13.

Billett, S., Smith, R., & Barker, M.（2005）. Understanding work, learning and the remaking of cultural practices. Studies in Continuing Education, 27（3）, 219 - 237.

Brownlee, J., & Berthelsen, D.（2006）. Personal epistemology and relational pedagogy in early childhood teacher education programs. Early Years: An International Journal of Research, 26（1）, 17 - 29.

Bruner, J.（2001）. Foreword. In B. F. Malle, L. J. Moses, & D. A. Baldwin（Eds.）, Intentions and intentionality: Foundations of social cognition （pp. ix - xii）. Cambridge, MA: The MIT Press.

Cleland, J., Leaman, J., & Billett, S. (2014). Developing medical capacities and dispositions through practice-based experiences. In C. Harteis, A. Rausch, & J. Seifried (Eds.), Discourses on professional learning: On the boundary between learning and working (pp. 211 - 219). Dordrecht: Springer.

Dawson, J. (2005). A history of vocation: Tracing a keyword of work, meaning, and moral purpose. Adult Education Quarterly, 55 (3), 220 - 231.

Donald, M. (1991). Origins of the modern mind: Three stages in the evolution of culture and cognition. Cambridge, MA: Harvard University Press.

Eames, C., & Coll, R. (2010). Cooperative education: Integrating classroom and workplace learning. In S. Billett (Ed.), Learning through practice (pp. 180 - 196). Dordrecht: Springer.

Edwards, A. (2005). Relational agency: Learning to be a resourceful practitioner. International Journal of Educational Research, 43, 168 - 182.

Eteläpelto, A., &Saarinen, J. (2006). Developing subjective identities through collective participation. In S. Billett, T. Fenwick, & M. Somerville (Eds.), Work, subjectivity and learning. Understanding learning through working life (pp. 157 - 178). Dordrecht: Springer.

Evans, G. (1991). Lesson cognitive demands and student processing in upper secondary mathematics. In G. Evans (Ed.), Learning and teaching cognitive skills. Melbourne: ACER.

Glaser, R. (1989). Expertise and learning: How do we think about instructional processes now that we have discovered knowledge structures? In D. Klahr & K. Kotovsky (Eds.), Complex information processing: The impact of Herbert A. Simon (pp. 289 - 317). Hillsdale: Erlbaum.

Hansen, D. T. (1994). Teaching and the sense of vocation. Educational Theory, 44 (3), 259 - 275.

Hodkinson, P., Biesta, G., & James, D. (2008) . Understanding learning culturally: Overcoming the dualism between social and individual views of learning. Vocations and Learning, 1 (1), 27 - 47.

Hofer, B., & Pintrich, P. R. (1997). The development of epistemological theories: Beliefs about knowledge and knowing and their relation to learning. Review of Educational Research, 67 (1), 88 - 144.

Kelly, G. A. (1955) . The psychology of personal constructs. New York: Norton.

Malle, B. F., Moses, L. J., & Baldwin, D. A. (2001) . Introduction: The significance of intentionality. In B. F. Malle, L. J. Moses, & D. A. Baldwin (Eds.), Intentions and intentionality: Foundations of social cognition (pp. 1 - 26) . Cambridge, MA: The MIT Press.

Molloy, L., & Keating, J. (2011) . Targeted preparation for clinical practice. In S. Billett & A. Henderson (Eds.), Developing learning professionals: Integrating experiences in university and practice settings (pp. 59 - 82) . Dordrecht: Springer.

Newton, J. (2011) . Reflective learning groups for students nurses. In S. Billett & A. Henderson (Eds.), Developing learning professionals: Integrating experiences in university and practice settings (pp. 119 - 130) . Dordrecht: Springer.

Novak, J. D. (1990) . Concept maps and vee diagrams: Two metacognitive tools to facilitate meaningful learning. Instructional Science, 19, 29 - 52.

Perkins, D., Jay, E., & Tishman, S. (1993a) . Beyond abilities: A dispositional theory of thinking. Merrill-Palmer Quarterly, 39 (1), 1 - 21.

Perkins, D., Jay, E., & Tishman, S. (1993b) . New conceptions of thinking: From ontology to education. Educational Psychologist, 28 (1), 67 - 85.

Piaget, J. (1976). Behaviour and evolution (trans: Smith, D. N.). New York: Pantheon Books.

Ratner, C. (2000). Agency and culture. Journal for the Theory of Social Behaviour, 30, 413 - 434.

Richards, J., Sweet, L., & Billett, S. (2013). Preparing medical students as agentic learners through enhancing student engagement in clinical education. Asia-Pacific Journal of Cooperative Education, 14 (4), 251 - 263.

Rogoff, B. (1990). Apprenticeship in thinking - Cognitive development in social context. New York: Oxford University Press.

Ryle, G. (1949). The concept of mind. London: Hutchinson University Library.

Salomon, G. (1997). No distribution without individuals' cognition: a dynamic interactional view. In G. Salomon (Ed.), Distributed cognitions: Psychological and educational considerations (pp. 11 - 139). Cambridge: Cambridge University Press.

Scandura, J. M. (1984). Structural (cognitive task) analysis: a method for analyzing content. Part II: Precision, objectivity, and systematization. Journal of Structural Learning, 8, 1 - 27.

Searle, J. R. (1995). The construction of social reality. London: Penguin.

Smith, R. (2005). Epistemological agency and the new employee. Australian Journal of Adult Learning, 45 (1), 29 - 46.

Smith, R. (2012). Clarifying the subject centred approach to vocational learning theory: Negotiated participation. Studies in Continuing Education, 34 (2), 159 - 174.

Smith, R., & Billett, S. (2006). Interdependencies at work: Constituting reflection, performance, dialogue and reward. Journal of Adult and Continuing Education, 12 (2), 156 - 169.

Stevenson, J. C. (1991) . Cognitive structures for the teaching of adaptability in vocational education. In G. Evans (Ed.), Learning and teaching cognitive skills (pp. 144 – 163) . Melbourne: ACER.

Sticht, T. J. (1987) . Functional context education. San Diego: Applied Cognitive and Behavioural Science.

Sun, R., Merrill, E., & Peterson, T. (2001) . From implicit skills to explicit knowledge: A bottom–up model of skill development. Cognitive Science, 25, 203 – 244.

Tobias, S. (1994) . Interest, prior knowledge, and learning. Review of Educational Research, 64 (1), 37 – 54.

Valsiner, J. (1998) . The guided mind: A sociogenetic approach to personality. Cambridge, MA: Harvard University Press.

Valsiner, J. (2000) . Culture and human development. London: Sage.

Vosniadou, S. (1991) . Designing curricula for conceptual reconstructing: Lessons from the study of knowledge acquisition in astronomy. Journal of Curriculum Studies, 23, 219 – 237.

Vosniadou, S., Ioannides, C., Dimitrakopoulou, A., & Papademetriou, E. (2002) . Designing learning environments to promote conceptual change in science. Learning and Instruction, 11 (4 – 5), 381 – 419.

Voss, J. F. (1987) . Learning and transfer in subject matter learning: A problem–solving model. International Journal of Educational Research, 11(6), 607 – 622.